카네기 성공대화론

카네기 성공대화론

2021년 4월 15일 1쇄 발행
2023년 6월 25일 2쇄 인쇄
2023년 6월 30일 2쇄 발행

저   자 | 데일 카네기
편   역 | 이승원
발 행 인 | 이규인
발 행 처 | 도서출판 창
교   정 | 조동림
편   집 | 이안
등록번호 | 제15-454호
등록일자 | 2004년 3월 25일
주   소 | 서울특별시 마포구 대흥로4길 49, 1층(용강동 월명빌딩)
전   화 | (02) 322-2686, 2687   팩시밀리 | (02) 326-3218
e - m a i l | changbook1@hanmail.net

ISBN : 978-89-7453-434-9 (03320)
정가 14,000원

Dale Carnegie

현인(賢人)과 같이 생각하고, 범인(凡人)과 같이 쉽게 말하라!
당신의 생각을 간결한 말로 가다듬을 수 있도록 준비하십시오. 그렇게 출발
하다 보면 이야기의 질(質)도 향상될 것입니다.
청중은 당신의 절대적인 심판관입니다. 청중을 감명시키려 한다면 우선 자기
자신을 감명시키지 않으면 안 됩니다. 청중에게 전해지는 것은 당신의 눈동
자를 통해서 빛나고, 목소리를 통해서 뻗어나가고, 태도를 통해서 표현되는
혼(魂)인 것입니다. 곧 당신의 태도 여하에 따라 청중의 태도가 결정됩니다.

카네기 성공대화론

데일 카네기 지음 | 이승원 편역

Public Speaking & Influencing Men In Business

창
Chang
Books

이 책은 어떻게,
또 무엇 때문에 썼는가?

데일 카네기가 뉴욕시 125번가에 있는 YMCA에 예속되어 최초로 퍼블릭 스피킹(연설·강연·테이블 스피치 등 대중 앞에서 말하는 것) 강좌를 시작한 것은 1912년이다.

당시에 대중 앞에서 말한다는 것을 단순히 사리를 따져서 말하는 연설이라기보다는 일종의 예술의 한 장르라고 인식되었다. 그래서 이것을 가르칠 때도 연설기법이 좋고, 표현도 풍부한 웅변가나 연설가를 배출하는데 중점을 두었다.

기업가나 전문가들은 자신들이 처해진 환경에 맞추어 더 자유롭게 자기를 표현하고자 원했기 때문에 시간과 돈을 투자하면서 강좌에 참여하였다. 그들은 연설의 기계적 법칙은 물론이고 소리 내는 법 등을 배웠다. 심지어는 말을 더듬음으로써 표현이 더 아름답게 하는 기교나 몸짓 등을 익히려고 노력하였다. 이런 상황에서 카네기의 '효과적으로 대화하는 법'이 성공할 수 있었던 것은 수강자들이 희망하는 결과를 얻을 수 있게 해주었기 때문이다.

연설이 특별한 재능이나 적성을 필요로 하지 않고, 보통의 교양이 있는 사람이면 누구나 발전시킬 수 있는 기능이라고 생각에 중점을 두는 것이 카네기 방법의 핵심이다.

 이런 카네기 대화법은 지금까지도 세계 최고로 여겨지고 있다. 이런 사실을 그의 강의를 수강한 수강생들에 의해서 증명된다.

 사람이란 누구나 인생의 길이 다르며, 그들 각자는 말하는 능력으로 자신의 인격을 증명한다.

 카네기가 강좌의 참고서로 선택한《퍼블릭 스피킹과 사업에서 사람을 움직이는 법(Public Speaking and Influencing Men in Business)》은 각 나라의 국어로 번역되어 베스트셀러가 되었다.

 이 책은 카네기의 지식과 경험이 깊어짐에 따라서 본인에 의해 여러 차례 개정되었다.

 참고로 카네기 대화론은 대화문장의 특성상 경어체를 사용했습니다.

차례

책머리에 -

이 책은 어떻게, 또 무엇 때문에 썼는가?   4

제1부 기본적인 화술(話術)의 효과   13

1. 기본적인 기능   14

　남의 실례에 따라 용기를 불러일으켜라   16

　눈은 목표에 주목하라   23

　꼭 성공한다고 확신하라   29

　모든 기회를 놓치지 말고 연습하라   33

2. 자신을 갖는 방법   37

　사람들 앞에서 이야기하지
　못하는 공포에 대하여 알아둘 사항   39

　적절한 준비를 갖추어라   44

　반드시 성공한다는 자신을 가져라   52

　행동하는 데 자신을 가져라   54

3. 효과적인 화술을 쉽게 익히는 방법   60

경험과 공부를 통해서 얻은 것을 말하라   61

주제에 따라 마음을 밝혀라   71

이야기를 나누는 데 열심하라   75

제2부 말하는 사람과 듣는 사람   81

1. 말할 자격을 얻어라   82

한정시켜라   83

예비의 힘을 갖추어라   85

실례를 많이 인용하라   90

정경을 눈앞에 그리듯이
구체적이고 친밀감 있게 하라   100

2. 스피치에 생명을 부여하라   106

진지하게 생각되는 주제를 선정하라   108

화제에 대한 감정을 재생하라   117

열의가 있는 것같이 행동하라   118

차례

3. 청중과 말을 주고받아라   120

화제는 반드시 청중이
관심을 갖는 것으로 준비하라   122

성의 있고 정직한 평가를 하라   127

당신과 청중의 공통점을 분명히 밝혀라   130

청중을 스피치의 파트너로 여겨라   135

높은 곳에 머물지 말라   137

제3부 준비된 짧은 연설과 갑작스런 연설   143

1. 청중을 행동케 하는 짧은 말을 하라   144

직접 경험했던 일을 실례로 삼아라   154

청중이 좋아할 요점을 말하라   163

청중이 기대하고 있는 이유
또는 이익을 제시하라   166

2. 지식·정보를 제공하는 대화를 하라   170

화제를 시간에 맞도록 하라   173

생각을 순서 있게 정리하라　　177

요점에 번호를 붙여 나열하라　　178

전달하고자 하는 것을 잘 알려진 것에 비유하라　　181

시각적인 보조 수단을 사용하라　　192

3. 마음을 사로잡는 이야기를 하라　　198

신뢰받을 만한 인격을 수련하라　　201

받아들일 수 있는 분위기를 조성하라　　202

열정이 전달되게 이야기 하라　　208

청중에게 경의와 애정을 보여라　　211

친구에게 말하듯이 시작하라　　213

4. 즉석에서의 대화법　　221

즉석에서 이야기하는 연습　　224

마음속에 항상 준비하라　　228

곧바로 실례를 들어 말하도록 하라　　229

생동감 있게 이야기하라　　231

차례

그때 그 장소환경의 철칙에 따르라 231

즉석의 이야기를 준비해서 하라 233

제4부 의사전달의 기술   237

1. 스피치하는 비법 238

지나친 자의식에서 벗어나라 239

흉내를 내지 말고 자신의 것을 말하라 242

청중과 이야기를 나누어라 245

대화에는 항상 자신을 투입하라 250

목소리를 힘 있고 부드럽게
하는 훈련을 하라 254

제5부 효과적인 화술은 무엇을 요구하는가   257

1. 화자의 소개, 수상과 수상식 때 하는 스피치 258

이야기할 것을 완전하게 준비하라 261

T.I.S의 공식에 따르라 265

열기 있게 말을 하라 271

성실한 취지로 행하라 273

수상할 때의 이야기의 마음가짐 273

수상식에서 스피치할 때의 마음가짐 275

2. 긴 대화를 편성하는 방법 278

이야기를 사건마다 실례를 들어 시작하라 279

청중에게 악의(惡意)를 갖지 않도록 하라 293

중요한 생각을 보강하라 296

행동을 하게 하라 304

3. 배운 것을 응용하는 방법 312

일상대화에 구체적인 세부묘사를 사용하라 315

직장에서 효과적인 화술을 이용하라 317

대중 앞에서 이야기할 기회를 만들어라 317

끈기를 가지고 계속 나아가라 319

눈앞에 있는 승리를 확신하라 323

DALE CARNEGIE

제 1 부
기본적인 화술(話術)의
효과

1. 기본적 기능

2. 자신을 갖는 방법

3. 효과적인 화술을 쉽게 습득하는 방법

1. 기본적 기능

대체로 모든 분야에서 궁극적인 힘이 되는 것은 목적을 향한 정열입니다. 어떠한 결과를 얻으려는 마음이 간절하다면 그 얻으려는 결과에 도달하기란 거의 확실한 것입니다.

나는 1912년, 다이나크 호가 북대서양의 차가운 바닷물에 침몰한 해에 처음으로 화술(話術) 강좌를 시작했습니다. 그로부터 지금까지 이 강좌의 수강생은 75만 명 이상이 되었습니다.

개강하기 전 예비소집에서는 수강생들에게 왜 화술 강좌를 들으려 하며, 강좌를 통해서 무엇을 얻기를 바라는지 말할 기회를 주었습니다.

이때 수강생들이 표현하는 단어는 모두 달랐지만 대부분의 경우에 기본적으로 희망하는 것이 놀라울 만큼 비슷했습니다.

"나는 남들 앞에서 말하는 기회가 생기면 자의식(自意識)이 과잉되고, 두려움 때문에 정확하게 사리를 판단할 수가 없습니다. 정신도 산만하여져 무엇을, 어떻게 말해야 할지 모릅니다. 그래서 평정심과 자신을 유지하면서 사리를 차분하게 생각하는 능력을 기르고 싶습니다. 예를 들면 비즈니스나 사교 모임에서 생각을 논리적으로 정돈해서 사람들에게 신뢰를 줄 수 있는 말을 하고 싶습니다."

혹시 여러분은 어디선가 들어본 적이 있는 이야기라고 생각되지 않으십니까? 아니면 이들과 똑같은 무력감을 느껴본 적이 없으십니까?

만약 그렇다면 사람에게 신뢰감을 주고, 사람들이 납득할 수 있는 화술을 배우기 위해서 다소의 경비를 지불할 생각이 들지 않나요?

당연히 그럴 것이라고 생각합니다. 왜냐하면 당신이 이 책을 보기 시작했다는 사실이 무엇보다도 당신이 효과적인 화술을 배우는 데 관심을 가지고 있다는 증거입니다.

만약 당신이 나하고 대화한다면, 당신은 틀림없이 이렇게 말할 것입니다.

"그런데 카네기 씨, 내가 정말로 여러 사람 앞에서 아무 거리낌 없이 시종일관 논리적으로 말을 할 수 있으리라고 생각하십니까?"

나는 많은 사람들이 두려움을 이기고, 용기와 자신을 갖도록 돕는 일을 하는 데 모든 생애를 바쳤습니다.

내 강좌를 수강한 후에 일어났던 기적을 말하면 책으로 써도 몇 권은 될 것입니다. 그러므로 지금 내가 어떻게 '생각하는가'를 말할 필요가 없습니다. 이 책에 나오는 권고와 지시를 따른다면 누구라도 반드시 그렇게 되리라는 것을 나는 '알고 있다는' 것이 중요합니다.

앉아 있으면 침착하게 생각할 수 있는데 청중 앞에 서면 그렇게 안 될 것이라는 필연적인 까닭이 어디 있습니까?

청중을 향하여 말을 하려고 일어남과 동시에 뱃속에서 나비가 퍼덕퍼덕

거리는 기분에 쫓긴다든가, 공연히 떨리는 증세에 사로잡히지 않으면 안 될 까닭이 무엇입니까?

당연히 이런 증세는 고칠 수 있으며, 훈련과 연습에 따라서 청중 공포증은 자연히 해소되고, 자신도 생겨난다는 사실을 당신은 알게 될 것입니다.

이 책이 당신 스스로 그 목표에 도달할 수 있도록 도울 것입니다. 주변에서 흔하게 발견할 수 있는 교재와 달리 이 책은 화술의 기법에 대한 것만을 담고 있지 않으며, 발성이나 발음의 생리를 해설한 책도 아닙니다.

일생동안 성인을 대상으로 진행했던 효과적인 화법 훈련의 경험에서 얻어진 핵심 내용만을 추려서 설명한 것입니다.

현재 있는 그대로의 당신을 출발점으로 한다는 것을 '전제(前提)'로 해서, 당신이 되고자 하는 '종결'까지 당신을 인도해 갈 것입니다.

그때까지 당신이 할 일이라면 오직 협력과 협조뿐입니다. 이 책에 있는 권고에 따라 기회 있을 때마다 실제로 활용하는 것과 도중에 중단하지 않는 인내만 가지면 충분합니다.

다음 네 가지의 지표는 이 책에서 최대한의 이익을 끌어내어, 빠른 성과를 올릴 수 있도록 도움을 주는 지름길입니다.

지표 1 ▶ 남의 실례에 따라 용기를 불러일으켜라

동서고금을 막론하고 태어날 때부터 타고난 웅변가란 존재하지 않습니다.

특히 연설이라는 것이 말을 꾸미는 방법에 치밀한 배려와 수식이 필요한 세련된 예술로 인식되는 시대라면 웅변가로 탄생하기는 훨씬 더 어려웠을 것입니다.

최근의 경향은 연설도 일상생활의 회화가 연장된 것으로 봅니다. 그렇기 때문에 크게 돋보이는 스타일을 취한다거나 낭랑한 목소리를 내는 따위는 이제 흘러간 과거의 유행에 불과합니다. 만찬회, 교회 예배, TV나 라디오에서 대중이 원하는 것은 대본에 적힌 이야기를 일방적으로 청중에게 들려주는 것이 아닙니다. 이야기하는 사람과 청중이 함께 이야기 나누고 싶은 주제에 대해서 솔직한 대화를 하는 것입니다.

학교에서 사용하는 연설(speech) 교재들을 보면, 연설법이 다년간에 걸친 음성의 단련과 멋들어진 표현기법을 익혀야 겨우 터득할 수 있는 특수기능처럼 되어 있습니다. 그러나 연설법은 그렇게 폐쇄적인 특수 기능이 아닙니다.

나는 연설 강좌에서 사람들을 가르치는 교수 경력의 대부분을 청중 앞에서 말하는 것은 쉬운 일이라는 것(물론 이를 위한 필수조건으로서 간단하지만 중요한 두세 가지의 법칙을 따라야겠지만)을 증명하려고 했고 실제 체험으로 밝혔습니다.

1912년, 뉴욕 125번가 YMCA에서 강좌를 처음 열었던 초창기에는 당연히 이 점에 대해서 나도 수강생과 마찬가지로 전혀 몰랐습니다.

초창기에 내가 선택한 교수법은 미주리주 워렌스버그 대학에서 배운 것과 비슷한 방법이었습니다. 그러나 나는 즉시 내 교수법이 잘못되었다는 것을 깨달았습니다. 사회활동을 하고 비즈니스를 영위하는 성인들을 대학 신입생처럼 대했던 것입니다.

나는 비로소 웹스터나 버그·피트·오크넬 같은 웅변가의 연설을 교본으로 하는 것이 무의미하다는 것을 알게 되었습니다.

내 강좌의 수강생들이 원하는 것은 일과나 업무상 집회에서 분명하고 똑똑하면서도 논리 정연한 보고를 할 수 있는 용기를 갖는 것이었습니다.

그때부터 교과서를 멀리하고 원고 없이 교단에 서서 두세 가지의 단순한 원리만을 기반으로 해서 수강생들이 들어서 쉽게 납득할 수 있는 보고가 될 때까지 노력했습니다.

그럼에도 불구하고 오히려 수강생들이 도중에서 탈락하지 않고, 조금이라도 더 배우겠다는 의욕으로 끝까지 지속한 것을 보면 결과는 확실히 성공적이었습니다.

나의 집은 물론이고 세계 각지의 지점들에 걸려 있는 감사장을 모두 보여드리고 싶은 마음입니다.

감사장을 준 사람 중에는 〈월스트리트 저널〉이나 〈뉴욕 타임즈〉 경제면에 이름이 자주 실리는 산업계의 지도자들이 있을 뿐만 아니라 주지사·국회의원·대학 학장 그리고 예능계의 유명한 인사들이 많이 있습니다. 이밖에도 목사, 선생님, 가정주부 또는 지역에조차 이름이 알려지지 않은 젊은 남녀, 회사의 중역, 숙련공과 미숙련 노동자, 대학생, 커리어 우먼, 조합관계자 등 일일이 밝힐 수 없을 정도로 다양한 분들이 감사장을 보내주었습니다.

이들은 처음 참여할 때 자신의 생각을 정리하고, 대중들 앞에서 자기 의사를 표현하는 능력이 필요하다고 느꼈던 사람들이었습니다. 그리고 이 두 가지를 자기 것으로 만들 수 있었던 사람들이 감사의 표현으로 귀중한 시간을 내어 감사장을 손수 써서 나에게 보내주었습니다.

지금까지 나의 강좌를 수강했던 수많은 사람들 중에 특히 기억나는 한 사례를 들어 보겠습니다. 그 당시 너무 극적인 인상을 받아서 지금도 잊히지 않는 사례입니다.

　필라델피아에서 사업가로 성공한 켄트라는 사람이 당사자인데, 강좌가 시작되고 며칠 지나지 않은 어느 날 점심시간에 나를 초대하더니 이런 말을 하였습니다.

　"카네기 씨, 나는 지금까지 여러 모임에서 말을 해야 할 기회가 수없이 많았지만 그때마다 변명을 하면서 피했습니다. 이번에 어느 대학 이사회의 의장으로 선출되었지만 말을 못하기 때문에 이사회 의장 노릇을 못할 지경입니다. 그래서 의논드리려 하는데, 나이 들어서도 대중 앞에서 말하는 법을 배울 수 있습니까?"

　강좌의 수강생 중에 켄트 씨와 비슷한 형편에 처한 사람들을 지도한 경험이 있기 때문에 켄트 씨의 질문에 대한 내 대답도 물론 할 수 있다는 것이었습니다.

　그로부터 약 3년이 지난 후에 제조업자 클럽에서 켄트 씨와 다시 만날 기회가 있었습니다. 공교롭게도 우리가 처음 만나 식사하던 식당의 바로 그 테이블이었습니다. 3년 전에 같이 나누었던 이야기가 떠올라서 내 예언이 맞았는지 물어보았더니, 그는 빙그레 웃으면서 주머니에서 작은 수첩을 꺼내 보여주었습니다. 수첩에는 그가 청탁받아서 앞으로 몇 달 동안 해야 할 연설 일정이 빽빽하게 쓰여 있었습니다.

　"이렇게 연설할 수 있는 능력과 그것을 감당하는 기쁨, 또 그렇게 함으로써 사회의 여러분에게 봉사할 수 있다는 사실이 내 생애에서 진정으로 보람된 일입니다."

켄트 씨의 진심이 담긴 솔직한 고백이었습니다. 그런데 놀라운 사실은 거기서 끝이 아니었습니다. 그가 자랑스럽게(그것도 당연하지만) 들려준 말에 의하면 자기가 다니는 교회에서 필라델피아에서 대회를 개최하고 초청연사로 영국 수상을 초청하였는데, 미국을 좀처럼 방문하지 않는 이 유명한 정치인을 청중에게 소개하는 사회자로 켄트 씨 자신이 지명되었다는 것이었습니다.

이 사람이 3년 전, 바로 이 테이블에서 '정말로 청중들 앞에 나서서 말을 할 수 있겠느냐'고 나에게 의견을 묻던 그 장본인이라니!

또 하나 다른 예를 들겠습니다. 지금은 고인이 되었지만 굿리치 사(社)의 회장 데이비드 굿리치(David Goodrich)가 어느 날 내 사무실에 찾아와서 이렇게 말했습니다.

"나는 지금까지도 연설 공포증에서 벗어날 수가 없습니다. 나는 회장으로서 여러 회의의 의장을 해야 합니다. 이사회의 임원들은 모두 여러 해 동안 친한 사이라 테이블에 마주 앉아서는 아무런 거리낌 없이 대화를 나눌 수 있는데, 일어서서 말하려고 하면 말문이 막혀버려 도무지 한 마디도 입을 뗄 수 없습니다. 이미 오랫동안 이렇게 지내왔습니다. 아마 선생님도 별도리가 없을 것입니다. 나는 중환자이고 내 병은 이미 만성이니까요."

내가 이렇게 물었습니다.

"별도리가 없다고 생각하시면서 저를 찾아오신 이유가 무엇입니까?"

"이유가 한 가지 있습니다. 내가 개인적인 경리업무를 관리하기 위해서 회계사를 한 명 고용하고 있습니다. 이 사람이 너무 내성적이라서 사무실에 가려면 내 방을 거쳐야 하는데, 고개를 숙이고 말도 제대로 못하면서 지나다닌 지가 벌써 몇 해가 됩니다. 그런데 그 사람이 요즘엔 얼굴을 들고, 생기 있게 내 방을 지나갑니다. 나를 보면 '안녕하십니까, 굿리치 회장님'이라고 인사까지 하면서 말입니다. 그 친구 행동이 너무 달라진 게 놀라워서 물어 봤습니다.. '자네를 그렇게 변화시킨 사람이 누구냐?'고 물으니까, 대답이 당신의 강좌를 듣고 있다는 것입니다. 그래서 이렇게 찾아왔습니다. 아무튼 그 친구가 전연 딴 사람으로 변한 것을 내 눈으로 본 것은 의심할 여지 없는 사실이니까요."

나는 굿리치 씨에게 규칙적으로 내 강좌에 출석하여 충실하게 강의를 이행한다면 2, 3주 안으로 청중 앞에서 자연스럽게 말할 수 있을 것이라고 장담을 했습니다.

"만약 당신의 말이 사실이라면 나는 세상에서 더 바랄 것이 없는 사람 중에 한 명이 되겠지요."

굿리치 씨는 반신반의하면서도 매우 기뻐하였습니다.

그때부터 강좌에 참석한 굿리치 씨는 눈에 띨 만큼 빠르게 발전하였습니다. 3개월이 지난 후에 나는 굿리치 씨에게 3천 명이 참가하는 호텔 아스티의 집회에 와서 우리들이 훈련 중에 배운 것에 대해서 이야기 해달라고 부탁했습니다. 그의 대답은 유감스럽지만 그날 약속이 있어서 참석할 수 없다는 것이었습니다.

그런데 다음날 그가 전화를 걸어,

"약속은 취소했습니다. 당신 말씀대로 참석하여 연단에 서겠습니다. 저에겐 그럴 의무가 있습니다. 저는 청중에게 당신의 강좌를 듣고 이렇게 달라졌다는 이야기를 하렵니다. 그 이유는 내 말을 듣고 적어도 그 중의 몇 사람이라도 공포증을 극복하는 용기를 내도록 북돋워보겠다는 바람 때문입니다."

그에게 2분 동안만 이야기하라고 했지만, 그는 3천 명이나 되는 청중들 앞에서 무려 11분이나 연설을 했습니다.

나는 내 강좌를 통해서 이런 기적이 생기는 것을 수없이 보아왔습니다. 이 훈련을 받고 딴 사람처럼 변한 사람들이 사업이나 직업 또는 사회적 지위에서 놀랄 만큼 향상된 예는 수없이 많습니다. 때로는 한 번의 연설에서 성취를 이룬 경우도 있습니다.

마리오 라조의 일화를 소개하겠습니다. 몇 년 전, 쿠바에서 이상한 전보 한 장이 도착했습니다.

"귀하에 아무런 지장이 없다면 연설지도를 받고자 뉴욕에 가겠습니다."

발신인의 성명은 '마리오 라조'로 되어 있었습니다. 대체 누구일까? 전혀 짐작이 가지 않았습니다. 이름조차 들어보지 못한 사람입니다.

나중에 뉴욕이 도착한 라조 씨는 이렇게 설명했습니다.

"하바나의 컨트리클럽에서 창립자 50회 생일 축하모임이 곧 개최될 예정입니다. 저는 그 자리에서 주인공에게 은컵을 증정하고 연설을 하도록 초대를 받았습니다. 저는 직업이 변호사지만 연설이라곤 한 번도 해본 경험이 없고, 사람들 앞에서 연설한다는 생각만 해도 몸이 움츠러드는 기분입니다. 만일 실수라도 한다면 우리 부부는 사교적으로 체면을 구기게 되겠지요. 어디 그뿐이겠습니까? 직업적인 신뢰문제까지 영향이 미치리라 생각합니다.

그래서 당신에게 도움을 받을까 하고 이렇게 멀리까지 찾아왔습니다. 이곳에 머무를 수 있는 기간은 3주밖에 없습니다."

3주 동안 나는 라조 씨에게 여러 개의 연설 강좌를 옮겨 다니도록 해서 하루에 서너 차례씩 강도 높은 훈련을 시켰습니다. 그리고 3주 후, 라조 씨는 하바나의 컨트리클럽 내빈들 앞에서 맡은 바 연설을 훌륭히 해낼 수 있었습니다. 그날의 연설 내용은 〈타임〉지의 '해외뉴스'란에 실렸는데, 라조 씨를 가리켜 '은처럼 우아한 말솜씨를 가진 웅변가'라고 소개해도 손색이 없을 만큼 훌륭한 연설이었다고 극찬하였습니다.

이 정도라면 기적이라고 할 수 있지 않을까요?

그것은 확실히 기적, 두려움에서의 극복이 우리들의 눈앞에서 일어나는 20세기의 기적입니다..

지표 2 ▶ 눈은 목표에 주목하라

앞에서 말한 켄트 씨의 사례에서 그는 청중 앞에서 이야기할 수 있다는 새로운 능력을 얻게 된 것이 자신의 기쁨이라고 말했습니다. 그런데 그것은 다른 어떤 요인보다도 그의 노력에 대한 보답이라고 생각합니다.

켄트 씨는 나의 지도를 정말로 충실히 이행하였습니다. 그가 그렇게 충실히 이행한 것은 진정으로 하고자 하는 의욕이며, 왜 그렇게 하고 싶어 했느냐 하는 것은 연설자로 무대에 섰을 때의 자신을 미리 예견했기 때문이라는 것이 나의 확신입니다. 켄트 씨는 자신을 미래에 투영(投影)시키고, 투영된 자신의 미래상을 현실화하려고 노력한 것입니다. 그러므로 여러분도 당연히 켄트 씨의 방법을 배워야 할 것입니다.

자신감(自信感)이라는 효과적으로 연설하는 방법을 자신의 것으로 소화시켰을 때, 그것이 당신에게 어떤 의미를 갖는지를 상상해 보십시오. 그것은 사교에서 당신에게 필요한 것, 새로운 교우관계, 그룹 혹은 교회의 일원으로 공헌하는 능력의 향상, 시민으로서 사회활동, 사업이나 직업상의 영향력 등 한마디로 말하자면 그것은 당신을 지도하는 위치에 이르도록 하는 지름길 역할을 할 것입니다.

한때 유네스코 의장을 지낸 내셔널 금전등록기 회사의 회장인 아린은 〈쿼터리 저널 오브 스피치(변론에 대한 계간지)〉에 기고한 〈사업에 있어서의 변론과 지도적 위치〉라는 기사에서 다음과 같이 설명합니다.

"우리가 사업의 역사를 통틀어 보면 연단에서 성공적 연설로 자신에게 관심을 집중시켰던 인물이 적지 않다. 오래된 이야기지만 캔사스 주 지부의 말단 책임자에 불과했던 한 젊은이가 뛰어난 연설로 사람들의 이목을 집중시킨 적이 있었는데, 지금 그는 우리 회사 세일즈담당 부사장으로 근무하고 있다."

나는 이 부사장이 현재 그 회사의 사장이라는 것을 알고 있습니다. 결국 두 발을 굳건히 딛고 말할 줄 아는 능력이 당신을 어느 위치까지 끌어 올릴 수 있는지는 상상하는 것보다 훨씬 큰 가능성이 있다는 사실입니다.

강좌의 수강생이었던 아메리카 사보오사의 헨리 블록스턴 사장은 이렇게 말했습니다.

"타인과 효과적으로 의사소통을 하며, 그의 협력을 이끌어내는 능력이란 장래 정상의 지위에 오를 후보자로서 기대되는 조건 중의 하나이다."

이런 상황이 당신에게 닥쳐왔을 때, 확고한 자신을 가지고 자기의 감정과 생각을 청중과 함께 나누는 기쁨을 상상해 보십시오.

나는 세계여행도 여러 차례 해보았지만, 나의 말로 청중을 사로잡는 기쁨에 비교할 다른 즐거움은 세계여행에서조차도 좀처럼 경험해보지 못했습니다. 나의 제자 중의 한 사람은 그 기쁨을 이런 말로 표현합니다.

"연설 시작 2분 전에는 항상 말하러 무대에 오르는 것보다는 차라리 매를 맞는 편이 낫다는 생각이 들고, 연설이 끝나기 2분 전에는 언제나 말을 끝내는 것보다는 총살당하는 쪽이 더 낫다는 기분이 듭니다."

자, 이 정도에서 조용히 언젠지는 모르지만 청중 앞에 서서 연설하는 자신의 모습을 상상해 보는 것이 어떻겠습니까? 자신감을 가지고 연단에 올라서서 여기저기서 '쉬~' 하는 소리를 들으면서 이야기를 시작하고, 차근차근 시선을 주면서 말하면 청중들이 귀를 모아 자기 이야기에 끌려오는 것을 느끼다가, 뜨거운 갈채를 받으면서 연단을 내려섭니다. 그리고 모임이 끝난 후에는 청중으로부터 공감이 넘쳐나는 감사 인사를 받습니다. 이러한 과정에는 마력과 같이 비교할 수 없는 매력과 잊을 수 없는 자극적인 스릴이 함축되어 있습니다.

하버드 대학의 심리학 교수 윌리엄 제임스는 저서에서 독자의 일생에 깊은 영향을 끼칠 만한 여섯 가지를 권고합니다.

핵심은 '용기'가 바로 보물이 감춰진 알리바바의 동굴 문을 여는 '열려라 참깨'의 주문입니다.

"대체로 모든 분야에서 궁극적으로 힘이 되는 것은 목적을 향한 정열이다. 어떤 결과를 얻으려는 마음이 간절하다면 얻으려는 그 결과에 도달하기란 거의 확실하다. 착한 인간이 되려고 한다면 착한 인간이 된다. 부자가 되려고 한다면 부자도 될 수 있고, 학자가 되길 원한다면 학자도 될 것이다. 다만 이럴 경우에 필요한 것은 목적하는 것 이외의 다른 것, 즉 이것과 양립할 수 없는 백 가지를 똑같이 강하게 염원하지 말아야 한다. 어느 것이든 목적하는 것만을 진정하게 염원해야만 가능하다."

많은 사람들을 향해서 효과적으로 이야기하는 방법을 습득함으로써 얻어지는 이익이 오직 공식적 연설을 할 수 있는 능력 하나만은 아닙니다.

일생 동안에 공식적 연설을 할 기회가 단 한 번도 없을지라도 이 훈련에서 얻은 지식은 다방면에서 필요할 것입니다.

예를 들어서, 사람들 앞에서 이야기할 수 있는 훈련은 자신감을 가질 수 있게 이끄는 길잡이가 될 것입니다. 일어서서 많은 사람들을 향해 정상적으로 이야기할 수 있는 능력이 갖추어졌다면, 한 사람 개인을 상대할 때는 보다 큰 자신감을 갖고 말할 수 있다고 생각하는 것은 지극히 당연한 일입니다.

나의 〈효과적인 화술〉에 참가했던 남녀 수강생들은 무엇보다도 사교적 모임에서 수줍음과 자의식 과잉을 극복하겠다는 동기에서 참여한 사람이 아주 많습니다. 이들은 강좌에서 자신이 일어서서도 일상처럼 평온하게 말할 수 있다는 것을 알게 됨에 따라 자의식이란 쓸모없는 것이라는 점을 깨달았습니다. 그리고 새롭게 체득한 여유 있는 태도로 가족·친구·동료·고객·의뢰인 등을 놀라게 하였습니다.

물론 나의 강좌 수강생 중에는 굿리치 씨처럼 사람의 성격이 확 바뀌는 것을 직접 보고 참가하게 된 사람들도 적지 않습니다.

이 훈련이 성격에 미치는 효과가 겉으로 확실하게 표시나지 않는 경우도 있습니다. 얼마 전에 애틀랜틱 시의 외과의사이며 전미의학협회(全美醫學協會) 회장을 역임한 바 있는 테이비트만 박사에게 퍼블릭 스피킹 훈련이 육체와 정신에 어떤 영향이 미치는지 물어 보았습니다. 그러자 박사가 웃으며 대답하였습니다.

"당신의 질문에는 마치 처방전을 내리는 것처럼 대답하는 것이 가장 좋겠습니다. 그렇지만 이 처방은 어떤 약국에서도 조제할 수는 없겠지요. 그것은 각자 개인이 주문 조제해야 합니다. 그렇게 할 수 있느냐고 반문하는 사람이 있다면 그건 그 사람은 잘못입니다."

박사의 처방전은 지금까지도 내 책상에 적혀 있어서, 그것을 볼 때마다 새롭게 감명을 받습니다. 테이비트만 박사의 처방은 다음과 같습니다.

'최선을 다해서 자기 생각과 마음을 남에게 표현하는 능력을 기를 것.
자기의 느낌과 사상을 개인과 개인의 사이에서 또는 청중과 대중들 앞에서 분명히 알리도록 할 것.
이런 능력이 향상됨에 따라서 자기, 참다운 자기가 전에는 알지 못한 인상과 충격을 남들에게 알리고 있음을 깨닫게 될 것이다.'

이 처방을 실천하는 자는 다음과 같은 이익을 얻을 수가 있습니다.

남에게 이야기하는 법을 익혀감에 따라 자신감이 생기고, 인격적인 포용력과 자질이 향상되는 것입니다. 이것은 정서적으로 여유가 생기는 것을 뜻하여, 정서적 여유는 바로 육체적으로도 쾌적해서 기분이 매우 좋아집니다.

오늘날의 퍼블릭 스피치(public speech)는 남녀노소를 불문하고 모든 사람에게 유익한 기법입니다. 그렇지만 그것이 실생활(직업, 사업 등)에서 어떤 이익을 주는지 스스로 알지 못한다는 것도 사실입니다. 그저 이익이 대단히 크다는 말을 듣는 정도입니다.

그런데 퍼블릭 스피치, 즉 화술이 건강에 미치는 공로와 이익은 정말로 대단하다고 자신 있게 말할 수 있습니다. 사람이 많고 적고를 불문하고 기회만 있으면 서로 대화하려고 시도하십시오. 그런 경험이 많을수록 점점 대화가 세련됩니다. 이것은 나 스스로도 경험한 사실입니다.

그럼으로 해서 지금까지는 느껴보지 못했던 정신적 고양(高揚), 즉 자신이 아주 원만한 인간이라는 감정을 스스로 느끼게 될 것입니다. 그것은 대단히 놀라운 감각적 경험이며, 그 어떤 약으로도 얻을 수 없는 효과입니다.

이런 이유로 지표 2는 지금 당장부터 두려워하던 것을 아무 걱정 없이 처리하는 자신의 모습을 상상하고, 많은 사람들 앞에서 모두가 마음 깊이 받아들일 수 있는 이야기를 할 수 있게 됨으로써 얻어지는 이익에 관심을 집중하십시오.

윌리엄 제임스가 한 말을 다시 새겨보겠습니다.

❛ 어떤 결과를 얻으려는 마음이 간절하다면, 얻으려는 그 결과에 도달하기란 거의 확실한 것이다.'

어느 라디오 프로그램 방송에 출연해서 자신이 배운 최대의 교훈에 대해서 세 가지 문장으로 발표한 적이 있습니다.

> 66 지금까지 내가 배운 최대의 교훈은 우리가 생각하고 있는 것(우리가 무언가를 생각하고 있는가)의 중대함입니다. 나는 누군가가 자신이 무엇을 생각하고 있는지를 알려준다면 그 사람이 어떤 인물인가를 알 수 있습니다. 왜냐하면 개인의 존재를 결정한다는 것은 그 사람의 사상이므로, 다시 말하면 우리가 생각을 다르게 하면 자기 인생을 바꿀 수 있다는 것입니다."

당신은 벌써 자신에 넘쳐서 효과적인 의사소통을 할 수 있게 된다는 자기 목표를 확실하게 인식했으리라 믿습니다.

그렇다면 지금부터는 자신의 노력이 결실을 맺는다는 가능성에 대해 부정하지 않고 적극적으로 긍정하는 생각을 가져야 합니다. 많은 사람들 앞에서 이야기하기 위해서 노력한 결과에 대해서도 즐겁게 생각해야 합니다. 그리고 이런 능력을 개발한다는 목표에 온 힘을 다해 헌신하겠다는 결의를 말과 행동으로 드러내야 합니다.

여기서 표현력이 풍부한 스피치 방법을 체득한다는 도전적 과제를 설정했을 때, 확고한 결의가 얼마나 중요한지 극적인 사례를 들어서 소개하겠습니다.

사례의 주인공은 차근차근 직위가 올라서 경영자가 되었고, 크고 어려운 사업을 성공시킴으로써 경영자로서는 기념비적 인물로 일컬어지는 사람입니다.

그러나 그 사람도 대학시절에 많은 사람들 앞에서 스피치하는 상황이었는데 말문이 열리지 않아서 곤란에 빠진 적이 있었습니다. 그저 우물쭈물하다가 주어진 5분의 시간을 절반도 채우지 못한 채 교수님에게 제지당했고, 안색이 창백해지고 눈물을 흘리면서 연단에서 쫓기듯이 내려올 수밖에 없었습니다.

이 사람은 이 경험을 거울로 삼아서 훌륭한 학자가 되겠다고 단단히 결의를 다졌습니다. 그리고 그 결과 세계적으로 존경받는 정부 경제 고문이 될 때까지 그 결의를 잊지 않고 관철시켰습니다.

그 주인공은 바로 클라렌스 B. 란돌입니다. 그는 자신의 저서 《자유의 신앙》에서 퍼블릭 스피킹에 대해서 다음과 같이 말하고 있습니다.

내가 지금까지 상공회의소, 제조업자협회, 로터리클럽, 모금운동, 학교 동창회 등 모임이나 만찬회 또는 기타 여러 모임에서 행했던 연설에 대해서 공로상이 주어진다면 아마도 두 팔 가득히 넘쳐날 것이다.

제1차 세계대전 때는 미시간 주의 에스카나바에서 애국 변론을 하였고, 자선운동을 위해서는 인기배우 미키 루니와 함께 연설한 적도 있다. 또 교육 운동과 관련해서는 하버드 대학장 제임스 B. 코난드, 시카고대학 총장 로버트 M. 하친스제 씨와 지방 유세를 다녔다. 그 덕분에 서투른 불어로 만찬 후에 연설을 한 일도 있다.

나는 청중이 무엇을 듣길 원하는지 또 그것을 어떠한 방법으로 이야기해야 하는가를 어느 정도 알고 있다고 자부한다.

그리고 이런 능력은 중요한 사업의 책임적 지위에 합당한 인물이라면 배우자고 하는 의욕만 있다면 얼마든지 할 수 있는 일이다.

나는 란돌 씨의 견해에 찬성합니다. 성공하려는 의지는 효과적으로 연설할 수 있게 되기까지의 과정에서 대단히 중요한 요인입니다.

만약에 내가 당신들이 얼마나 강한 열성이 있는지 마음과 생각을 들여다볼 수 있다면, 당신들이 효과적으로 의사를 전달하는 연설기법을 어느 수준까지 발전시킬 수 있을지 예언할 수도 있습니다.

언젠가 중서부 지방에서 열린 강좌 첫날에 한 수강생이 이런 말을 한 적이 있습니다. 자기의 직업이 건축업인데 어떻게 하든지 전미건축가협회의 대변인이 되겠다는 말이었습니다. 전국을 다니면서 만나는 사람들에게 건축사업의 문제점과 자신이 극복한 경험을 들려주는 것이 정말 보람찬 일이기 때문에, 그 일을 하는 것이 소망이라고 말했습니다. 이 사람, 죠 헤버스틱의 말에는 진심이 담겨져 있다고 느꼈습니다.

그처럼 열정적으로 참여하는 수강생을 지도하는 것은 강사로서의 기쁨이고 보람 있는 일입니다. 그는 진정으로 열성적이었습니다. 지역의 문제뿐 아니라 전국적인 문제에 관해서도 학문과 경험, 견문을 여러 사람들에게 피력하는 것이 그의 소망이었으며, 그것을 이루려는 열정이 조금도 흐트러지지 않았습니다.

강좌가 열리는 때는 건축사업자에게는 1년 중 가장 바쁜 시기였지만, 그는 자신이 말할 내용을 미리 조사하고 열심히 연습하면서 한 번도 강좌에 빠진 적이 없었습니다.

그리고 우수한 수강생으로 훌륭하게 강좌를 마쳤습니다. 강의에 임하는 자세가 너무 진지해서 스스로도 놀랄 정도였고, 2개월 지나서는 강좌에서 탁월한 수강생이 되었으며 반장으로 선출되기도 했습니다.

그로부터 1년이 지난 후, 그 클래스를 담당했던 강사가 버지니아 주 노포크에 살고 있었는데 다음과 같은 편지를 내게 보냈습니다.

> 나는 죠 헤버스틱이라는 사람을 전혀 잊어버리고 지냈습니다.
> 그런데 어느 날 아침 식탁에서 신문을 펼쳤는데 거기에 죠 씨의 사진과 기사가 실려 있었습니다. 기사 내용은 전날 이 지방 건축업자 대회에서 연설을 한 것인데, 그의 직함이 대변인이 아니라 협회 회장이었습니다.

이 사례에서도 보듯이, 어떤 목적을 성공시키려면 끈기 있게 노력하고 인내하면서 필요한 지식과 소질을 꾸준히 개발해야 합니다. 그리고 열광에 가까운 소망과 태산을 평지로 만들어버릴 정도의 지속적 끈기 그리고 반드시 성공한다는 확고한 자신이 필요합니다.

줄리어스 시저가 대군을 이끌고 도버 해협을 건너 잉글랜드에 상륙했을 때, 그가 정복 작전의 성공을 확신하기 위하여 무슨 일을 했을까요? 그가 한 행동은 정말로 영리한 방법이었습니다.

시저는 군사들을 도버의 백악절벽(White Cliffs of Dover) 위에 멈추게 하고, 그들이 보는 앞에서 2백 피트 아래 바다에 떠있는 모든 함선을 불태워 버렸습니다. 적의 고지 앞에서 대륙을 돌아갈 유일한 연결이 사라진 것입니다. 퇴각할 수 있는 유일한 수단인 배가 연기로 변해버렸으니 살아남을 수 있는 오직 하나의 길은 정복하면서 전진하는 것입니다.

이것이 바로 불멸의 시저의 혼입니다. 당신도 청중의 공포를 이겨내기 위해서 이것을 본받으면 어떻겠습니까? 마음속에 있는 소극적인 생각들을 모조리 불에 태워버리고, 우유부단했던 과거로 도망칠 길도 모두 철문으로 꼭꼭 닫아 버리십시오.

지표 4 ▷ 모든 기회를 놓치지 말고 연습하라

나의 강의 프로그램은 제1차 세계대전이 일어나기 전에 125번가에 있는 YMCA에서 처음 강의했던 내용의 원 줄거리를 찾을 수 없을 만큼 바뀌었습니다. 해마다 낡은 것은 버리고 새로운 아이디어를 강의에 보충한 것입니다.

그런데 변하지 않는 규칙이 하나 있습니다. 그것은 어느 학급에서나 모든 수강생들은 적어도 한 번 아니면 때에 따라서는 두 번 정도 동료들 앞에서 스피치해야 합니다.

수영을 배우려면 물속에 들어가야 하는 것처럼 연설하려면 사람들 앞에서 말을 해야 스피치 기법을 체득할 수 있기 때문입니다.

이 책을 포함해서 연설 기법에 대한 책을 아무리 많이 보았다 해도 화법이 그냥 몸에 익혀지지는 않습니다. 이 책의 내용이 화법을 유도하는 요인들을 완벽하게 담고 있지만, 그 내용을 실행하지 않으면 아무런 소용이 없습니다.

조지 버나드 쇼는 어떻게 대중을 상대로 그처럼 설득력 있는 화술을 구사할 수 있게 되었느냐는 질문에 대해 다음과 같이 말하였습니다.

"스케이트를 배우는 것과 같은 요령입니다. 넘어져서 남의 웃음거리가 되어도 겁내지 말고 오로지 연습을 계속하는 것입니다."

젊은 시절에 런던에 살았던 쇼는 유별나게 틀어박혀 지내는 내성적인 사람이었습니다. 어쩌다 누구를 방문하면 그 집 앞에서 노크도 못하고 템즈 강변을 20분 이상이나 서성거리던 사람이었습니다.

"다른 이유는 없고 나처럼 내성적인 성향 때문에 고민하고, 부끄러움을 탄 사람도 드물 것입니다."

이것이 그가 솔직히 밝히는 고백이었습니다. 그런 그가 마침내 소심증과 내성적 공포에서 벗어날 수 있는 적절하고도 효과가 빠른 방법을 터득하기에 이르렀습니다. 그것은 자신의 약점을 보다 강력한 무기로 전환시킨다는 결심이었습니다.

그는 한 토론모임에 가입해서 공개토론 모임이 있으면 반드시 빠지지 않고 참석했고 또 무슨 수를 쓰던지 발언했습니다. 그리고 사회주의 운동에 마음을 두고 전면에 나서서 자주 연설을 했습니다. 그 결과로 자신감과 재기 넘치는 화술로는 20세기 전반에 비교할 사람이 없을 정도로 화술의 일인자로 군림하도록 자신을 개조하였습니다.

우리는 누구나 말할 기회를 얼마든지 만들 수 있습니다. 어떤 조직이라도 들어가서 의사소통을 필요로 하는 역할을 스스로 담당하면 됩니다.

다른 의견에 찬성을 표하는 것도 괜찮으니 공개석상에서 자신을 주장하고, 부서 회의에서도 뒷전에 움츠러 있지만 말고 당당히 의견을 밝혀야 합니다.

교회의 주일학교에서 가르치는 것이나 보이스카우트의 지도자가 되는 것도 한 가지 방법입니다. 단체에서 적극적으로 집회에 참가할 기회가 주어질 때에도 주저하지 말고 가입하십시오.

당신의 주위를 한 번 둘러보십시오.

사업·사회활동·정치활동·지능적 활동 등 모든 일들이 한 걸음 앞으로 나서서 의견을 말하지 않고 되는 일이라곤 하나도 없을 것입니다. 사회생활의 모든 것은 실제로 말로써 이루어지고 있으며, 말을 하지 않고 일이 어느 정도 진행되어 갈 것이라고는 아무도 예측할 수가 없습니다.

"그런 정도는 나도 잘 알고 있지요. 그렇지만 나는 배운다는 번거롭고 귀찮은 일에 부닥치면 그만 용기를 잃는 답니다."

젊은 사업가 한 분이 나에게 이렇게 변명한 적이 있었는데, 이 변명에 대해 이렇게 말해 주었습니다.

"번거롭고 귀찮다고요. 그런 생각은 아예 머릿속에서 지워버리세요. 당신은 배움이라는 것을 올바른 정신, 다시 말하자면 그것을 극복한다는 결심을 가지고 일을 처리하지 않기 때문에 귀찮고 번거롭게 느끼는 겁니다."

"그 방법이 무엇입니까?"

"모험 정신으로 임해야 합니다."

덧붙여서 여러 사람의 앞에서 나누는 대화를 통해서 또는 자신의 인격을 부드럽게 표현함으로써 모든 일을 성취시킬 수 있다고 말했습니다.

"한 번 해보지요."

그는 그제야 겨우 고개를 끄떡이며 옳다고 수긍했습니다.

"대담하게 모험에 도전하겠습니다."

책을 읽고 나서, 그 원리를 실제로 응용해감에 따라 당신도 모험의 세계에 빠져들 것입니다. 당신을 유지하는 힘과 직감력도 오직 모험하는 도중에 생긴다는 것도 새삼 알게 됩니다. 모험은 당신을 내·외면적으로 변화시키는 확실한 계기가 될 것입니다.

2. 자신을 갖는 방법

> 많은 청중에게 그 말을 할 자격은 오직 나밖에 없다. 그러므로 최선을 다해
> 훌륭하게 하겠다는 신념을 가져야 한다. '온전한 사랑은 공포를 물리친다.'

"5년 전의 일입니다. 카네기 씨, 나는 당신이 공개 수업을 하는 호텔에 찾아갔습니다. 그런데 강의실 문 앞까지 가서 발길을 멈추었답니다.

그때 강의실에 들어가서 강좌에 참가했다면 지금쯤 나도 스피치를 마스터하게 됐을 것이라는 것을 알고 있습니다.

그렇지만 웬일인지 방문 손잡이를 돌릴 수가 없어서 할 수 없이 그냥 호텔을 나오고 말았습니다.

그때 선생님께서 말씀하신 대로 그렇게 쉽게 공포를, 청중 앞에서 마비되어 버리고 활동력이 없어지는 공포를 극복할 수 있는 법만 알았다면 5년이란 세월을 허비하지 않아도 되었을 텐데 후회스럽습니다."

이 고백은 그냥 나와 마주 앉아서 한 것이 아니라 2천여 명의 청중이 모여 있는 내 강좌의 졸업식에서 연설자로 나서서 한 고백입니다.

그가 이야기를 진행해 가는 것을 보면서 그의 침착성과 자신에 찬 태도에 강한 인상을 받으며 혼자 생각했습니다.

'여기 또 한 사람이 자신을 표현하는데 자신감을 얻음으로써 경영자로서 자질을 놀랍게 발전시킬 새로운 인물로 태어났구나.'

나는 가르치는 입장이기 때문에 그가 공포감에서 완전히 탈피한 것을 기뻐하면서 한편으로는 더 일찍 강좌를 수강했더라면 더 빨리 성공할 수 있었고, 보다 더 행복한 사람이 되었을 것이라고 생각했습니다.

일찍이 에머슨은 말했다.

> 66 이 세상에서 많은 사람들이 공포로 말미암아 인생의 낙오자가 되었다."

그 동안 이 말에 숨겨져 있는 진실을 너무도 많이 보았습니다. 그래서 공포로부터 구출하기 위해서 은총을 바라는 일념으로 기도했습니다. 그렇지만 1912년에 처음 강좌를 시작할 때만해도 공포와 열등감을 제거하기 위한 여러 가지 방법 중에서 화술 훈련이 가장 효과적이라는 것을 몰랐습니다.

그러나 강의를 경험하면서 대중들 앞에서 이야기하는 방법을 배우는 것은 용기와 자신감을 기르며 점차로 자의식을 극복할 수 있는 자연법칙임을 깨달았습니다. 왜냐하면 사람들 앞에서 이야기한다는 것은 우리가 공포와 싸움에 나서는 것이기 때문입니다.

여러 해동안 사람들 앞에서 이야기하는 방법을 가르치면서 단지 몇 주간의 연습만으로도 놀라울 정도로 빨리 연단 공포증을 극복하고 자신감을 가지는 데 도움이 되는 몇 가지의 방법을 발견했습니다.

■■■ 제1의 사실

❝ 대중들 앞에서 말할 때 두려운 것은 당신만이 아니다.'

각 대학에서 조사한 바에 의하면 '이야기 방법'의 과정을 마친 학생들의 80~90%가 처음에는 연단 공포증을 두려워하고 있습니다.

내 강좌에 등록하는 성인 수강생의 경우는 이 비율이 더 늘어나서 거의 100%에 도달할 정도입니다.

■■■ 제2의 사실

❝ 어느 정도의 연단 공포증은 오히려 유익하다.'

이유는 이런 느낌은 우리가 직면한 낯선 환경에 도전하는 것을 자연스럽게 받아들여야 한다는 준비 신호에 불과하기 때문입니다. 그러므로 숨결이 거칠어지고 심장의 고동소리를 의식했다고 해서 너무 걱정할 필요는 없습니다. 이것은 외부의 자극에 대해서 항상 당신의 신체활동이 민감하게 대응할 준비를 갖추고 있다는 표현입니다.

이런 생리적 준비가 적절하게 갖추어져 있어야만 당신은 두뇌를 평상시 환경처럼 활동시킬 수 있고, 유창하게 말할 수 있습니다. 또 일반적으로는 다소 긴장된 상태에서 더 훌륭한 연설을 할 수 있습니다.

■■□□ 제3의 사실

　　연설이나 강연의 전문가도 연단 공포증을 완전히 없앨 수는 없다고 한다.'

연단 공포증은 전문가도 말하기 시작 전에는 대부분이 느끼며, 말을 시작하고도 얼마간 지속되는 경우가 있습니다.

이런 사실을 비유해서 말하면, 마차를 끄는 말이 경주마가 되려면 반드시 겪어야 하는 과정이 있듯이 누구나 한 번은 치러야 할 대가입니다.

어떤 경우, 어느 때라도 '물처럼 냉정하라'고 큰소리치는 화자일수록 감각이 둔하고, 흔히 말하는 청중에 대한 감화력도 결여되어 있는 것이 보통입니다.

■■■□ 제4의 사실

　　연설을 두려워하는 주된 원인은 오직 대중 앞에서 이야기하는 습관이 몸에 배어 있지 않다는 것에 불과하다.'

로빈슨 교수는 《정신의 형성(The Mind in the Making)》이라는 책에서 '공포는 불안과 어리석음 때문에 생긴 사생아'라고 말합니다. 우리들은 많은 사람들 앞에서 연설한다는 것은 미지수처럼 알 수 없는 경험이므로 공포와 불안을 느끼게 됩니다.

초심자에 비유해 보면, 자동차 운전하는 법을 배우거나 테니스 치는 법을 배우는 것보다는 좀 더 까다롭고 알 수도 없는 몇 가지 조건들이 느껴지는 것입니다.

그러므로 두려운 상태를 간단하고 쉬운 것으로 만들자면 연습에 연습, 오직 훈련만이 있을 뿐입니다. 수천, 수만 명의 선배들이 지금까지 경험해 온 것처럼 실제로 대중 앞에서 스피치에 성공하는 경험을 여러 번 체험하는 가운데 고통이 즐거움으로 뒤바꿀 수 있다는 사실을 당신도 점차 알게 될 것입니다.

유명한 심리학자이며 저명한 강연가인 알버트 에드워드 위캄이 《어떻게 공포를 극복했는가에 관한 책》에 소개한 일화는 읽으면 읽을수록 느끼는 감흥이 새로울 것입니다.

그는 고등학교 시절에 학교에서 5분간 일어서서 암송하는 차례가 돌아온다는 생각만 해도 오금이 저리고 공포에 질렸다고 고백합니다.

"그날이 가까워질수록 우울해졌습니다. 시련을 생각할 때마다 피가 거꾸로 도는 것 같고, 얼굴이 달아올라서 학교 건물 뒤편으로 가서 차가운 돌담 벽에 볼을 대고 얼굴을 식히기까지 했습니다.

대학에서도 이 버릇은 좀처럼 변하지 않았고, 심지어 이런 일도 있었습니다.

'아담도 제퍼슨도 이미 이 세상에는 없다'는 문구로 시작되는 낭독문을 열심히 외웠습니다. 그런데 막상 대중 앞에 나서니 머리가 빙빙 돌면서 내가 어디에 있는지조차도 모를 지경이었습니다. 그래도 어떻게든 첫 대목의 한 구절을 기억해서 말했는데, 그만 '아담도 제퍼슨도 이미 죽었다'라고 잘못 말했습니다. 그 후에는 다음 문장이 무엇인지 막혀서 아무 말도 할 수 없었습니다. 별 수 없이 그저 인사만 꾸벅하고 모두가 웅성웅성하는 소리를 들으며 자리로 돌아오고 말았습니다.

그러자 학장 선생님이 이렇게 농담을 건네셨습니다.

'아니 에드워드군, 슬픈 뉴스를 전해주어 충격일세. 그러나 우린 최선을 다해서 이 슬픔을 참아내야 하지 않겠는가.'

이 말에 엄청난 폭소가 일어났고, 나는 죽고 싶은 생각까지 들었습니다.

그날 이후 우울한 나날을 보내던 내가 오늘에 이르러 연설가가 되었다는 사실이 실로 뜻밖이고 꿈만 같습니다."

대학을 졸업하고 고향을 떠난 알버트 위컴은 1년간 뎀버시에 머무르고 있었습니다. 그때 1869년의 은화자유주조(Free Silver) 정책을 둘러싸고 정쟁이 최고조에 달했습니다. 은화자유주조를 지지하는 정책을 설명한 팸플릿을 읽은 위캄은 시계를 저당 잡혀서 교통비를 마련하여 고향인 인디애나주로 돌아갔습니다.

고향으로 돌아온 위캄은 과감하게 '건전한 화폐란 무엇이냐'는 문제에 대해 연설하겠다고 나섰습니다. 물론 청중 중에는 학교 동창들도 섞여 있었습니다.

위캄은 당시 상황을 이렇게 설명하고 있습니다.

66 이야기를 시작하니 대학 시절에 '아담과 제퍼슨' 낭독문을 외우던 때의 느낌과 풍경이 떠올랐습니다. 또다시 말문이 막히고 목이 잠겨서 마음을 진정할 수가 없었습니다.

그러나 처음의 고비를 어떻게든 넘겼고, 작은 결과로 용기를 얻어서 오십 분 가량 열심히 이야기했던 모양입니다. 그런데 더 놀라운 것은 나중에 안 일이지만 나의 연설이 한 시간 반이나 계속됐다는 사실입니다.

이것이 동기가 되어 몇 해 후에는 직업적인 연설가가 되었습니다. 이런 결과에 제일 놀란 것은 누구보다도 나 자신이었습니다. 윌리엄 제임스가 '성공에 익숙해진다'고 한 말의 참뜻을 몸소 체험했습니다.

그렇습니다. 위캄은 대중들 앞에서 연설을 한다는 사실이 공포를 극복하는 가장 확실한 방법이며 성공의 경험을 쌓는 방법이라는 것을 배웠습니다.

연단 공포증은 오히려 역이용할 수 있으며, 약간의 공포는 청중 앞에서 말하고 싶어 하는 욕망에 자연스럽게 따라다니는 것이라고 각오해야 합니다.

그렇기 때문에 공포가 정도를 넘어서 두뇌 회전을 방해하고 스피치의 유창성을 상실케 하며, 근육과 정신을 흐리게 하여 당신의 설득력을 적지 않게 감퇴시키는 경우가 있더라도 절대로 절망을 해서는 안 됩니다.

그 까닭은 그런 증세는 초심자에게서 흔히 볼 수 있기 때문입니다. 누구라도 노력만 한다면 틀림없이 공포심은 줄어들게 되므로, 그것은 스피치의 장애물이 아니라 오히려 자극제로 이용할 수 있다는 것을 알 수 있게 될 것입니다.

지표 2 · 적절한 준비를 갖추어라

몇 해 전에 뉴욕 로터리 클럽 회식에서 정부의 저명한 고위간부가 주요 연사로 초청받았습니다. 우리는 모처럼 그가 관리하는 기관의 활동에 대해서 이야기를 듣게 된 것을 기쁘게 생각하고 기대했는데, 정작 본인은 연설에 지명될 것이라고 예상하지 못했던 모양입니다. 처음에는 생각나는 대로 이말 저말 하면서 진행시키려고 무진 애를 썼습니다. 그러나 말문이 막히고 결국 주머니에서 메모 다발을 꺼냈는데, 그것은 마차에 실린 고철더미처럼 정리되어 있지 않은 것이었습니다.

그는 한참 동안 메모뭉치를 만지작거리고 있었지만, 시간이 흐름에 따라서 점점 뒤죽박죽이 되고 이야기의 실마리를 잡을 수 없게 되자 그는 마침내 당황하기 시작했습니다.

그래서 실수를 거듭하면서 떨리는 손으로 거듭 냉수가 담긴 컵을 들어 마른 입술을 축였지만 얽히고설킨 메모뭉치에서는 신통한 줄거리가 나올 까닭이 없었습니다.

이날 그의 모습은 아무런 준비를 하지 못했기 때문에 공포에서 헤어나지 못한 사람의 안타까운 모습 그대로였습니다. 끝내 그는 자리에 주저앉고 말았습니다.

나는 그 사람처럼 체면을 깎인 연설자를 일찍이 본 적이 없었습니다. 그의 말솜씨는 루소가 말한 《연애 글 쓰는 법》을 연상시켰을 뿐만 아니라, 무엇부터 어떻게 이야기해야 할지를 모르는 채 말을 시작했으며, 무슨 말을 했는지조차 모르고 말문을 닫고 말았습니다.

1919년부터 나는 한 해에 5천 건이 넘는 연설을 평가하고 채점하였습니다. 이 경험을 통해서 태산을 능가할 정도로 큰 교훈을 발견했습니다. 그것은 '용의주도한 화자(話者)만이 자신감을 가질 자격이 있다'는 사실입니다. 불안전한 문장으로 또는 총을 준비하지 않고 전쟁에 임해서야 어찌 공포의 상태를 분쇄할 수 있겠는가?

웅변의 대가인 링컨도 다음과 같이 말을 했습니다.

> 66 아무리 경험을 쌓았다 해도 준비가 없다면 당황하지 않으면서 말할 수는 없다고 생각한다."

그러므로 화술에 자신을 기르려면 침착한 화자가 되는 법을 알아야 합니다.

'온전한 사랑은 공포를 물리친다'고 사도 요한은 기록하고 있습니다. 완전한 준비에 대해서도 같은 말을 할 수가 있습니다. 다니엘 웹스터는 준비 없이 대중 앞에서 웅변을 하려는 것은 벌거벗은 자기 모습을 남에게 보이는 것과 같다고 비유했습니다.

'완전한 준비'라고 했지만, 결코 할 말을 전부 암기하라는 뜻은 아닙니다. 대중 앞에서 자기를 지키려고 하는 많은 연설자들은 암기라는 함정에 걸립니다.

내용을 전부 암기해야 한다는 정신적 악습에 젖으면 연단에 섬으로써 얻을 수 있는 효과는 사라지고 시간만 허비할 뿐 아무것도 할 수 없습니다.

미국 뉴스 해설계의 원로인 H. V. 칼덴본은 하버드 대학 시절에 웅변대회에 나간 일이 있었습니다. 그는 《제군, 국왕 폐하의 성공입니다》라는 단편 소설을 원본 그대로 천천히 이야기하겠다고 생각했습니다.

소설의 내용을 한 자 한 자 암기하면서 수없이 연습을 했습니다. 드디어 대회 날, 연단에 선 그는 《제군, 국왕 폐하의 성공입니다》하고 제목부터 말했습니다.

그런데 그 말을 한 순간에 웬일인지 머리가 텅 비는 것 같았습니다. 그렇게 열심히 외웠던 것이 하나도 생각나지 않았습니다. 당연히 놀라서 얼굴빛도 변했습니다. 그때부터 필사적으로 열심히 외웠던 소설의 문구를 다 버릴 수밖에 없었습니다. 그래도 생각나는 줄거리에 자기 나름대로 말을 엮어서 서서히 풀어나갔습니다. 대회가 끝나고 심사위원으로부터 일등상을 받았을 때 가장 놀란 사람은 바로 갈덴본 본인이었습니다.

이후부터 칼덴본은 원고를 외우기는커녕 거의 읽지도 않습니다. 이것이 방송계에서 성공한 그의 비결이었습니다. 그는 약간의 메모를 준비해서 청취자에게 언제나 자연스럽게 말하려고 노력합니다.

이야기할 것을 모두 써 가지고 암기하려는 것은 시간과 정력의 낭비일 뿐만 아니라 오히려 괴로움을 초래합니다. 사람이 살아가는 데는 무의식적으로 말을 하지 낱말을 하나하나 골라서 생각하고 말하는 것은 아닙니다.

생각의 기본은 주지(主旨), 즉 주된 주장이나 요지입니다. 따라서 주지만 명확하다면 말은 우리가 호흡하는 공기처럼 무의식중에 나오는 것입니다.

윈스턴 처칠도 이 말을 배우기까지는 쓰라린 경험을 해야만 했습니다. 젊은 날에 처칠도 연설할 원고를 만들고 그것을 암기했습니다. 그런데 어느 날 의회에서 연설문을 암송하는 도중에 외워 두었던 대목이 도무지 기억이 나지 않았습니다.

그는 당황해서 몸 둘 곳을 몰랐으며, 연설이 끊겼던 대목을 다시 한 번 반복해 보았지만 여전히 생각이 떠오르지 않았습니다. 얼굴이 붉게 달아올랐고 결국에는 말을 제대로 끝내지 못하고 자리에 주저앉고 말았습니다. 그날 이후에 윈스턴 처칠은 암기하는 연설은 두 번 다시 하지 않으리라 생각했습니다.

대중 연설은 원고를 아무리 잘 외웠다고 해도 막상 청중 앞에 나서면 잊어버리기 쉬운 법입니다. 다행스럽게 외운 것을 잘 기억해서 꼬박꼬박 말했다 해도, 그것은 기계적인 단어나 문장의 나열에 불과합니다. 외워서 하는 말이란 마음에서 우러나는 것이 아니고 다만 기억에서 내는 소리라 딱딱할 뿐이기 때문입니다.

일상의 대화를 나눌 때는 낱말에 일일이 신경을 쓰지 않으면서도 생각을 그대로 입으로 옮겨서 의사를 전달하지 않습니까? 어릴 때부터 습관들여온 말하는 방법입니다. 그런데 왜 그것을 새삼스럽게 바꾸려고 합니까?

말을 글로 옮기고 다시 암기해서 말하는 방법에서는 다음에 예로 드는 실패를 경험하지 않는다고 장담할 수 없습니다.

반스 부슈넬의 사례를 들어보겠습니다. 반스는 파리의 미술학교를 졸업하고, 이퀴더블 생명보험회사의 부사장까지 지낸 사람입니다. 반스는 몇 년 전에 버지니아 주 화이트 살파 스프링에서 열리는 집회에서 연사로 초청된 적이 있습니다. 이 집회는 전국에서 2천명의 사원 대표들이 모이는 모임이었습니다.

그때 반스는 생명보험업계에 들어온 지 겨우 2년에 불과했지만, 높은 재능을 인정받았기 때문에 20여 분 동안 스피치를 하게 되었습니다. 반스도 자신의 명성을 높이는 절호의 찬스라 생각했기 때문에 이 요청을 받아들였습니다. 그러나 불행하게도 자기가 스피치할 원고를 모두 암기했습니다. 거기에서 그치지 않고 거울 앞에서 연습도 40번 이상을 했습니다. 완벽하게 해내기 위해서 말씨는 물론이고 제스처와 표정까지 세심하게 연출했습니다.

그러나 연설을 하려고 막상 일어났을 때 공포에 휩싸이고 말았습니다. '이번 집회에서 저의 역할은 …… '이라는 말 한마디만 겨우 시작했지만 더 이상 말을 연결하지 못했습니다. 당황한 반스는 뒤로 물러났다가 처음부터 다시 하려는 시도를 했지만 역시 실패였습니다. 이러기를 세 번이나 반복했습니다.

연단의 높이가 4피트였는데, 뒤편으로는 난간이 없었고 연단과 벽 사이에는 폭 5피트의 공간이 있었습니다. 반스가 새롭게 시작하기 위해서 네 번째 후퇴했을 때, 그만 연단 뒤편으로 굴러 떨어져버리고 말았습니다. 연단에서 반스의 모습이 사라졌고, 청중들의 폭소는 말로써 이루 다 표현할 수가 없을 정도였습니다. 어떤 사람은 너무 웃다가 그만 통로로 주저앉는 일도 벌어졌습니다.

이퀴더블 생명보험회사가 개업한 이래로 이런 희극을 연출한 사람은 한 명도 없었습니다. 더 우스운 사실은 청중들은 미리 준비한 코미디로 생각했고, 그래서 고개를 쳐들고 박장대소했던 것입니다. 이퀴더블의 임원들 중에는 지금도 그가 보여준 쇼를 회고담처럼 말하는 사람이 있습니다.

그러면 반스 부슈넬은 어떻게 되었을까요?

자기 생애 중에 이렇게 쓰라린 경험은 없다고 말했습니다. 너무 창피하다고 사표를 제출했지만 다행히 반스의 상사들이 괜찮다며 잘 설득해서 회사를 떠나지는 않았습니다. 덕분에 자신을 회복한 반스가 뒷날 회사에서 최고의 연설가가 될 수 있었습니다. 그 뒤로 반스가 연설 원고를 암기하지 않은 것은 당연한 일입니다. 아울러 그때의 쓰라린 경험을 교훈 삼아 최고의 연설가가 되었습니다.

많은 사람들이 연설문을 암기해서 말하는 것을 수없이 많이 들었습니다. 그럴 때마다 암기를 하지 않으면 생생하면서도 효과적인 스피치가 된다는 것을 느꼈습니다.

연설문을 모두 외우지 않으면 연설에서 말하려는 요점을 몇 가지 빠뜨릴 수도 있습니다. 또 스피치에 통일성이 결여될지도 모릅니다. 그러나 적어도 청중에게 화자가 인간이지 기계가 아니라는 것을 느끼게는 할 것입니다.

일찍이 에이브러햄 링컨은 이렇게 말했습니다.

66 내가 듣고 싶은 것은 벌떼와 싸우는 것처럼 격분한 화자의 스피치이지, 틀에 박힌 설교라면 듣고 싶지도 않다."

링컨은 공포에서 벗어난 화자가 도취되어 열을 올리며 말하는 스피치를 듣고 싶다고 했습니다. 암기한 문장을 기억하려는 화자에게서 벌떼와 싸우는 듯이 활기찬 인상을 받을 수 없는 것은 당연합니다.

2 ▶ 처음부터 생각을 정리해 둘 것

그렇다면 스피치를 준비하는 방법은 무엇일까? 대답은 매우 간단합니다. 인생에서 무엇인가를 깨우친 보람 있는 경험을 과거에서 찾으십시오. 그런 경험에서 우러나는 당신의 사상, 신념, 생각을 정리하는 것입니다.

올바른 준비란 당신이 말하고자 하는 화제에 대하여 충분히 생각하고 익히는 것입니다.

찰스 레놀드 브라운 박사는 몇 년 전에 예일대학에서 아주 주목할 만한 강연을 시리즈로 진행했는데, 그 강연에서 이렇게 말했습니다.

66 당신의 화제에 대해 차분하게 생각하십시오. 그 화제가 충분하게 열매를 맺고 확장될 때까지 충분하게 생각을 굳히는 것입니다. 그런 다음에 그 생각의 전부를 요약해서 종이에 메모합니다. 이것은 생각을 정착(定着)시키는 것이 목적이기 때문에 아주 간략한 메모라도 충분합니다. 종이쪽지에라도 적어두면 이 화제를 정리해야 할 단계에서 매우 유익하게 사용할 수 있습니다. 여러 단편들을 문

맥에 맞게 정리하고 계통을 세우는 데 용이하다는 뜻입니다."

이것은 그리 어려운 작업이 아니라, 오직 정신을 집중하고, 목적이 무엇인가에 따라서 생각하는 방법이 필요할 뿐입니다.

3 ▶ 동료를 상대로 예행연습을 충실히 할 것

연설할 내용을 어느 정도 짜 놓았다면 다음에는 예행연습을 해야 합니다. 아주 효과적이면서 아주 쉬운 연습방법을 소개해 드리겠습니다. 연설하기 위해 준비한 화제를 친구나 친한 직장 동료와 일상적인 대화를 할 때 응용해 보는 것입니다.

예를 들어서 같이 점심을 먹으면서 야구 스코어를 얘기하는 대신 이렇게 말머리를 자연스럽게 돌려보십시오.

"있잖아, 지난번에 매우 이상한 경험을 한 적이 있었어. 한 번 들어 볼래?"

대부분의 경우라면 친구는 당신의 말을 들으려고 흥미를 보입니다. 그렇게 자연스럽게 이야기를 하면서 친구의 반응을 주의 깊게 살펴보십시오. 친구는 제3자의 입장에서 중요하고 흥미로운 반응을 보내 줄 수도 있습니다. 그는 당신이 연설 연습을 한다고는 꿈에도 생각하지 못할 것이며, 알았다고 해도 크게 문제되지 않습니다. 오직 당신의 이야기를 듣고 즐거워하느냐가 관찰의 초점입니다.

유명한 역사가인 아란 네빈스도 작가들에게 이와 똑같이 충고하고 있습니다.

　　　　" 당신이 쓰려는 주제에 대해서 친구가 관심가질 만하다고 생각한다면, 찾아가서 그 주제에 대해 당신이 지금까지 세워 온 줄거리를 들려 줄 일이다. 그렇게 하면 당신이 미처 생각하지 못한 점들을 발견할 수 있을 것이다."

지표 3 ▶ 반드시 성공한다는 자신을 가져라

　　제1장에서 이와 똑같은 지표가 화술 훈련에서 올바른 태도를 기르는 데 필요하다는 점을 설명했습니다. 그런데 이 지표는 우리가 새롭게 당면한 과제를 해결하는 데에도 필요합니다. 새로운 과제란 바로 스피치할 기회를 놓치지 말고, 이것을 전부 성공의 경험으로 바꾸는 일입니다. 이것을 이루는 데는 세 가지의 방법이 중요합니다.

1 ▶ 자신을 주제에 투입할 것

　　연설 주제를 정하고, 그 주제를 계획에 따라 정리해서 친구를 상대로 하여 예행연습을 했다고 준비가 모두 끝난 것은 아닙니다. 연설할 내용의 중요한 주제를 자기 스스로 납득하지 못하면 안 됩니다. 다시 말해서 자신으로부터 나오는 신념을 자신의 것으로 만드는 일입니다. 이것은 역사상 위대한 인물들이 항시 자신의 용기를 일깨우던 태도입니다.

　　그러면 어떻게 하면 연설에서 신념의 불꽃을 일으킬 수 있을까요. 그것은 스피치하려는 주제의 장면을 분석해서 보다 깊은 의미를 파악해야 합니다. 그러면서 당신의 이야기를 들음으로써 청중들은 어떻게 향상될 수 있을까에 대해서 계속해서 자문자답해야 됩니다.

이것이 누구를 막론하고 역사상 위대한 인물에게 언제나 활력소가 되어 온 태도 즉, 자신의 목적에 신념을 불어넣는 것입니다.

당신은 어떤 방법으로 자신의 스피치에 신념의 불꽃을 불태울 것인가요.

다시 반복해서 말하면, 그렇게 신념을 불어넣기 위해서는 당신 스스로 자기 연설 주제의 각 국면을 파고들어서 보다 깊은 의미를 포착하고 깨달아야 합니다. 그리고 당신의 연설을 들은 청중들을 향상시키는 양식을 전달하는 방법이 무엇인지에 대해 끊임없이 스스로 묻고 답해야 합니다.

2 ▶ 자신의 부정적인 상상은 하지 말 것

연설하기 전에 갑자기 말이 막히거나 문법적으로 잘못된 문장을 사용할 수 있다고 예상하는 것도 당신 스스로를 약화시키는 부정적인 상상입니다.

스피치할 차례가 다가오기 전엔 자기 자신의 관심에서 벗어나는 것이 오히려 더 중요한 마음가짐입니다. 다른 화자의 이야기에 정신을 집중하는 것도 연단 공포증에 지나치게 사로잡히는 폐단을 피하는 방법 중에 하나입니다.

3 ▶ 자기 스스로 용기를 가질 것

오직 그 일에만 온 생애를 바친 사람이 아니라면 누구라도 자신이 말하려는 주제에 의문이 생기게 마련입니다. 그 주제가 자기에게 적합한 것인지 또는 청중이 그것에 흥미를 가져줄 것인지 등 여러 가지를 자문하게 됩니다. 이렇게 되면 자꾸 화제를 바꾸려는 마음이 생기고 망설여지게 될 것입니다.

이런 소극적인 생각 때문에 자기 이야기 주제에 소신을 갖지 못한다면, 용기가 생기도록 스스로 자신에게 말해야 합니다. 이 연설은 나의 경험과 인생에 대한 생각에서 우러나는 중요한 이야기이기 때문에 나에게 가장 적절한 화제라고 스스로 되뇌어야 합니다.

'많은 청중에게 이 말을 할 자격은 오직 나밖에 없다.'

그렇기 때문에 최선을 다해서 훌륭하게 하겠다는 신념을 당신 자신에게 들려주는 것입니다. 그런 방법은 케케묵은 구식이라고 생각하는 사람이 있을지도 모릅니다. 그러나 자기 암시가 동기를 자신의 것으로 만드는 데 가장 강력한 자극이라는 점에는 거의 모든 실험심리 학자들이 동의합니다.

더구나 연설 내용이 진실에서 우러나는 이야기라면 그 효과는 그렇지 않은 경우보다 훨씬 클 것입니다.

지표 4 　 행동하는 데 자신을 가져라

미국의 심리학자 윌리엄 제임스 교수는 그의 저서에 다음과 같이 말했습니다.

> 　행동은 감정에 따라 달라지는 것처럼 보이지만, 실제로 행동과 감정은 평행합니다. 행동을 규율함으로써 감정을 간접적으로 규정할 수가 있으나, 감정은 행동만큼 직접적으로 의지의 지배를 받지 않습니다.
>
> 　만약 자연스러운 명랑함이 없어졌다고 느낀다면, 용기 있게 일어

나서 쾌활하고 생동감 있게 말하는 것이 명랑함을 회복하는 최선의 길입니다. 그래도 명랑해질 수 없다면 그 외에는 다른 방법은 아무 것도 없습니다.

그러니까 용기 있는 사람처럼 느끼려면 용기 있는 사람처럼 행동하는 것이 최고의 방법입니다. 그렇게 행동하기 위해서 자신의 모든 힘과 의지를 최대한 발휘하십시오. 용맹스러운 정열은 공포의 발작을 충분히 극복할 것입니다."

여러분은 제임스 교수의 이 말을 실제로 실행하도록 하십시오. 이미 용기를 갖춘 것처럼 행동하면 청중 앞에 설 때도 용기를 얻을 수 있습니다. 그러나 이런 행동도 미리 준비하고 연습하지 않으면 별로 신통한 효과는 없을 것입니다.

지금부터 말하려는 것은 '용기 있게 청중 앞으로 나가십시오'라는 말입니다. 청중 앞에 서기 30초 전에는 크게 심호흡을 합니다. 허파에 산소를 가득 채우면 그만큼 기운이 생기고 용기도 솟아날 것입니다.

위대한 테너 가수 잔 드 레케는 '더 이상 숨이 들어올 수 없을 만큼 크게 심호흡 하면 모든 불안은 해소된다'고 입버릇처럼 말했습니다.

반복하지만 똑바로 서서 청중을 정면으로 응시하고, 청중 한 사람 한 사람에게 돈이라도 꾸어 준 듯이 자신감을 가지고 말을 시작하십시오. 그들은 나에게 빌린 돈을 갚을 날짜를 연기 받기 위해서 모여 있다는 상상이 사실이라고 생각하십시오. 그 심리적 효과는 당신에게 유리하게 작용할 것입니다.

만약 이 비결이 도움이 될 것인지 의문이 생긴다면, 이 책의 타당성을 확인한다는 의미에서 나의 강좌를 먼저 경험한 수강생들을 찾아서 이야기를 나눠 보십시오. 그러면 내 말이 옳다는 것을 알게 될 것입니다.

그러나 증인을 만나면서 책을 읽을 수는 없으므로 '용기의 상징'으로 많은 갈채를 받았던 어느 미국인의 이야기를 소개하도록 하겠습니다.

그는 세상에 보기 드문 겁쟁이였습니다. 그런 겁쟁이가 누구에게도 뒤지지 않을 대담한 사람이 된 것은 자신감을 가지기 위한 훈련을 했기 때문입니다.

더할 수 없는 자신감을 지니고 탁월한 정치력으로 대중의 마음을 사로잡았던 그는 바로 미국 대통령 시어도어 루즈벨트(Theodore Roosevelt)입니다.

그는 자서전에서 이렇게 말했습니다.

> 66 나는 약하고 똑똑하지도 못한 소년이었다. 그래서 성인이 되어서도 초기에는 자신의 능력에 회의적이었으며 신경질적이었다. 그래서 몸뿐만이 아니라 정신적인 면에서까지 고뇌하고 노력하면서 자신을 단련해야만 했다."

다행스럽게도 루즈벨트는 한 가지 방법으로 자신을 개조하는데 성공했습니다. 여기에 대하여 다음과 같이 쓰고 있습니다.

소년 시절, 항상 나에게 감동을 주었던 〈마이야트〉의 작품을 읽다가 한 대목에 마음이 끌렸다. 영국 군함의 함장이 주인공에게 두려움을 잊는 방법을 가르치는 내용이었다. 예를 들어서 전투에 참가하게 되면 처음에는 누구나 공포에 휩싸이게 되는데, 그때 어떻게 하면 두려움을 잊을 수 있는지에 대한 방법이었다.

함장이 설명하는 방법은 자신을 제어해서 그냥 두렵지 않은 것처럼 태연하게 행동하라는 것이었다. 그렇다고 즉각 사라지지는 않지만, 계속해서 두렵지 않다고 생각하는 중에 그것이 위장이 아닌 사실로 변하는 것이다. 사람은 불안할 때 두렵지 않은 것처럼 가장하는 것을 연습하면 실제로 대담해진다는 것이다.

나는 이 이론을 받아들였다. 어릴 때에는 동물원의 곰이나 성난 말 심지어는 권총놀이 하는 것에 이르기까지 무엇에나 공포를 느꼈다. 그런데 스스로 무섭지 않다는 태도를 계속해서 취함으로써 드디어 실제로 무섭지 않게 되었다.

이런 마음가짐의 효과는 누구라도 동일한 경험을 하게 될 것이다.

청중 앞에서 스피치하는 공포를 극복하는 것은 모든 일에서 자신을 가질 수 있는 가치 있는 일입니다.

이 도전을 통해 극복한 사람은 자신이 그만큼 성장했음을 스스로 느끼고 알게 될 것입니다. 청중 앞에서 연설하는 공포를 극복한다는 것은 이를테면 인생이 더 충실하게 되도록 삶이 한 단계 도약한다는 의미라는 것을 알게 될 것입니다.

어느 세일즈맨은 이렇게 말했습니다.

"교실에서 친구들 앞에서 스피치하는 용기를 얻게 된 후부터 나는 어떤 사람이라도 상대할 수 있다는 자신감이 생겼습니다. 어느 날은 정말 다루기 까다로운 중매인(仲買人)을 방문한 적이 있습니다. 나는 상대가 '노'라고 말하기 전에 샘플을 테이블 위에 펴놓았고, 지금까지 누구도 받아보지 못한 대량의 주문을 받을 수 있었습니다."

다음은 어느 가정주부가 내 강좌를 진행하는 강사에게 들려준 사례입니다.

"나는 말하는 데 자신이 없어서 이웃 사람들을 집으로 초대할 마음을 낼 수도 없었어요. 그런데 강좌를 몇 차례 수강하면서 강의실에서 스피치를 한 다음에 처음으로 파티를 열었습니다. 파티는 대성공이었습니다. 화제를 이어가면서 손님들을 지루하지 않게 하는 것은 그렇게 힘든 일이 아니었습니다."

또 강좌를 졸업하는 학급에서 판매직에 종사하는 어느 분은 이런 말도 했습니다.

"나는 고객을 대할 때마다 언제나 두려워해서 무슨 변명이라도 하는 사람인 듯한 인상을 주었습니다. 그런데 강좌에서 여러 번의 스피치를 한 뒤부터 나는 자신감과 침착성을 가지고 말할 수 있게 되었습니다.

이제는 손님을 대할 때에 나의 권위를 찾고 있다는 것도 스스로 알게 되었습니다. 그 덕택에 한 달의 매출이 45퍼센트나 늘어났습니다."

이들은 남 앞에서 스피치하는 두려움과 공포를 극복하면서 이전에는 순조롭지 않았던 일들이 쉽게 풀리고 성공에 이르게 된다는 사실을 깨달은 것입니다.

여러분도 마찬가지로 사람들 앞에서 스피치를 잘함으로써 일상생활에서 일어나는 여러 가지 문제에 자신을 가질 수 있고 확실한 재능으로 잘 처리할 수 있다는 것을 발견하게 될 것입니다.

어떠한 일이라도 해결할 수 있다는 새로운 자신을 가지고 인생의 어려운 일이나 여러 가지 문제들과 대결할 수 있게 될 것입니다.

지금까지 해결하지 못한 여러 가지 상황(狀況)들에 도전함으로써 삶의 보람이 점차 증가되는 밝은 앞날을 경험하게 될 것입니다.

3. 효과적인 화술을 쉽게 익히는 방법

> 경쟁이 치열한 이 사회에서 출세하려면 당신이 겪은 시련이나 희망, 성공
> 담을 말하도록 하라. 그것이 참다운 모습이라면 겸손하게 말하기만 하면
> 확실하게 관심을 끄는 화제가 될 수 있다.

나는 텔레비전을 거의 보지 않습니다. 그런데 최근에 친구가 저녁에 진행되는 한 프로그램을 보라고 권했습니다. 이 프로그램은 가정주부를 위한 쇼프로지만 시청률이 높고, 특히 관객이 참가하는 부분에는 내가 흥미를 가질 만하니 꼭 보라는 것이었습니다.

과연 그의 말이 옳았습니다.

나는 방청객이 말을 하도록 유도하는 사회자의 능숙한 솜씨에 매료되어 여러 번 그 프로그램을 보았습니다. 나는 사회자의 기법과 재능에 빠져서 다른 생각을 못할 정도였습니다.

관객이 특별히 말을 잘하는 사람들이 아니었고, 별도의 의사소통 훈련을 받지도 않은 사람들이었습니다. 말하는 관객들 중에는 발음이 틀리는 사람도 있고, 문장이 어설픈 사람도 있었습니다. 그렇지만 말하는 모든 사람들

에게는 각자가 지닌 매력이 풍겼습니다.

이야기를 시작하면서 카메라가 촬영하고 방송되고 있다는 공포를 완전히 잊은 것처럼 말했고, 그것이 시청자의 주의를 끄는 것이었습니다.

그 이유가 무엇인지 아시나요? 나는 이 프로그램에서 사회자가 사용하는 테크닉을 내 강좌에서 응용해서 사용해 왔기 때문에 비결을 알고 있었습니다.

시청자의 주의를 끌 수 있었던 주요한 요인은 바로 말하는 관객들이 모두 평범한 일반 사람들이기 때문입니다. 그들이 하는 이야기란 바로 자신에 관한 것이었습니다. 지금까지 살면서 겪었던 큰 실패담, 더없이 즐거웠던 추억 또는 현재의 남편이나 아내를 만나게 된 동기 등의 이야기입니다. 그들은 이야기하면서 서론, 본론, 결론 같은 것을 어떻게 할 것인지에 대해서 전혀 걱정하거나 고민하지 않았을 뿐만 아니라 용어나 문장에도 전혀 거리낌이 없었습니다. 그렇게 말하지만 시청자들이 결정적으로 원하는 것을 말함으로써 시청자로부터 주목받을 수 있었던 것입니다.

이것이 바로 청중 앞에서 효과적으로 말하는 화술을 쉽게 익힐 수 있는 세 가지 원칙 중의 하나입니다.

지표 1 ▶ 경험과 공부를 통해서 얻은 것을 말하라

텔레비전 프로에 참여해서 모두 공감할 수 있는 이야기로 시청자의 흥미를 끌었던 남녀 관객들은 개인적인 경험을 바탕으로 말하고 있었습니다. 다시 말하면, 자신들이 잘 알고 있는 사실들에 대해서 말했던 것입니다. 예를 들어서, 그들에게 유엔의 기구를 설명하라든지, 공산주의를 비판하라고 했다면 그 프로그램은 얼마나 따분한 것이 되었을지 쉽게 짐작할 수 있습니다. 그런데 그런 잘못을 대부분의 사람들이 집회나 모임에서 되풀이하고 있습니다. 관련 지식이 별로 신통하지도 않으면서도 대부분 사람들이 관심을 가지지 않은 주제에 대해서 말을 해야 되는 것처럼 생각하고 실제로 그렇게 행동합니다.

이를테면 민족주의나 애국주의 또는 정의라는 주제에 대한 내용을 모아놓은 책이나 웅변교본 같은 것을 고작 두세 시간 읽었거나, 정치학 강의에서 건성으로 들은 상식을 끄집어내어 말하는 셈입니다. 얼마나 지루하고도 실속 없는 이야기가 될지 쉽게 짐작이 됩니다.

시청자들도 경험에서 우러나는 실제적인 화제에 대해서는 흥미를 느끼지만, 거창한 주제에는 흥미를 가지지 않는다는 것을 프로그램 사회자는 알고 있었던 것입니다.

얼마 전에 나의 강좌를 진행하는 강사들이 시카고의 콘래드 힐튼호텔에서 지역 집회를 가졌습니다. 이 집회에서 연설자로 나온 수강생이 이렇게 이야기를 시작했습니다.

"자유·평등·동포애, 이것은 인류의 사전에 있는 관념 중에서 가장 강력한 사상입니다. 자유 없이는 인생은 살 가치가 없습니다. 행동의 자유가 다방면에서 제한을 받는다면 산다는 것이 어떻게 될지 상상해 보시기 바랍니다."

그러자 강사는 스피치를 중단시켰고, 수강생은 여기까지만 말할 수 있었습니다. 강사의 행동은 현명한 처사였습니다.

그런 다음에 강사가 수강생에게 무슨 까닭으로 지금 한 말과 같은 것을 믿게 되었느냐고 물었습니다. 그 사실을 입증할 수 있는 체험이라도 했느냐고 물었습니다. 그러자 그는 놀라운 사실들을 이야기하기 시작했습니다. 그는 전에 프랑스 지하저항 단체인 레지스탕스 조직원이었는데 나치스의 지배 하에서 가족과 함께 받았던 박해에 대한 이야기였습니다. 나치스 비밀경찰의 눈을 피해서 미국으로 건너오기까지 자신과 가족이 겪었던 생생한 실화를 들려주었습니다.

그는 이렇게 말로 이야기를 마쳤습니다.

"오늘 미시간로를 거쳐서 이곳으로 왔는데 오든지 가든지 아무도 말하지 않았습니다. 이 호텔에 들어오는데도 아무런 구애를 받지 않았습니다. 이 모임이 끝나고 어디를 가든지 내 마음대로 입니다. 여러분, 믿어주세요. 자유란 싸워서 얻을 만한 가치가 있습니다."

그가 청중으로부터 기립 박수를 받은 것은 말할 필요도 없습니다.

1 ▶ 인생에서 직접 배운 것을 말하라

인생에서 자신이 직접 배운 것에 대하여 말하는 사람은 틀림없이 듣는 사람의 주위를 끌게 마련입니다.

그런데 내 경험에 의하면 이야기하는 사람들 대부분이 이 이렇게 하지 않습니다. 그들은 자기의 경험 같은 것은 못마땅하고 특수하다는 생각에서 그것을 화제로 삼는 것을 피하고 있습니다.

이와 같이 불행하게도 많은 사람들은 그렇게 하지 않습니다. 그것은 마치 공기가 너무 희박해서 일반 사람들은 호흡할 수 없는 상황에 빠뜨리는 것과 같습니다.

그런 사람들의 행동은 뉴스를 듣고 싶어 하는 사람들에게 사설에 대해 이야기하는 것과 같습니다. 물론 신문 편집장이나 발행인들처럼 사설 쓰는 일을 직업으로 삼는 사람들의 이야기라면 들을 필요가 있겠지요.

정말 중요한 것은 당신이 인생에서 직접 배운 것을 말해야 합니다. 그러면 사람들이 당신의 이야기에 귀 기울이게 됩니다.

에머슨은 만나는 사람들로부터 무엇인가 배울 수 있다고 믿었기 때문에 아무리 이름 없는 사람들의 이야기라도 언제나 기꺼이 귀 기울여서 들었습니다.

그들의 이야기는 어느 성인의 이야기에 못지않은 가치를 지니고 있습니다. '철의 장막' 밖에 사는 성인인 셈입니다. 그런 이야기를 많이 들어보면, 인생이 준 가르침에 대한 것은 그 가르침이 아무리 작더라도 경험자 자신이 말하는 경우에는 지루함을 주는 적이 거의 없습니다.

몇 년 전에 내 강좌의 강사가 뉴욕시 은행 간부들에게 퍼블릭 스피치 교육을 진행했던 예를 들어보겠습니다. 강좌에 참석한 사람들은 항상 시간에 쫓기다 보니 강의를 위한 준비를 충분히 할 수 없었습니다. 때로는 나름대로 준비라고 생각한 것도 강좌에서는 충분하지 않다고 생각하는 경우가 많았습니다.

그들은 인생을 통하여 자기 나름의 사상을 쌓고 신념을 만든 사람들입니다. 남들과 다른 독특한 각도에서 사리를 판단하면서 나름 독자적인 경험을 쌓아왔습니다. 이른바 40년이란 이야기의 재료를 쌓아온 사람들입니다. 그럼에도 불구하고 대부분은 그런 사실을 자각하지 못하고 있었습니다.

어느 금요일에 강좌 수강생 중의 한 명이 강좌에 가려고 은행을 나섰습니다. 벌써 4시 30분이 넘었으니 바쁘다고 생각하면서 한편으로는 강좌에서 무엇을 말해야 할까에 대해 고민하면서 사무실을 나섰습니다.

가판대에서 〈포브스 매거진〉을 사가지고 강좌가 진행되는 페더럴 리저브 은행으로 가는 도중 지하철 안에서 〈성공을 하는 데는 앞으로 10년밖에 없다〉라는 제목의 기사를 읽었습니다.

그 기사에 특별하게 관심이 있어 읽은 것이 아니라 자기에게 할당된 시간을 메우기 위해서는 무엇인가를 이야기해야만 되었기 때문입니다.

그는 강좌에서 기사의 내용에 대해 정말로 맞는다는 차원에서 말해서 청중들의 흥미를 끌면 되겠다고 생각했습니다.

결과는 어찌되었을까요?

그는 자기가 말하고자 마음먹을 것을 제대로 실행하지는 못했습니다.

'말하고자 마음먹은 것' 그것은 아주 좋았습니다. 그러나 그저 '시도만 좋았던' 것입니다. 그의 스피치 중에는 마음속에서 진실로 우러나서 돌파구를 여는 내용이 없었던 것입니다. 그것은 그의 태도와 어조에서도 여실히 드러났습니다.

본인의 태도가 그러한데 어떻게 청중의 감동을 기대할 수 있겠습니까? 단순히 그 기사를 인용해서 말한 것에 불과합니다. 〈포브스 매거진〉의 의견뿐이었고 전혀 본인의 의견이 아니었습니다. 그의 스피치가 끝나자 강사가 이렇게 말했습니다.

"잭슨 씨, 우리들은 그 논문 저자가 그대로 복사된 그림자 같은 인물에는 흥미가 없습니다. 논문 저자는 당연히 지금 여기에 없습니다. 또 그 분을 볼 수도 없습니다. 우리는 당신과 당신의 생각에 흥미가 있지 다른 어떤 사람이 말한 것에는 흥미가 없습니다.

자신이 생각하고 있는 것을 본인의 입으로 말씀해 주십시오. 당신 자신의 의견을 좀 더 넣어 주셔야겠습니다.

그 기사를 다시 읽고, 필자의 의견에 찬성할 수 있는지의 여부를 판단해 보십시오. 그리고 다음 주에 다시 한 번 더 말씀해 주시지 않겠습니까?

당신이 찬성할 수 있는 점이 있다면 자신의 소신에다 대입시켜서 말씀해 주시고, 만일 찬성할 수 없다면 그 이유를 말씀해 주십시오. 스피치의 기사를 실마리로 삼아서 자기의 이야기를 해주시는 겁니다."

그는 기사를 다시 읽었고, 글쓴이에게 절대 찬성할 수 없다는 결론에 도달했습니다. 그리고 왜 찬성할 수 없는지 증명할 내용을 찾았습니다. 다년간 은행 경영자로서의 경험했던 것들과 부합시켜서 생각을 발전시켰습니다.

다음 주에 그는 자기의 경력에서 우러나는 확신에 찬 스피치를 했습니다. 잡지의 기사를 인용하는 대신, 자기만의 조폐공사에서 주조된 금화를, 자기만의 광맥에서 캔 원석을 청중에게 제공한 것입니다.

두 주에 걸친 스피치 중에서 어느 쪽이 청중에게 큰 감동을 주었을지 여러분의 판단에 맡기겠습니다.

3 ▶ 자기의 생활환경에서 화제의 실마리를 찾아라

언젠가 우리 강사들 모임에서 화술을 가르치면서 강좌를 진행할 때 가장 어려운 점을 쓰라고 한 적이 있었습니다. 결과는 '적절한 화제를 선택에서 이야기하도록 시키는 것'이 초심자 과정에서 가장 많이 부딪치는 문제라는 것이었습니다.

그렇다면 적절한 화제란 무엇일까요?

그것은 바로 당신 주위에서 일어난 일입니다. 그것은 스스로 경험했고 반성을 통해서 이미 당신의 것이 되었기 때문에 화제로서 적절한 것입니다.

그럼 화제가 되는 그것은 어떻게 찾아낼 수 있을까요?

바로 자신의 생활환경에서 찾을 수 있습니다. 삶에서 강력한 인상을 주었던 것, 즉 과거의 기억을 더듬어서 인생의 중요한 국면이 되었던 것을 찾는 것입니다.

몇 년 전에 강좌에서 '어떤 화제에 흥미가 있는가'를 조사한 적이 있습니다. 청중들이 관심을 가지는 것은 바로 자기 생활 주변에서 일어나는 지극히 제한된 영역이라는 것을 알 수 있었습니다.

■■■ 어린 시절의 성장과정

가정환경이나 어릴 때의 회고하는 것 또는 학교시절에 관한 화제는 거의 절대적인 관심을 모으게 됩니다. 대부분의 사람들은 어떤 장애에 부딪쳤을 때 남들은 어떻게 극복하였는지에 관심이 많기 때문입니다.

그렇기 때문에 대중들에게 말을 할 때는 어린 시절의 경험을 실례로 인용하는 것이 굉장히 유용합니다.

어린 시절에 역경과 싸워서 이기는 내용을 주제로 한 연극이나 영화, 소설 등이 인기가 있는 것은 그것이 화제로서 얼마나 적절한지를 알 수 있는 좋은 예입니다.

그러면 당신이 어린 시절에 겪었던 그 일에 사람들이 흥미를 갖는다는 것은 어떻게 확신할 수 있을까요? 이 점에 관해서 하나의 판단 기준이 있습니다.

오랜 시간이 지나도 자신의 기억에 선명하게 남아 있는 일이라면, 그것이 청중의 흥미를 끈다는 것은 거의 확실하다고 믿어도 무방합니다.

■■■ 전진을 위한 젊은 날의 노력

이것도 인간적인 측면에서 흥미가 많은 주제입니다.

사회에서 지위를 얻고 출세를 하기 위해서 겪었던 이야기를 함으로써 청중의 관심을 끄는 것입니다.

당면한 일이나 작업에 어떤 방법으로 임했는지 또는 어떤 기회가 당신의 경력을 좌우했는지에 대한 이야기입니다. 경쟁이 치열한 사회에서 출세하기 위해서 겪은 시련이나 희망이나 그리고 성공담을 이야기하십시오.

다른 사람의 삶에 대한 이야기지만 진실된 마음이 담겨있고 겸손한 태도로 말한다면 청중들의 관심을 끌 수 있는 화제가 된다는 것은 거의 확실합니다.

■■■ 여가의 활용과 취미

이 영역의 이야기는 각자가 즐기고 좋아하는 것과 관련된 것이기 때문에 곧바로 상대방이 관심을 가지는 화제가 될 수 있습니다.

진정으로 즐기는 취미라면 관련된 화제를 얼마든지 자연스럽게 말할 수 있을 것이고, 그것에 열중하는 이야기는 상대방의 관심을 끄는데 큰 도움이 될 것입니다.

▶ 특수한 지식의 범위

한 방면에 다년간 종사한다는 것은 그 방면에 전문가가 되는 것입니다.

여러 해에 걸친 경험과 연구를 바탕으로 한 당신의 사업이나 직장의 이야기를 하십시오. 틀림없이 당신을 존경하는 마음으로 주목하게 될 것입니다.

■■■ 이상한 체험

유명한 인물을 만난 적이 있는지, 전쟁 중에 절박한 경험이 있는지, 정신적인 위기를 당한 경험은 없는지 등의 체험도 좋은 화제가 됩니다.

■■■ 신조와 신념

당신은 오늘날 세계가 직면하고 있는 문제에 대해서 자신의 견해를 가지는 경우가 있을 것입니다. 이런 견해를 가지기까지는 많은 시간과 노력을 들여서 그 문제에 대해서 생각하고 연구하였을 것입니다.

대부분의 사람들이 관심을 가지는 문제에 대해서 많은 시간을 들여서 연구한 적이 있다면 그것에 대해 논의할 자격이 있다고 말할 수 있습니다.

단지 이런 경우에는 당신이 확신하는 주장을 증명할 수 있는 내용이 반드시 함께 있어야 된다는 점을 잊어서는 안 됩니다.

청중은 일반적인 상식 수준의 이야기에는 별로 관심을 갖지 않습니다. 이런 화제에 대해서 이야기하면서 신문기사 몇 개를 읽는 수준에서 준비하면 된다는 편안하고 한가로운 생각은 절대 금물입니다.

그 문제에 관해서 당신이 아는 바가 청중의 지식을 훨씬 능가하지 못할 경우라면 처음부터 말하지 않는 편이 좋습니다. 반대로 당신이 오랫동안 다루어 온 문제라면 그것은 생각할 여지도 없이 당신에게 가장 적절한 화제가 될 것입니다.

이런 기준에 따라 당신에게 적당한 화제를 고르면 됩니다.

그런데 이런 화제에 대해 스피치할 준비를 하면서 그냥 기계적으로 언어를 종이에 적거나, 정형화된 문장을 암기하거나 또는 급하게 훑어본 책이나 신문기사를 재탕하는 방식으로 준비해서는 안 됩니다. 이점에 대해서는 제2장에서 자세히 지적한 바 있습니다.

어떤 화제라도 준비할 때는 마음속 깊이까지 파고 들어가서 그곳에 쌓인 경험에서 우러나는 몇 가지의 근본적인 확신을 발굴해야 합니다.

주제가 그런 곳에서 찾아지느냐고 의심하지 마십시오. 반드시 찾아집니다. 어쩌면 그것은 너무 많이 널려져 있으면서 당신이 찾아주기를 기다리고 있을지도 모릅니다.

대중에게 들려주기에는 너무나도 개인적인 것이다 또는 지나치게 사소하고 간단하다는 이유로 찾은 화제를 버려서도 안 됩니다.

내 경험에 의하면, 그런 화제들이 청중을 더 즐겁게 하며 감동도 더 깊게 전달합니다.

전문 연설가의 스피치보다 더 큰 흥미를 주며, 신뢰성과 공감도 더욱 크게 불러일으키는 내용입니다. 그래서 당신을 제외하고는 그것을 말할 사람이 없다고 생각되는 주제를 골라야 합니다.

그렇게 주제가 골라지면 더 빨리 그리고 더 쉽게 대중 앞에서 효과적으로 연설하는 기술을 마스터할 수 있는 제2의 조건도 갖출 수 있습니다.

제2의 조건은 다음과 같습니다.

지표 2 ▶ 주제에 따라 마음을 밝혀라

자신만이 말할 수 있는 자격이 있는 화제라고 해도 말하려는 의욕이 반드시 생기는 것은 아닙니다.

자기 일은 스스로 한다는 주의를 신봉하는 사람에게 '설거지'라는 주제에 대해서 충분히 말할 자격이 있다는 예를 들어 보겠습니다. 이런 내용에 대해 말할 자격이 충분히 있는 것은 맞지만, 어쩐지 이 화제를 말하는 것이 썩 마음에 내키지 않을 수 있습니다. 오히려 그런 것은 전부 잊고 싶은 사실일지도 모릅니다.

그런데 가정주부들은 이른바 가정의 경영자로서 이 주제에 대해서 신통할 정도로 말을 잘합니다. 어쩌면 '설거지'라는 작업에 대해서 끊임없이 불평불만을 했기 때문인지, '설거지'란 주제에 대해 신바람 나게 말을 풀어냅니다.

그 결과로 '설거지'란 화제에 관해서는 효과적으로 말할 수 있습니다. 그런데 여기에 풀어야할 한 가지 의문이 있습니다.

그것은 나만이 청중 앞에서 말할 자격이 있다고 생각한 화제가 정말로 스피치 내용으로 적합한지 여부를 판단하는 데에 도움이 되는 질문입니다.

만일 당신이 스피치하는 중에 누군가 일어나서 당신 의견에 정면으로 반대할 경우, 당신은 신념과 열의를 가지고 자신의 입장을 지킬 의지가 있느냐는 것입니다. 이때 그럴 수만 있으면 당신은 올바른 주제를 선택했다고 할 수 있습니다.

1926년에 스위스 제네바에서 열린 제7회 국제연맹회의를 방청한 일이
있었습니다. 최근에 그때 적어두었던 메모를 우연히 발견했는데, 메모의 한
구절을 소개하겠습니다.

> 세 사람이 원고를 읽듯이 생기 없는 연설을 한 다음에 캐나다의 조지 포
> 스터 경이 발언했다.
> 일단 원고라든가 메모 쪽지가 일체 없는 것을 보니 마음에 들었다. 그는
> 끊임없이 몸짓을 하면서 스피치할 뿐만 아니라 한 마디 한 마디마다 진
> 정성이 넘쳤다. 진정으로 마음으로부터 전하고 싶은 것을 말하기 때문
> 이라는 느낌이 든다.

마음속에서 우러나는 진정한 마음을 청중에게 호소하고자 함은 불빛보
다 밝은 것입니다. 내 강좌에서 항상 강조하는 이 원칙의 좋은 사례가 조지
경의 연설에서 잘 드러나고 있습니다.

나는 지금도 가끔 조지 경의 연설을 회상하곤 합니다. 성실하고 열의에
불타는 태도와 말투였습니다.

연설에서 성실성이 밖으로 표현되는 것은 이성과 감정이 조화되어서 완
전히 자신의 것이 된 화제를 선택하여야만 가능합니다.

미국에서도 가장 역동적인 학자 중의 한 사람이라고 알려진 훌턴 J. 싱
주교는 젊었을 때 벌써 이 교훈을 체득했습니다. 《인생은 살 보람이 있다》

는 저서에서 다음과 같이 고백하고 있습니다.

나는 대학시절 웅변대회의 멤버로 뽑힌 적이 있다. 그런데 웅변대회 전날 밤에 웅변부장 교수의 방에 불려가 꾸중을 들었다.

"자넨 정말 꽉 막힌 학생이야. 학교 유사 이래 자네같이 신통치 못한 웅변부원은 처음일세."

나는 스스로 정당하다는 마음으로 되물었다.

"그럼, 그렇게 꽉 막힌 학생을 왜 웅변부원으로 뽑았습니까?"

그러자 교수는,

"자네에게 연설 재주가 있어서가 아니라, 생각하는 능력이 있기 때문일세. 그 구석에 서서 연습이나 해 보게."

나는 내 연설 중에 한 대목을 골라서 한 시간 가량이나 같은 연설을 반복했다.

그러자 교수가 퉁명스럽게 한 마디 던졌다.

"어딘지 이상하다는 생각이 안 드나?"

"아뇨."

그래서 또 한 시간 반 …… 결국 나는 완전히 지치고 말았다.

교수가 물었다.

"아직도 모르겠는가?"

나는 2시간 반 만이 지난 후에야 겨우 어디가 잘못되고 있는지 알았다.

"알았습니다. 마음이 들떠서 스피치에 진심을 담지 못하니까 진정한 자신을 나타내지 못한 것입니다."

"바로 그 점이야, 이제 알겠나?"

바로 그 순간에 싱 주교는 일생을 잊지 못할 교훈을 배운 것입니다. 바로 '스피치에 자기를 투입시키라'는 것이었습니다.

싱 주교는 그때부터 스피치의 주제에 자신을 쏟게 부으면서 연설을 연습하였고, 그때야 비로소 교수도 훌륭하다며 이렇게 말했습니다.

"자, 이제 자네는 스피치를 하게 됐네!"

우리 강좌의 강사들은 수강생으로부터 곧잘 이런 말을 듣습니다.

"나는 만사에 마음을 쏟을 만한 것이 없었어요. 내 생활이란 단조롭기 이를 데 없으니까요."

이럴 경우에 강사들은 질문자에게 '한가한 시간을 어떻게 보내느냐'고 묻도록 되어 있습니다.

볼링장에 가는 사람, 장미꽃을 가꾸는 사람, 영화관에 가는 사람 등 가지각색일 것입니다.

어느 수강생이 '성냥갑의 상표를 수집한다'고 대답하였습니다. 이때 강사가 그 취미에 관해서 여러 가지를 질문했습니다. 그러면 질문하고 답하는 중에 저절로 열을 띠고 자신을 쏟아 붓게 됩니다.

마침내 제스처까지 써 가면서 수집품을 넣어 둔 정리 상자 이야기를 시작합니다. 세계 각국의 성냥 상표를 거의 빠짐없이 가지고 있다는 말도 합니다.

그가 득의만면해서 자기 화제에 열중하자, 강사가 다시 물었습니다.

"성냥갑의 상표에 관해서 말씀해 보시면 어떻겠습니까. 그 이야기는 대단히 재미가 있을 것 같은데요."

그 수강생은 성냥 상표 같은 것에 관심을 줄 사람은 없을 것이라 생각했습니다.

그는 열광적으로 한 가지의 취미를 추구하는데 오랜 세월을 바쳐 온 사람입니다. 그럼에도 불구하고 자신의 취미에 대한 화제에 가치를 부여하는 데는 부정적이었습니다.

이때 강사가 어떤 화제가 재미있는지 없는지의 가치를 재는 방법은 연설자 자신이 그 화제에 대해서 어느 정도의 흥미를 가졌는가를 스스로 반문해 보이는 일이라고 말해주었습니다.

이 말을 들은 수강생은 그날 정말 진정한 수집가의 열의로써 스피치를 했다고 합니다.

그 뒤로도 여러 곳의 모임에 초대되어서 상표의 수집의 뒷이야기를 들려줌으로써 이 방면에 상당한 권위자가 되었다고 합니다.

이 사례는 스피치를 빨리 쉽게 배우려는 사람을 위한 제3의 지표에 직접적인 관계가 있습니다.

지표 3 ▶ **이야기를 나누는 데 열심하라**

스피치에는 언제나 세 가지의 요소가 있습니다. 첫째 이야기하는 사람인 화자, 둘째 이야기 또는 연설, 셋째는 듣는 사람의 세 가지입니다.

본 장의 처음 두 가지 지표는 말하는 사람과 이야기의 상호 관계를 다룬 것입니다.

이것만으로는 아직 스피치의 조건이 갖추어지지 않았습니다. 움직이는 청중들에게 말하는 화자의 스피치가 전달되어야만 비로소 스피치의 조건이 완성되는 것입니다.

그 이야기는 10분이면 충분할지 아니면 더 이상 걸릴지도 모릅니다. 그러나 확실한 것은 말하는 사람이 화제에 열중하고 있음이 담겨있어야 합니다.

다시 말하면 화자가 청중에게 성공적으로 이야기를 전달하기 위해서는 화자가 진실하게 화제를 다뤄야 한다는 의미입니다.

이는 스피치가 제대로 성공하기 위해서는 반드시 필요한 사항입니다. 스피치하는 사람이 스스로 화제에 감흥 되어야 할 뿐 아니라, 그 흥분을 듣는 이에게 전하고자 하는 열의가 필요하다는 뜻입니다.

역사적으로 이름을 높인 모든 웅변가들은 이런 절대적 소질을 갖추고 있습니다. 그들이 외교적 수완이 높은 연설가이든, 복음전도사이든 분야에 상관없이 그러합니다.

진정한 웅변가란 청중이 자신과 똑같은 감정을 느끼게 하고, 자신의 의견에도 동의해서 그렇게 하는 것이 올바르다고 생각하며, 실제로 실행에도 옮기도록 합니다. 그리고 그들이 반드시 활용하는 방법은 자기의 경험을 함께 즐기거나 똑같은 체험을 하도록 열정으로 권하는 것입니다.

이것은 어디까지나 자기 본위가 아니라 청중 중심입니다. 이런 화자는 스피치의 성공과 실패를 정하는 것은 자신이 아니라는 점을 알고 있습니다. 그것은 청중의 마음과 생각에서 결정됩니다.

저축운동 기간 중에 미국 은행협회의 뉴욕시 지부에 소속된 많은 은행원들에게 화술을 지도한 적이 있었습니다.

그때 참여한 은행원 중에 한 명은 아무리 가르쳐도 청중과 소통할 때 자신이 하는 일의 중요성을 청중에게 전달하지 못했습니다. 내가 그에게 취한 첫 번째 수단은 주제에 대한 열성을 가지도록 지도하는 것이었습니다.

먼저 주제에 대해서 아무하고도 말하지 말고 혼자서 열중하는 마음이 생길 때까지 생각하라고 했습니다. 그리고 이런 말을 해줬습니다.

'뉴욕의 유언검인재판소 기록에 의하면, 사망하는 사람의 85%가 죽음에 임할 때에 아무 것도 남기지 않습니다. 1만 달러 이상의 유산을 남기는 사람은 겨우 3.3퍼센트에 불과하다는 것을 기억하십시오.'

이것은 자신이 하는 일이 다른 사람에게 무엇을 부탁하는 것이 아니며, 무언가를 불가능하게 만드는 일이 아니라는 점을 항상 염두에 두라는 뜻이었습니다.

스스로 자신에게 이렇게 다짐하고 말하라고 권했습니다. "나는 여러 사람들의 노후에 안정된 생활을 할 수 있도록 또 그들이 죽은 후에도 가족들이 안정된 생활을 영위할 수 있도록 준비시켜 주는 것이다."

스스로 훌륭한 사회봉사를 하고 있다는 것을 명심할 필요가 있었습니다. 다른 말로 하면 스스로가 십자군 전사와 다름이 없다는 것을 깨달아야만 했기 때문입니다.

그는 이 사실에 대해서 깊이 생각했고 결국에는 자신의 마음에 새겼습니다. 자신부터 흥미를 일깨웠고 열의를 쏟음으로써 진정으로 자신이 소중한 사명을 부여받았다고 느끼게 되었습니다.

그리고 듣는 사람들에게 저축이 얼마나 유익한 일인지를 납득시킬 수 있었습니다. 그것이 가능할 수 있었던 것은 자신이 남을 돕겠다는 오직 한 가지 열의에 집념했기 때문입니다. 그는 이제 단순한 화자가 아닙니다. 보람 있는 사회운동에 다른 사람을 참여시키는 일종의 전도자였습니다.

이에 비해서 대중 스피킹을 교육하는 강좌에 대해서 생각해 보십시오. 그런 강좌는 오직 교과서에 적혀있는 규칙에만 의존해서, 그저 강사라면 모두 배워서 알고 있는 몇 가지 기교를 습관적으로 전해주는 잘못을 범하고 있습니다.

솔직히 말해서, 고작 과장된 기교를 가르치는 것이 웅변술의 모든 것이라고 생각하는 웅변 강사의 그릇된 습관에서 벗어나지 못한다는 뜻입니다.

나는 최초를 받았던 화술 수업을 잊지 못합니다. 그때 배운 것 중에는 이런 내용이 있었습니다.

두 팔을 옆구리에 붙여서 축 늘어뜨리고, 손바닥을 젖혀 주먹을 힘껏 쥔 다음 엄지손가락을 두 허벅지에 올려 놓습니다.

그리고 커브를 그리면서 팔을 서서히 올리고 손목을 꺾듯이 젖혀서 처음에 인지 다음에는 중지 그리고 약지의 순서로 손가락을 펴도록 하십시오. 이런 동작을 반복하여 계속합니다.

이러한 연기는 잔뜩 긴장해서 굳어진 마음을 누그러뜨리는 데 도움이 될 뿐이지만 어떤 의미나 진실도 담을 수 없습니다.

나를 지도했던 강사는 화자의 개성을 스피치에 담아야 한다는 생각은 안

중에도 없었습니다. 그런 교수법은 보통사람들이 청중과 활발하게 대화를 나눌 수 있도록 가르치는 방법이 아닙니다.

이런 기계적인 지도 방법과 내가 제 3장에서 세 가지 기본적인 원칙을 바탕으로 제시하는 지도 방법을 비교해 보십시오.

이 세 가지의 원칙은 나만의 독특한 효과적인 화술 훈련의 근본입니다. 그래서 앞으로 이 세 가지의 원칙이 빈번하게 등장할 것입니다.

그 상세한 내용은 다음의 장에서 논하기로 하겠습니다.

DALE CARNEGIE

제 2 부
말하는 사람과
듣는 사람

1. 말할 자격을 얻어라

2. 스피치에 생명을 부여하라

3. 청중과 말을 주고받아라

DALE CARNEGIE

1. 말할 자격을 얻어라

/ 말을 사오라고 시켰을 때 알고자 하는 것은 '그 말의 좋고 나쁨을 판정하는
/ 말굽이지 말꼬리의 털이 몇 개냐?'라는 것이 아니다. 사람들의 기억에 남을
/ 만한 영상적인 말, 청중의 시각에 호소하는 능력을 가져야 한다.

오래 전에 뉴욕에서 진행된 내 강좌를 수강한 어느 수강생의 이야기입니다. 그는 젊은 시절에 영국 해군에서 근무한 적이 있는데, 그때 함께 근무했던 사람 중에는 인문학 박사도 있었다고 합니다.

박사는 대학교수였습니다. 그리고 시골 변두리에서 작은 트럭 운송점을 운영하던 병사도 함께 근무하고 있었습니다. 수강생의 말에 의하면 대학교수가 하는 이야기보다 트럭 운송점을 하던 해군 병사의 이야기가 사람들에게 더 인기가 있었습니다.

그 까닭은 왜 일까요?

교수는 우아한 영어를 쓰고 교양도 있으며 무척 세련되어 있었을 뿐만 아니라 말도 항상 줄거리가 통하고 논지가 명쾌했습니다.

그러나 한 가지 중요한 것이 결여되어 있었습니다. 그것은 스피치의 구

체성이었습니다. 교수의 스피치는 애매하고 개념적이었으며, 자신의 논점을 증명하는 데도 한 번도 자신의 경험을 예로 들지 않았습니다.

간단하게 말하자면 그것은 구질구질한 논리로써 엮어진 추상개념의 집합에 불과했습니다.

반면에 해군 병사의 이야기는 구체적이고 명확했으며 사실적이었습니다. 일상생활에 알맞은 이야기를 한 것입니다.

그는 모든 이야기를 사업 중에 일어난 여러 가지의 사건과 결부시키는 것을 잊지 않았습니다. 사업상의 일화라든가 법규를 지키는 일이 얼마나 골치 아픈가도 실화로써 들려준 것입니다. 그의 표현은 활기가 넘치고 참신한 맛이 있었기 때문에 재미가 있고 듣는 사람에게 도움이 되기도 했습니다.

두 가지의 예를 비교한 것은 대학교수는 이렇고 운송업자는 이렇다는 식으로 틀에 박아 비교하기 위한 것이 아닙니다. 스피치를 재치 있고 다양하게 각색하지 않으면 청중의 관심을 끌 수 없다는 점을 지적하기 위함입니다.

청중의 관심을 이끌기 위해서 스피치를 다양하게 발전시키는 데는 네 가지의 방법이 있습니다.

이 네 가지 방법에 따라 스피치를 준비한다면 청중의 관심을 모으는 점에서만은 완전무결하게 될 것입니다.

지표 1 ▶ 한정시켜라

일단 화제를 선택했다면 첫 번째 단계는 그 화제를 전개시킬 한계선을 정하고, 엄격하게 그 범위에서 끝맺어야 합니다.

무제한으로 손을 뻗쳐서 화제를 넓히는 잘못을 범하면 안 됩니다.

〈기원전 50년의 아테네에서 한국 전쟁까지〉라는 주제로 2분간 연설을 하려는 청년을 본 적 있습니다. 이 얼마나 사려 없는 일이며, 이 연설로 아무런 효과도 얻을 수 없는 시도입니다.

제한시간 2분 동안 연설을 마치고 자리에 앉았을 때, 그의 이야기는 겨우 아테네 시의 창립을 끝내는 정도였습니다. 하나의 화제에 너무 많은 내용을 담으려고 했던 예의 하나입니다.

좀 극단적인 경우일지 모릅니다. 그러나 이 정도까지는 아니라도 같은 이유로 청중의 관심으로부터 멀어지는 스피치를 하는 사례를 너무 많이 보았습니다. 역시 너무 많은 것들을 말하고자 했기 때문입니다. 너무 많은 것을 이야기하면 왜 청중의 관심을 끌 수 없을까요? 일반적으로 정신이란 단조로운 사실의 나열에는 계속적으로 주의력을 집중시킬 수 없기 때문입니다.

당신의 스피치가 그저 연감을 낭독하는 것처럼 들린다면 지속적으로 청중의 주의력을 끌 수 없다는 의미입니다.

예를 들어서 옐로스톤 국립공원 여행이라는 간단한 화제를 선택했다고 합시다. 보통 사람들은 화제에 열중한 나머지 공원의 풍경을 이것저것 모조리 말하려 할 것입니다.

이때 화자가 쏟아내는 엄청나게 많은 양의 스피치에 청중들은 어리둥절해질 뿐입니다. 결국 청중 마음속에는 산이나 폭포, 온천 등의 이야기가 막연하게 남는 것이 고작입니다.

반대로 화자가 공원의 한 단면, 예컨대 야생생물이나 온천에만 집중해서 말을 한다면 그 스피치는 청중의 기억 속에 남아 있었을 것입니다.

이 경우에 시간만 허락한다면 공원의 생생한 변화에 대한 아주 세밀한 점들을 사실적으로 말할 기회도 생길 것입니다.

이런 상황은 어떤 주제에 관해서도 마찬가지입니다. 여러분이 맡고 있는 여러 가지 과업·면세·판매술·탄도 미사일에 이르기까지 모두 같습니다.

스피치를 시작하기에 앞서 화제(話題)를 한정하고 선택해서 주어진 시간에 맞도록 주제를 간추릴 일입니다.

5분의 제한된 시간밖에 없는 짧은 스피치의 경우에 주제를 전달하고자 한다면 요점은 하나나 둘로써 충분합니다.

또 30분에 걸친 긴 스피치의 경우라도 주제를 넷이나 다섯으로 한다면 그 이야기는 성공하기 어려울 것입니다.

지표 2 ▶ 예비의 힘을 갖추어라

스피치에서 어떤 사실을 깊게 파고 들어가는 것보다 표면의 이야기만을 피상적으로 말하는 편이 훨씬 간단합니다.

그러나 이렇게 쉽고 편한 방법을 택했을 때는 청중에게 그다지 감동을 주지 못할 것이라는 점도 알아야 합니다.

그렇기 때문에 주제를 간추린 후, 다음 단계로는 확실하게 이해시킬 수 있는 질문을 자신에게 들려주어야 합니다. 그 질문에 답을 준비함으로써 선택한 화제에 대해 권위 있게 스피치를 할 수 있는 준비를 하는 것입니다.

'나는 왜 이 주제가 옳다고 믿고 있는가?'

'이 논점이 실제 생활에서 입증된 것을 본 적이 있는가?'

'정확하게 말해서 무엇을 증명하고자 하는가?'

'그것은 실제로 어떻게 일어났는가?'

이런 질문에 답하는 동안 당신은 화제에서 생기는 모든 문제들에 대해 준비하는 힘을 얻을 수 있습니다. 예비하는 힘을 준비하면서 청중의 관심을 쏠리게 하는 법도 알 수 있게 됩니다.

식물학자 루터 페벵크는 최상의 식물표본 한 개 또는 두 개를 만들기 위해서 예비 시험으로 백만 개 이상의 표본을 만들었다고 합니다.

스피치에도 똑같이 연관되는 말입니다. 한 가지 주제를 둘러싼 백 가지의 생각들을 모아야 합니다. 그리고 그중 90 이상의 생각은 버릴 일입니다.

> 66 나는 언제나 사용하는 말보다 열배 또 백배의 자료를 수집합니다."

이 말은 존 간서의 말입니다.

《20세기 내막》의 저자 간서가 책의 저술과 스피치를 어떻게 준비하느냐에 대해서 쓰면서 한 말입니다. 그리고 1956년에 그의 활동은 이 말을 실증하고 있습니다.

1956년 존 간서는 정신병원에 관한 일련의 기사를 쓰려고 했습니다. 그는 병원을 견학하고 원장, 간호사, 환자들을 모두 취재했습니다. 이 작업에서 내 친구 중의 한 명이 존 간서와 함께 다양한 조사에 참여했습니다. 친구의 말에 따르면 이들이 조사를 위해 층계를 오르내리고 복도를 왕래한 횟수가 무수하게 많았고, 이 건물에서 저 건물로 연일 돌아다녔다고 합니다.

그러는 동안 존 간서의 노트는 메모로 가득 찼습니다. 또 그의 사무실에는 사립병원의 보고서, 위원회의 통계, 정부와 주(州)의 기록 등이 산더미처럼 쌓였습니다. 그 많은 조사와 자료를 섭렵한 후에 드디어 기사를 쓰게 됩니다. 기사는 고작 짧은 기사 네 편에 불과했습니다. 그렇지만 지극히 간단한 기사는 온갖 일화가 넘쳐나는 스피치처럼 생생한 기사였습니다.

기사를 타이프로 친 종이는 겨우 몇 온스에 불과했습니다. 그러나 이 몇 온스를 생산한 기초가 된 자료는 20파운드도 넘었을 것입니다.

존 간서는 금을 캐려면 강바닥을 준설해야 한다는 점을 알고 있었던 것입니다. 그리고 금을 찾아내려면 강바닥에서 파낸 것은 어느 하나라도 소홀히 할 수 없다는 것도 알고 있었습니다. 사업의 이런 구조에 대해서 노련한 존 간서였기에, 오직 한 곳에 마음을 쏟았고 결국은 금덩이를 캘 수 있었습니다.

외과 의사인 내 친구는 이렇게 말합니다. "맹장을 절개하는 방법을 배우는 데는 10분이면 충분합니다. 그러나 도중에 무슨 착오가 생겼을 때는 어떻게 하면 된다는 것까지 배우는데 4년이 걸릴 것입니다."

이것은 연설하는 데에도 똑같이 적용되는 원리입니다. 언제라도 위급할 경우에 대처하기 위하여 미리 다양한 방법으로 준비해야 합니다.

자기 앞에서 먼저 연설한 사람의 스피치 내용에 따라서 강조점을 바꿀 수도 있습니다. 또 연설이 끝난 후에 청중의 질문에 즉시 응답할 수도 있어야 합니다. 모든 것이 준비해야 가능한 일입니다.

스피치에서 예비의 힘을 키우려면 될 수 있는 한 빨리 화제를 선택하고 진행하는 것이 효과적입니다. 스피치하기 이틀 전에는 모든 준비를 끝내야 합니다.

화제가 빨리 정해지면 그 화제에 대해서 줄곧 잠재의식을 활용할 수 있다는 이점이 있습니다. 차를 운전하거나 버스를 기다릴 때처럼, 무심코 있을 시간에 스피치의 주제를 차분하게 검토할 수도 있습니다.

우리 마음속에서 성찰이 떠오르는 것은 이런 '잠재 시간'입니다. 그것은 당신이 화제를 빨리 결정함으로써 정신이 무의식중에 활동할 시간을 준 결과입니다.

정치적 견해가 반대인 사람들에게서도 경의적인 웅변가로 존경받는 노만 토마스는 이렇게 말합니다.

> 66 중요한 스피치를 할 때는 마음속으로 그 주제나 논점을 거듭 검토하고 그것과 같이 생활해야 합니다.
>
> 걸어갈 때나 신문을 읽는 동안 또는 취침 전이나 아침에 일어났을 때, 당신의 스피치에 유용한 예라든가 화술의 진행에 대한 힌트 등이 차례차례 떠오르는 것을 발견하고 스스로도 놀랄 것입니다.
>
> 해롭지도 이롭지도 않은 무색무취한 이야기를 하게 되는 것은 이도 저도 아닌 썩고 낡은 생각에서 필연적으로 생기는 결과입니다. 그러나 눈앞의 주제를 완전히 소화하지 못하는 경우에도 똑같이 이런 결과가 생깁니다."

준비하는 과정에서 스피치 내용을 간략하게 정리해서 쓰려는 유혹이 있을 수 있지만. 그렇게 하면 안 됩니다. 생각이란 일단 틀에 박히면 그것에 만족을 느끼게 되고, 더 이상 발전시키려는 생각을 첨가하고 싶지 않게 되기 때문입니다. 더구나 이 방법은 원고를 그냥 외우게 되는 위험성도 있습니다.

마크 트웨인은 암기한다는 것에 관해서 다음과 같이 말하고 있습니다.

> 66 말하는 것을 기록하는 것은 적합하지 않습니다. 그것은 어디까지나 문장이라서 딱딱하고 탄력성이 없으므로 효과적으로 혀에 담을 수 없기 마련입니다.
>
> 스피치의 목적이 가르치는 것이 아니라 사람을 즐겁게 하기 위한 것이라면 따분하지 않은 일상의 말로써 하는 즉석 이야기가 제일 좋습니다. 그러지 않고는 이야기를 즐길 수 없고 청중을 지루하게 할 뿐입니다."

찰스 F. 케터링은 발명하는 재주와 능력으로 세계적으로 유명한 큰 회사인 제너럴모터스 발전에 많은 기여를 했습니다. 동시에 미국에서도 가장 온화한 스피치를 하는 사람으로도 유명합니다.

연설할 원고를 만들어 본 적이 있느냐는 질문에 케터링은 이렇게 대답합니다.

"내가 스피치하려는 것은 너무도 소중해서 종이 따위에는 쓸 수 없어요. 내 자신의 전 존재를 다해서 마음과 감정에다 몸소 기록하기를 좋아합니다. 나의 의견을 전할 사람과 나 사이에 종이쪽지가 끼어서야 될 말입니까?"

루돌프 프레슈는 그의 저서 《문장작법》 중의 한 챕터를 '정말로 읽혀질 것은 이야기뿐이다' 라는 말로 시작합니다. 그리고 이어서 이 원리가 〈타임〉, 〈리더스 다이제스트〉에서 어떻게 응용되고 있는지에 대한 실례를 들어서 증명하고 있습니다.

이같이 발행 부수가 큰 잡지 기사의 대부분도 순수한 '이야기' 문체로 씌여지며, 일화가 적지 않게 삽입되어 있다는 사실입니다. 이야기 한 잡지의 기사는 물론이고 연설용 스피치에서도 청중의 관심을 끄는 힘을 가진 것은 실제 사례라는 사실은 절대 부인할 수 없습니다.

노만 빈센트 필의 설교는 텔레비전이나 라디오에서 많은 시청자들을 모으는 연설입니다. 그도 스피치를 생생하게 만들기 위해서 '실례'를 즐겨 사용합니다. 노만이 〈쿼털리 저널 오브 스피치〉의 기자에게 한 말을 소개하겠습니다.

> 66 내가 아는 한, 생각을 명료하게 하고 흥미를 가지게 해서 설득력을 가질 수 있는 가장 놀라운 방법은 사실에 기초한 실례입니다. 항상 나는 그때그때 몇 가지의 실례를 들어가면서 중요한 논점을 증명합니다."

이 책에서도 중요한 나의 논점을 설득하는 수단으로 여러 가지 일화를 들고 있음을 여러분도 잘 알 수 있을 것입니다.

《친구를 얻고 사람을 움직이는 방법》이라는 책의 경우에도 그 원리만을 열거한다면 한 페이지 반으로 충분할 것입니다. 사람들이 어떤 방법으로 이 법칙을 유효하게 사용하였는지를 소개한 이야기와 실제 사례를 들어서 나머지 300페이지를 채웠습니다.

그렇다면 실례라는 재료를 적절하게 사용할 수 있는 기술을 배우려면 어떻게 해야 할까요? 여기에는 다음의 다섯 가지의 방법이 있습니다.

인간미를 풍부히 지닐 것, 개인화할 것, 자세하고 분명하게 할 것, 극적인 효과를 올릴 것, 시각화할 것입니다.

1 ▷ 인간미를 풍부히 지녀라

어떤 강좌에서 파리에 주재하는 국내 실업가들에게 '성공의 비결'에 관해서 말해보라는 과제를 낸 적이 있습니다.

그들은 대부분 추상적인 미덕만을 나열했습니다. 근면이라든가 인내, 야심 등의 가치에 대하여 설교 비슷한 스피치를 하는 것이었습니다. 그래서 일단 스피치를 중단시키고 이렇게 말했습니다.

> 66 우리는 설교를 듣고 싶지 않습니다. 누구도 그런 설교를 환영하고 좋아하는 사람은 없을 것입니다. 알고 계시나요? 무슨 말을 해도 그것이 재미있는 이야기가 아니면 아무도 주의를 기울이지 않는다는 사실을 말입니다.
>
> 좋게 꾸며지고 미화된 '일화(gossip)'가 다른 것들보다 많은 흥미를 끄는 것도 재미있는 사실이기 때문입니다.

이제부터 여러분은 자신이 실제 알고 있는 두 사람의 인물에 대해 이야기해 주시기 바랍니다. 한 사람은 성공한 사람이 성공한 까닭, 또 다른 한 사람은 실패한 사람과 그 까닭에 대해서 말하는 겁니다. 그런 이야기라면 우리는 재미있게 듣고 기억에 남길 점이 있을 겁니다."

그 강좌에 자신이 흥미를 가지고 말할 내용도 별로 없고, 청중의 흥미를 끄는 소질도 유난히 없는 수강생이 한 명 있었습니다.

그런데 내 제안을 듣자마자 바로 그가 연설자로 나서서 말했습니다. 그는 두 사람의 대학 친구에 대해서 이야기했습니다. 한 친구는 엄청난 절약가입니다. 실례로 마을의 여러 가게에서 와이셔츠를 사서 어느 메이커의 제품이 세탁하기에 제일 좋고 오래 입을 수 있는지, 투자 대비 얻을 수 있는 이익이 제일 좋은 제품은 어느 것인지에 대한 표까지 만들었습니다. 언제나 자질구레한 돈에까지 세세하게 신경을 쓰는 친구입니다.

그러면서도 자신에 대한 평가는 스스로 과대포장 하는 친구였습니다. 공과대학을 졸업하고도 다른 사람들처럼 밑에서부터 차근차근 승진하는 과정이란 자신처럼 뛰어난 사람에게는 맞지 않는다고 생각했습니다.

졸업한 지 3년째 동창회가 있을 무렵까지도 그는 변함없이 예의 세탁물 리스트를 만들었고, 그러면서도 출세의 자리가 굴러 들어오기를 기다리고 있었습니다. 그러나 그런 기적이 생길 리는 없었습니다. 그로부터 25년이 지난 오늘날, 그의 인생은 원망과 불평에 쌓인 채로 낮은 지위에서 벗어나지 못하고 있다는 것입니다.

그런 다음에 연설자는 이 실패자와는 대조적인 친구에 대해 이야기했습니다. 동창들의 예상을 훨씬 능가해서 성공한 친구의 이야기입니다.

이 친구는 대인관계도 좋으며 누구에게도 호감을 사는 인물이었습니다. 남 못지않게 큰 야심을 가졌겠지만, 우선 제도원으로 일을 시작하면서 언제라도 기회만 오기를 기다렸습니다.

때마침 뉴욕세계박람회의 기획이 진행되고 있던 시기여서 여기저기에서 기술자가 필요한 상황이었습니다. 그는 필라델피아의 직장을 그만두고 뉴욕으로 갔습니다. 그곳에서 공동 경영자를 만나서 재빨리 공사 하청업을 시작했습니다. 전화회사로부터 상당한 공사를 수주하였고, 나중에는 그 회사의 중역 사원으로 채용되었다고 합니다.

지금의 줄거리는 그 수강생의 스피치를 간추려서 소개한 것입니다. 실제로는 더욱 재미있고 인간미가 넘치는 묘사로 우리를 즐겁게 했으며 인생의 중요한 부분을 깨우쳐 준 것입니다. 이야기를 시작해서 마치기까지 상당한 시간이 걸렸습니다. 다른 때 같으면 3분간의 스피치를 할 줄거리도 찾지 못했던 사람이 10분이나 스피치를 하였고, 그것도 시간 내내 청중의 마음을 사로잡았습니다. 말을 마치고 나서 본인도 놀라지 않을 수 없었던 것입니다.

더구나 10분이란 시간도 스피치가 너무도 재미가 있었기 때문에 오히려 짧게 느껴졌던 것입니다.

이것은 그가 처음으로 경험하는 참다운 성공이었습니다. 누구라도 이 이야기를 들으면 얻는 점이 있을 것입니다. 세상에서 흔하게 있는 일을 이야기한다고 해도 인간미가 있는 일화를 가미한다면 인정에 호소하는 효과가 훨씬 더 커집니다. 따라서 될 수 있으면 요점은 요약하고, 요약한 요점들은 구체적인 실례로써 증명할 일입니다. 이와 같은 화법을 취한다면 틀림없이 대다수 청중의 관심을 끌 것입니다.

물론 당신의 환경과 체험이 인간미가 있는 화제의 근원입니다. 자신에 대해 말하는 것이 예의에 어긋난다는 잘못된 생각 때문에 귀중한 체험담을 소개하길 주저해서는 안 됩니다.

자기에 대한 이야기에 청중들이 반감을 보이는 까닭은 대부분의 경우 자기중심적으로 도덕적인 충고를 하기 때문입니다. 그 이외의 것이라면 화자의 개인적인 이야기에 청중들은 오히려 흥미를 가질 것입니다. 그리고 그것이 청중의 관심을 끄는 가장 확실한 수단입니다.

결코 외면해서는 안 되는 원칙입니다.

2 ▶ 스피치에 실명을 들어서 개인화하라

다른 사람에게 들은 것을 이야기하는 경우에는 절대로 사람들의 실명을 사용해서는 안 됩니다. 사람들의 이름을 말해야 한다면 가명을 사용하는 것이 좋습니다.

'그 사람'이나 '모 씨'보다는 비개성적인 이름일지라도 스미스 씨라든가 조 브라운 등의 가명을 붙이는 편이 훨씬 설득력이 있습니다.

스피치 중에 이름이 나오면 말에 실감이 생기고, 구별하기도 쉬워지며 개성적인 것이 됩니다.

루돌프 프렛슈는 다음과 같이 지적했습니다.

> 66 스토리에서 이름만큼 진실감을 주는 것은 없다. 이와 반대로 익명처럼 비현실적인 것도 없다. 소설에서 주인공의 이름이 없다는 것을 상상해 보라."

청중의 마음을 사로잡을 확률이 커지는 것은 스피치에 반드시 이름이라든가 인칭 대명사를 많이 쓰는 경우입니다.

그 까닭은 이름을 씀으로써 스피치 중에 사람들에게 관심을 끌게 한다는 점에서 가치 있는 성분이 무한하게 덧붙여지기 때문입니다.

3 ▷ 분명히 그리고 구체적으로 하라

이 점에 대해서 여러분은 이런 말을 할지도 모릅니다.

"그것은 옳은 말씀입니다. 그러나 어떻게 분명하게 구체적으로 설명했다는 확신을 가질 수 있을까요?"

한 가지 좋은 방법이 있습니다. 그것은 신문기자가 기사를 쓸 때처럼 6하 원칙을 사용하는 것입니다. '누가·언제·어디서·무엇을·왜·어떻게'라는 질문에 구체적으로 대답해 보기 바랍니다. 질문에 답을 하는 방식에 따르면 스피치에 담는 실례가 색채와 생명이 있는 것이 될 것입니다. 글로 썼던 나의 일화 하나를 소개하겠습니다.

일찍이 〈리더스 다이제스트〉에 기고해서 실린 이야기입니다.

나는 대학을 졸업하고, 아머 앤드 컴퍼니의 세일즈맨이 되어 사우스 다고타 주를 2년 동안 돌아다녔습니다. 나는 열차를 타고 내가 맡은 지역을 부지런히 돌아다녔습니다. 어느 날, 남쪽으로 가는 열차를 타기 위해서 사우스다코타의 레드필드에서 2시간이나 기다려야 할 상황이 생겼습니다.

레드필드는 내 구역이 아니어서 기다리는 동안 세일즈를 할 수도 없었습니다. 그래서 시간을 허비하지 않고 스피치 연습을 하려고 생각했습니다. 당시에 나는 1년 안으로 뉴욕의 '아메리카 연극 아카데미'로 공부하러 갈 생각이 있었기 때문에 시간 날 때마다 스피치 연습을 하고 있었습니다.

셰익스피어의《맥베드》의 한 장면을 낭독하면서 역 구내를 서성거렸습니다. 두 팔을 뻗고 마치 무대에 선 기분으로 소리쳤습니다.

"야아, 저것은 단검인가. 저기 보이는 건, 칼날이 이곳을 향한다고 ……? 자아, 네놈을 잡아 주리라 ……. 어림없다고, 하지만 보이는 걸 ……."

이때 경찰관 네 명이 나에게 덤벼들었습니다. 나를 붙잡더니 왜 부인을 위협했느냐고 소리치는 것이었습니다. 나는 그때까지도 연극의 무드에서 깨어나지 못하고 있던 상황이었습니다.

날벼락도 분수가 있지, 차라리 열차강도 미수범이라고 몰아세우는 편이 오히려 충격이 덜했을 것입니다.

나중에 경찰관이 하는 말을 들어보니, 어떤 분이 백 미터쯤 떨어진 집에서 나를 보았습니다. 부엌의 커튼 틈으로 나를 유심히 살펴보니, 내 행동이 너무 수상하다고 느껴서 경찰에 신고했답니다.

그래서 경찰관이 달려와 보니 단도가 어떻다는 등 내가 지껄이는 소리가 도무지 심상치 않았던 모양입니다. 셰익스피어의 희극을 연습하던 중이라고 아무리 설명해도 납득하지 않았습니다. 나중에 아머 앤드 컴퍼니의 주문장을 보여주고서 겨우 석방될 수 있었습니다.

그러면 이 일화가 앞에서 열거한 6하 원칙의 질문에 어떻게 상응하는가를 유의해서 살펴보시기 바랍니다.

물론 지나칠 정도로 너무 상세하면 오히려 역효과가 생길 수도 있습니다. 즉, 관련이 없고 무의미한 사항을 길게 늘어놓는다면 누구나라 지루함을 느끼게 될 것입니다.

사우스 다고타의 한 작은 마을에서 체포될 뻔한 사건에 대한 스토리를 다루는 스피치가 너무 세부적으로 치우치면 청중은 당신에게 주의력을 쏟지 않습니다.

무관심처럼 가혹한 거절의 표시는 없는 것입니다.

> **4 ▷ 스피치에 대화를 넣어 극적으로 만들어라**

이 원칙을 설명하기 위해 한 가지 일화를 예로 들어보겠습니다.

흥분한 사람에게 인간관계의 법칙 하나를 응용해서 진정시키는데 어떻게 성공하는지에 대한 이야기입니다.

> 66 한 사람이 다짜고짜로 우리 사무실에 들어와 지난주에 우리
> 가 배달한 전기제품이 잘 가동되지 않는다면서 항의하는데 이미 성
> 이 잔뜩 나 있었습니다. 나는 고장 난 부분에 대해서는 최선의 애프
> 터서비스를 해드리겠다고 했습니다. 그는 우리가 고장을 수리하는
> 데 최선을 다할 성의가 있다는 것을 알고는 누그러졌습니다."

이 일화를 보면 몇 가지를 알 수 있습니다. 우선 이야기가 제법 명확하게 표현되어 있다는 것입니다. 그러나 등장인물의 이름이 빠졌고 상세성도 부족해 보입니다. 무엇보다도 이 사건에 대한 대화가 생생하게 표현되지 않아서 유감입니다.

이런 내용을 첨가해서 다시 써보면 다음과 같은 문장이 이루어집니다.

"지난 주 화요일의 일이었습니다. 사무실의 문이 큰소리로 열리기에 나가 보니, 단골손님인 찰스 브렉삼의 얼굴이 눈에 띄었습니다.

자리를 권할 사이도 없이, '에드, 이것이 마지막 통고요!' 라며 찰스가 다짜고짜 소리쳤습니다. '지금 당장 우리 집 지하실에 있는 세탁기를 가져가시오.' 나는 영문을 몰라서 무슨 일이냐고 물었습니다. 그는 묻지 않아도 잠자코 있을 수는 없다는 듯이 대답했습니다. '그 기계는 엉망이라고 ⋯⋯' 하고 화를 내는 것이었습니다.

'세탁물이 휘감겨 집사람이 화가 잔뜩 나서 이 따위 물건은 갖다버리라고 합디다.' 나는 그에게 좀 진정하고 앉아서 자세히 설명하라고 했습니다. 그러자, '앉을 시간이 없소. 회사에 늦겠으니 처음부터 이런 곳에서 세탁기를 안 샀으면 되는 것인데 후회가 막심이요. 정말로 이젠 두 번 다시 이런 멍청한 짓은 하지 않을 것이오.'

그가 이렇게 말하며 책상을 치는 바람에 책상에 올려 놓은 아내의 사진이 넘어졌습니다. '여보세요.' 부드럽게 말하면서 달래기 시작했습니다. '잠시 앉아서 이야기 좀 하시지요. 제가 할 수 있는 일이면 무엇이라도 하겠습니다.' 이렇게 약속하고 마주앉아 조용히 이야기하면서 사건은 일단락되었습니다."

스피치 중에 항상 '대화'를 삽입해야 한다고 말할 수는 없습니다. 그러나 위의 예문에서 본 것처럼 극적 효과를 거두려면 직접 회화체로 말하면 좋다는 것을 알 수 있습니다.

이런 경우에 화자에게 흉내 내는 재주가 있어서 음성의 조절까지 할 수 있다면 회화체가 더욱 효과적일 것입니다. 이같이 스피치에 대화를 사용하면 그 말은 일상의 회화처럼 실감을 줍니다. 이것은 마치 화자와 마주앉아서 이야기하는 것 같은 인상을 갖게 할 것입니다. 학회의 발표장에서 어려운 논문을 읽는 학자나 마이크를 향해서 고래고래 소리치는 연설가처럼 느껴지지는 않을 것입니다.

5 ▷ 몸가짐과 표정으로 스피치를 시각화하라

심리학자의 이론에 의하면 우리 지식의 85퍼센트 이상은 시각적인 인상을 통해서 얻어진다고 합니다.

이 설명은 텔레비전이 오락의 구실만 하는 것이 아니라 선전 매체로서의 기능을 효과적으로 수행하고 있는 것을 보면 의심할 여지가 없습니다. 그렇기 때문에 대중 연설의 스피치는 청각적인 기술인 동시에 시각적인 기술이어야 합니다.

상세한 내용의 스피치를 보다 효과 있게 표현하는 최상의 방법이란 그것을 눈으로 보여 주듯이 표현하는 것입니다.

만약 골프 치는 자세에 대해서 몇 시간을 설명한다면 듣는 사람들은 매우 지루해 할 것입니다. 그러나 페어웨이를 벗어나지 않도록 공을 날리려면 어떻게 하면 되는지를 실제 동작으로 시범으로 보여준다면 모두의 이목을 집중시킬 수 있습니다.

이와 마찬가지로 팔과 어깨로 위태롭게 흔들리는 비행기를 흉내 내서 보여준다면, 구사일생으로 살아난 당신의 이야기에 보다 귀를 기울일 것입니다. 언젠가 기업의 근로자를 대상으로 한 강좌에서 한 사람이 스피치ㄴ하던 모습이 떠오르는데, 그것은 내가 보기에도 시각화된 스피치의 걸작이었습니다.

그는 능률전문가나 감독관들의 비위에 거슬리지 않을 수준에서 흉내 내면서 짓궂게 웃기는 것이었습니다. 고장 난 기계를 검사하는 신사들의 동작과 몸짓의 흉내는 듣는 사람들이 모두 배꼽을 잡을 정도로 우스웠습니다.

단순한 흉내가 아니라 그의 스피치는 화술로서 사람들의 기억에 오래 남는 작품이 되었습니다. 당시 함께 강좌에 참가한 사람들은 지금도 그의 스피치를 화제로 삼고 있습니다. 나도 청중의 한 사람으로 그때의 광경을 잊지 못하고 있습니다.

'어떻게 하면 스피치를 시각화할 수 있을까?'를 자문자답해 보는 것은 좋은 일입니다. 그리고 답으로 생각나는 것을 실제로 해 보는 것입니다.

고대 중국의 속담에 이런 말이 있습니다.

'그림을 보여주는 것은 천만 마디의 말로 설명하는 것보다 낫다.'

지표 4 정경을 눈앞에 그리듯이 구체적이고 친밀감 있게 하라

청중의 주의력을 끄는 것은 어떤 사람이나 스피치하는 가장 중요한 목

적입니다. 여기 청중의 주의력을 끄는 과정에서 사용할 수 있는 중요한 보조수단이 있습니다. 그야말로 연설을 한층 더 돋보이게 하고 가치 있게 만드는 기술입니다.

일반적인 연설자들은 그런 기술이 있다는 사실조차 모르고 있을지도 모릅니다. 그런 것을 의식하고 생각해 본 적이 없을 수도 있습니다. 그것은 영상을 만들어 내는 작용을 가진 말솜씨를 사용하는 과정입니다.

스피치를 이해하기 쉽도록 하는 화자는 청중의 눈앞에 영상이 떠오르도록 하는 사람입니다. 막연한 어휘, 흔해 빠진 어휘, 실체가 없는 상징적 어휘를 쓰는 사람은 청중을 지루하게 할 뿐입니다.

청중에게 영상을 떠올리도록 하는 일은 누구라도 할 수 있는 기술입니다. 여러분들도 일상생활에서 사용하는 스피치에 적용시켜보시기 바랍니다. 그렇게 하면 청중을 더욱 즐겁게 하고, 더 큰 영향력을 줄 수 있을 것입니다.

하버드 스펜서는 《문체의 철학》이라는 에세이에서 선명한 영상을 불러일으키는 말이 얼마나 탁월한 것인지에 대해 다음과 같이 말하고 있습니다.

우리는 사물을 생각하는 경우에 특수개념으로 생각하지 일반개념으로 생각하지 않는다. 그렇기 때문에 아래와 같은 문장은 피해야 한다.

'한 국가의 풍습·오락·관습 등이 잔혹하고 야만스러울수록 그 형벌의 규칙도 가혹하다.'

이런 문장은 피하고 다음과 같이 하는 것이 더 좋다.

'한 나라의 국민이 전쟁이라든가 투우 또는 검투사의 싸움을 즐길수록, 그들은 교수형이나 담금질처럼 가혹한 고문 형벌로 사람을 벌주게 될 가능성이 크다.'

성서나 셰익스피어의 작품에는 영상이 떠오르게 만드는 문장이 많이 있다. 그런 문장이 마치 사이다 공장에 몰려드는 꿀벌처럼 여기저기 널려 있다.

평범한 작가라면 '완전한 것을 개선하고자 하는 것'이라고 쓸 것을 '쓸데 없는 일'이라고 표현하는 식이다.

그런데 셰익스피어와 같은 개념을 어떻게 표현할 수 있을까? 그는 영원 불멸할 영상의 언어로 표현하고 있다. '정제된 금으로 금박을 입히고, 백합꽃에 물감을 들이며, 제비꽃에 향수를 뿌리는 것'과 같은 표현이다.

오랜 세월 전해져 내려오는 속담은 거의 전부라고 해도 과언이 아닐 정도로 시각적인 표현으로 되어 있음을 유의해 본 일이 있습니까?

'손안의 한 마리의 새는 풀숲 속의 두 마리와 같다'

'이왕 오려면 억수로 오라'

'말을 물 있는 곳으로 끌고 갈 수는 있어도 그 물을 먹일 수는 없다'

이런 식의 표현들이다.

그리고 오랜 세월 사용해서 낡아버린 비유들도 대부분 영상적인 요소가 있다는 것을 알 수 있습니다.

'빈대같이 납작한'

'꿀 먹은 벙어리같이 잠자코'

'돌덩이같이 굳은'

'여우같이 교활한'

이런 비유들입니다.

링컨은 언제나 시각적인 용어를 사용하여 스피치를 했습니다.

어느 날, 장황하고도 도무지 요지를 알 수 없는 보고서가 백악관의 대통령 책상 위에 올라왔습니다. 이 보고서를 보고 실망한 링컨은 의미 있는 비유로써 일침을 주었는데, 사람들의 기억에 남을 만큼 영상적인 말입니다.

> ❝ 말을 사오라고 시켰을 때, 알고자 하는 것은 그 말의 좋고 나쁨을 판정할 수 있는 말발굽이지 말꼬리의 털이 몇이냐는 것이 아니다.
>
> 그러므로 여러분은 청중의 시각에 호소하는 능력을 연마할 일이다. 석양을 등지고 그림자처럼 부각하는 수사슴의 뿔처럼 날카롭고 섬세한 영상을 말로써 그리는 것이다.
>
> 요컨대 '개'라는 말은 코커스 파니엘·세인트 버나드·스카치 테리어·포메라니언 따위의 구체적 이미지를 어떻게든지 그려보는 것이다.
>
> 그런데 이것이 '불도그'로 된다면 그 동물의 이미지가 얼마나 선명하게 떠오르는가를 주의하기 바란다. 개라는 단어와 불도그를 비교할 때가 훨씬 뜻을 한정지을 수 있다.
>
> 그리고 이것이 다시 '얼룩빼기 불도그'이 되면 한층 더 선명한 인상을 불러일으킬 것이 아니겠는가.
>
> '한 필의 말'이라고 하는 것보다 '검은 털의 셰트란드 원산지의 포니'

라고 하면 더 선명하지 않을까.

'닭'이라는 말보다 '절름발이 당닭(Chabo)'이라고 하는 것이 더 선명한 영상을 느끼게 한다."

윌리엄 스트랑그 주니어는《문제의 요소》라는 책에서 다음과 같이 말하고 있습니다.

> 독자들의 주의력을 환기시키기 위해서 가장 적절한 방법은 상세하고 구체적으로 명확하게 기록한다는 것이다. 이것에 대해서 문장 기법을 배운 사람들 사이에 이견이 없다는 것은 틀림없다. 위대한 작가 셰익스피어·호머·단테 등의 작품은 스토리를 그리듯 섬세하게 표현됨으로써 설득력을 갖는 것이다. 그들 작품의 이야기는 한결같이 영상을 불러일으킨다."

글뿐만 아니라 말할 때도 마찬가지입니다. 효과적인 화술 강좌에서 많은 시간을 할애해서 구체적인 사실에 근거한 스피치를 하도록 주문하였습니다. 화자들은 스피치의 어느 구절에서나 사실이나 고유명사 또는 숫자와 날짜 등을 반드시 넣는 규칙을 지키도록 지도하였습니다.

그 결과는 예상을 뛰어넘어 혁명적이었습니다. 강좌 수강생들에게 구체적인 말을 사용해서 서로 간에 일반적인 개념들을 이해시키도록 했습니다. 청중의 머리 위를 떠도는 구름같이 공허한 낱말이 아니라, 사람들이 일상생활에서 사용되는 명쾌하고 생기 있는 말로 스피치를 하게 되기까지는 그리 많은 시간이 걸리지 않았습니다.

프랑스의 철학자 아랑은 이렇게 말했습니다.

> 66 어떤 경우라도 추상적인 문체는 좋지 않다. 금속, 돌, 의자, 테이블, 동물이라든가 남자나 여자처럼 구체적인 표현으로 당신의 문장은 채울 일이다."

일상 회화에 대해서도 똑같이 말할 수 있습니다. 지금까지 청중들 앞에서 말할 때 세부적이고 구체적으로 표현하는데 유의하라고 설명한 내용들은 모두 일상생활의 일반적 대회에도 해당되는 내용입니다.

결국 대화에도 활기를 불어넣는 것은 구체적이고 섬세한 표현이라는 뜻입니다. 따라서 대화를 좀 더 효과적으로 하고 싶은 사람이라면 누구라도 이 책에 담긴 충고에 따르기를 권합니다.

만약 당신이 세일즈맨이어서 이것을 판매에 응용한다면, 세부적으로 말하는 것이 어떤 마법인가를 즉시 발견할 수 있을 것입니다. 중요한 지위에 있는 사람은 물론이고 교사나 가정주부도 명령을 내리거나 정보를 제공할 경우, 구체적이고 사실에 근거를 두어 세부적으로 묘사하여 말하도록 하십시오. 원래 전달하려고한 목적이 크게 개선되는 효과를 경험할 수 있습니다.

2. 스피치에 생명을 부여하라

'마음은 이성이 모르는 이성을 내포하고 있다.' 청중의 마음속에 호소하는 힘이란 강한 신념과 깊은 감동의 바탕에서 일어난다. '열의가 있는 것같이 행동하면 자신도 열의가 있는 것처럼 느껴진다.'

제1차 세계대전 직후에 런던에서 로얼 토마스와 함께 일한 적이 있습니다. 토마스는 청중이 가득 찬 강연장에서 아렌비와 아라비아의 로렌스를 주제로 훌륭한 강연을 하고 있었습니다.

어느 일요일에 하이드파크로 가면서 마블 아치(Marble Arch) 근처를 지나게 되었습니다. 그곳에서는 신념이나 인종에 구분 없이 종교나 정치에 대한 자신의 견해를 발표하는 것이 법으로 허용되었습니다.

먼저 가톨릭 신자인 한 연사가 교황 불가요설의 진정한 의미에 대해서 역설하고 있는 것을 잠시 동안 들었습니다. 이어서 사회주의자가 칼 마르크스에 대해서 이야기하는 곳으로 발길을 옮겼습니다.

그리고 세 번째 화자에게 갔습니다.

세 번째 화자는 놀랍게도 '남자가 네 명의 아내를 얻을 수 있는 것의 정당함과 타당함'에 대해서 역설하고 있는 것이었습니다.

앞서 두 개의 강연 그룹을 돌아보니 일부다처제에 대해서 강연하는 곳의 청중이 제일 적음을 볼 수 있었습니다. 게다가 다른 두 곳의 강연 장소에는 시간이 지날수록 청중이 늘고 있었는데, 이곳에는 겨우 손으로 꼽을 정도로 적은 청중들 모여 있을 뿐이었습니다.

이런 현상이 생긴 이유가 무엇인지에 대해서 혼자 자문해보았습니다. '화제가 너무 이상해서 인가?' 그렇다고 생각되지 않았습니다.

강연을 계속해서 유심히 관찰하면서 중요한 것을 발견할 수 있었습니다. 강연하는 화자는 '네 명의 아내를 갖는다는 데' 별로 흥미가 있는 것처럼 보이지 않았고, 바로 이 점이 청중이 적은 원인이라고 할 수 있었습니다.

앞의 두 강연자는 정반대로 대조적인 모습이었습니다. 두 명의 화자들은 자기 주제에 몰입하고 열중해서 말하고 있어서 활기와 기백이 넘친다는 것을 쉽게 엿볼 수 있었습니다.

그들은 스스로 감동한 나머지 두 손을 크게 흔들었으며, 목소리는 확신에 찬 여운으로 떨리기까지 했습니다. 얼굴도 열의와 생기로 빛나고 있었습니다.

내가 화자에게 필수불가결하게 필요하다고 항상 강조하는 것이 바로 생기·활력·열의입니다. 활력에 넘치는 화자의 주위에는 청중들이 보리밭에 몰려드는 야생 칠면조들처럼 모여들게 마련입니다.

그러면 어떻게 하면 청중의 주의력을 끌어당길 수 있도록 활력 넘치는 스피치를 할 수 있을까요? 이번 장에서는 연설에 열의와 활기를 불어넣을 수 있는 대원칙이 될 세 가지에 대해서 다루겠습니다.

지표 1 ▶ 진지하게 생각되는 주제를 선정하라

제3장에서는 스피치하려는 주제에 감정을 담는 것의 중요성에 대해 강조했습니다. 자신이 선정한 주제에 진심으로 열중하지 않으면서 그 스피치를 듣는 청중에게 믿도록 할 수는 없습니다.

예를 들어서, 취미나 여가 활용에 대한 좋은 경험이 있거나 깊이 생각하는 바가 있다든지 또는 개인적으로 깊은 관심이 있기 때문에 생각하면 흥분되는 내용이라면 좋습니다. 이런 내용을 화제로 선택한다면 열정에 차서 연설하는 것이 그리 어렵지 않습니다.

얼마 전에 뉴욕 시에서 진행된 화술 강좌에서 있었던 스피치를 예로 들어보겠습니다. 비교할 수 없을 만큼 열정에 찬 연설로 설득력을 이끌어냈던 보기 드문 스피치였습니다.

앞에서도 설득력 있는 스피치에 대해서 다양하게 소개하였지만, 이번 사례는 상상을 초월하는 열정을 보여준 사례라는 점에서 특별합니다.

판매회사의 세일즈맨인 연설자는 뿌리나 종자가 없어도 목초를 재배할 수 있다는 황당한 주제에 대해서 말을 시작했습니다.

그의 말에 의하면 호미로 파헤친 땅에다 히코리(hickory) 나무의 재를 뿌렸더니 파릇파릇한 목초의 싹이 돋더라는 것입니다.

그래서 히코리 나무의 재는 목초를 나게 하는 기능이 있다고 믿게 되었으며, 실제로 그런 기능이 있는 것은 오직 히코리 나무의 재뿐이라는 확신도 가지고 있었습니다.

연설을 듣고 그의 말에 반론을 제기하면서, 그것이 사실이면 당신은 그것으로 백만장자가 되었을 것이라고 말해주었습니다. 목초 씨앗이 1부셸 당 몇 달러씩 하니까 순식간에 돈방석에 앉았을 것이라고도 말했습니다. 그리고 이 발견이 사실이었다면 당신의 이름은 이미 과학자로서 역사에 기록되었을 것이라는 말도 잊지 않았습니다.

내 반론의 증빙으로 지금까지 그런 기적을 성공한 사람이 한 사람도 없다는 점을 들었습니다. 그것은 무생물에서 생물을 만들어낸 사람은 한 명도 없다는 점을 들어서 의견을 거두어들이라고 권고했습니다.

이런 반론에 대해서 그가 반박하지 못할 것이라고 생각했습니다. 왜냐하면 그가 착각하고 있다는 것은 너무 명확한 사실이었기 때문이었습니다.

내 반론이 끝나고 다른 수강생들은 그의 주장이 잘못되었다는 것을 분명하게 알았습니다. 그러나 그는 그렇지 않고 자신의 주장을 끝까지 믿고 있었습니다. 자리에서 일어나더니 나를 향해서 자기는 절대로 틀리지 않았다며 내 말을 반박했습니다.

자기는 실제로 경험한 사실을 말하는 것이지 이론으로만 알고 있는 공론이 아니라는 것이었습니다.

그는 실제로 자신이 이야기하는 것에 대해서 충분할 정도로 알고 있었습니다. 참고가 될 수 있는 데이터를 추가했고, 증거를 하나하나 열거하면서 처음의 주장을 거듭 역설하는 것이었습니다. 그 목소리는 성실과 진지성에 넘치고 있었습니다.

내가 다시 그 주장은 절대로 옳지 않다고 말해주었습니다. 아무리 잘못해도 그것이 올바른 사실로 받아들여질 가능성은 천분의 일만큼도 가망이 없다고 설명했습니다. 그러자 그는 다시 일어나서 지금 즉시 미국 농무성에 물어봐서 결론을 짓자고 제의했습니다.

그 결과 어떻게 되었을까요? 그보다도 중요한 사실 하나는 강좌에 참여했던 수강생들 중에 몇 사람은 그의 주장이 옳을 수도 있다고 편들고 나섰습니다. 그리고 어떤 것이 진실인지 알 수 없다고 중간에 선 사람도 적지 않았습니다.

만약 양쪽에서 한 편을 선택하라고 했으면 아마도 내가 옳다고 한 사람은 절반 정도밖에 안 되었을 겁니다.

수강생들에게 처음 생각이 흔들리게 된 것은 무엇 때문인지 물어보았습니다. 한결같이 말하기를 화자가 너무 진지하고 신념에 차서 말하기 때문에 상식으로 알고 있는 견해에 의심을 가지게 된다는 것입니다.

사태가 이쯤 됐으니 애매한 상황을 해소하기 위해서라도 농림부에 물어보지 않을 수 없게 되었습니다. 처음에는 이렇게 어리석은 질문을 한다는 사실이 쑥스러워 농림부에 알아보기를 거절했지만 끝까지 그럴 수만은 없었습니다.

당연히 농림부의 대답은 히코리의 나무 재에서는 목초뿐만 아니라 그 밖의 어떠한 생물도 생겨날 수 없다는 것입니다. 그런데 이런 내용을 주장하는 편지가 뉴욕에서 온 적은 있다는 내용도 덧붙였습니다.

사실 그 편지는 세일즈맨 화자가 자기 생각을 주장하기 위해서 보냈던 편지였습니다.

어쨌든 이 사건은 나에게도 잊을 수 없는 교훈을 안겨주었습니다. 화자가 어떤 사실을 진심으로 믿고 그것을 말한다면 반드시 지지자가 생긴다는 사실입니다. 설령 잿더미에서 목초가 돋아난다는 얼토당토않은 주장일지라도 그것은 가능하다는 것입니다.

그렇다면 허황된 주장이 아니고 상식과 진실에 확신이 뒷받침된 이야기라면 그 주장은 얼마나 큰 설득력을 가질지 알 수 있습니다.

그런데 대부분의 화자들은 자기가 선택한 화제에 대해서 먼저 청중이 흥미를 가져줄 것인가에 대한 걱정을 합니다.

이런 걱정에 대한 해답은 오직하나 뿐입니다. 자신이 선택한 화제에 대한 열정의 불꽃을 피우는 방법뿐입니다. 그렇다면 청중의 마음을 사로잡기란 그리 어려운 일이 아닙니다.

얼마 전에 볼티모어에서 열린 강좌에서 어떤 사람이 스피치한 내용을 보겠습니다.

'현재의 어획 방법으로 체사피크 만의 치어를 잡아들인다면 불과 몇 년 안으로 물고기는 멸종할 것이다'라고 경고하는 주제였습니다.

그는 자신의 스피치 주제에 진정으로 열중하고 있었습니다. 그 문제는 그에게 너무도 중대한 일이었습니다. 말씨나 태도에서 심각함이 역력하게 드러났습니다.

나는 그가 처음 스피치를 시작했을 때, 그가 말하는 물고기가 체사피크 만에 살고 있다는 사실조차 모르고 있었습니다. 나뿐만이 아니라 청중의 대다수가 나처럼 그에 대한 지식이나 관심이 없었을 것입니다.

그런데 그의 이야기가 끝나기도 전에 강좌에 있었던 거의 모든 사람들은 그 물고기를 보호하도록 정부에 요청하는 청원서에 서명할 생각을 갖게 되었습니다.

이태리 대사를 역임한 리처드 워슈반 차일드는 일찍이 독자의 흥미를 끄는 저술가로서 성공한 비결을 묻는 질문에 이렇게 대답했습니다.

> 66 인생은 너무도 신기하고 놀라운 것이라서 나는 가만히 있을 수 없습니다. 어떻게 해서라도 이것을 사람들에게 알리고 싶어집니다."

누구라도 이런 화자나 작가에게 매료되지 않을 수 없을 것입니다.

런던에서 연설을 듣기 위해서 모임에 참석했던 사례를 들어보겠습니다. 연설자의 말이 모두 끝난 후에 청중으로 참석했던 영국의 유명한 작가 E. F. 벤슨이 스피치의 처음보다 끝부분이 더 재미있었다며 이렇게 말했습니다.

> 66 화자 자신이 결론 부분에 많은 관심을 가졌기 때문입니다. 나는 언제나 열의와 관심을 느끼게 하는 화자에게 큰 기대를 가지게 됩니다."

진실이 담긴 생생한 이야기를 하기 위해서는 적절한 화제를 선택해야 가능하다는 사례를 하나 더 들어보겠습니다.

워싱턴에서 진행된 화술 강좌에 브라운이라는 사람이 수강생으로 참가했습니다. 그는 강좌가 시작되고 얼마가 지난 후에 워싱턴이라는 화제로 스피치를 했습니다.

브라운 씨는 급한 대로 워싱턴의 신문사에서 발행하는 팸플릿에서 대강의 자료를 모았습니다. 실제 스피치도 팸플릿을 읽는 것이나 별로 다를 바가 없었습니다. 게다가 앞과 뒤가 뒤바뀌기도 해서 본인이 제대로 소화한 내용이 아니었습니다.

그는 워싱턴에서 여러 해를 살았던 사람입니다. 워싱턴이 좋다는 스피치에 왜 자기의 경험에서 생긴 예를 하나도 들지 않았는지 모르겠습니다. 그저 지루한 것만 스피치함으로써 자신도 답답했지만 듣는 사람도 지루하기 그지없었습니다.

그런데 그로부터 2주일 후에 브라운 씨에게 충격을 주는 사건이 일어났습니다. 길가에 세워둔 그의 차를 누군가 들이받고 뺑소니쳤던 것입니다. 뺑소니라서 보험금도 받을 수가 없어서 수리비를 고스란히 자기가 지불해야만 했습니다.

그런데 그 경험 덕분에 스피치 주제가 생기게 되었습니다. 어렵게 선택했던 워싱턴에 관한 이야기는 본인도 스피치하기 어려웠고, 듣는 사람도 지루했습니다. 그런데 뺑소니로 망가진 자기 차에 대한 브라운 씨의 스피치는 마치 화산이 활동을 시작하는 것처럼 뜨거운 열변이었습니다.

2주일 전에는 브라운 씨의 스피치를 지루하게 느끼던 사람들이 이번에는 뜨거운 갈채를 보내주었습니다.

지금까지 말해 온 것과 같이 자신에 합당한 화제를 선택한다면 스피치의 성공은 의심할 필요가 없습니다. 덧붙여서 화제를 어느 한 곳에 한정시키고 집중한다면 매우 확실해집니다. 그러므로 당신의 신념을 소신 있게 밝히십시오.

누구나 인생의 어떠한 국면에 대해서 굳게 믿는 바가 있을 것입니다. 괜히 멀리서 찾을 필요 없이 이런 국면에 대한 것을 화제로 삼으십시오.

이런 주제라도 사람들의 의식표면에 건성으로 달려 있는 것이 대부분입니다. 그렇기 때문에 그것에 관해서 깊게 생각하지 않습니다.

언젠가 텔레비전에서 사형에 대한 공청회를 실시간으로 방송한 적이 있었습니다. 많은 참고인이 초청됐으며 각자 사형의 옳고 그름에 대해서 자기가 믿는 한쪽의 의견을 말했습니다. 그중에는 로스앤젤레스 경찰도 있었습니다. 그는 오랫동안 이 문제에 관해서 생각을 했던 것처럼 보였습니다. 범죄자와 사격전이 벌어져 동료 경찰 12명이 목숨을 잃었다는 경험적 사실에 근거해서 사형에 대한 굳은 신념을 지니고 있었습니다.

그는 자기의 주장이 옳다는 점을 통렬한 어투로 말했습니다. 이렇게 통렬함은 자기의 주장을 진정 마음으로 믿고 있는 사람만이 보일 수 있는 태도입니다.

역사에 기억되는 웅변들이 청중의 마음속에 호소하는 힘이란 강한 신념과 깊은 감동을 바탕으로 하여 생겨납니다. 성실은 신념에 근거합니다. 신념이란 지성과 무엇을 말할 것인가에 대한 냉정한 생각 그리고 스피치에 담긴 뜨거운 정열에서 만들어집니다.

'마음은 이성이 모르는 이성을 내포하고 있다.'

파스칼의 이 날카로운 성찰이 진실이라는 것은 나의 강좌에서 다양한 형태로 증명되는 것을 보아왔습니다.

지금까지 기억나는 보스턴의 어느 변호사의 사례를 들어보겠습니다. 그는 스피치를 매우 유창하게 할 뿐만 아니라 정말로 박력이 있었습니다. 그런데 그의 말이 끝내자 사람들은 이렇게 말했습니다.

"참 똑똑한 사람이군." 말하자면 그는 표면적인 인상 외에는 주지 못했던 것입니다. 연설의 앞면은 번지레했지만 스피치의 뒤에는 아무런 감정도 들어있지 않은 것처럼 보였기 때문입니다.

그런데 같이 강좌에 참석한 사람 중에 보험설계사가 한 명 있었습니다. 그는 몸집도 작고 생긴 것도 보잘 것 없었습니다. 더구나 말하는 것도 더듬거리고 가끔가다 말문이 막히기도 했습니다. 그런데 스피치의 한마디 한마디에 감정이 담겨져 있다는 것을 모든 청중들이 마음으로 뚜렷하게 느낄 수 있었습니다.

링컨이 워싱턴의 포드극장 귀빈석에서 암살당한 지 벌써 백 년이 넘었지만, 깊은 성실과 일관된 그의 생애와 언행들은 지금까지도 우리들과 함께 살고 있습니다.

그 당시에도 법에 관한 지식이 링컨보다 뛰어난 사람은 적지 않게 있었을 것입니다. 더구나 링컨은 대인 접대의 사교술이 세련되지 않았고 기품도 부족한 점이 많았습니다.

그러나 게티즈버그에서, 쿠퍼 유니온에서 또는 워싱턴의 의회 의사당의 단상에서 그가 말한 스피치의 성실성과 진지함은 미국의 전 역사를 통틀어서 비교할만한 사례가 없었습니다.

강한 신념이나 관심이 매우 중요하다고 말해도 자신에게는 그런 것들이 전혀 갖추어지지 않았다고 판단하고 포기하는 사람이 있을지 모릅니다. 이런 말을 들을 때마다 아주 경악할 정도로 놀랄 수밖에 없습니다.

고정되어 정해진 것은 없습니다. 그런 생각이 드는 사람이라도 가만히 있을 것이 아니라 무엇에든지 흥미를 가지도록 노력하라고 권합니다.

"예를 들자면, 어떤 것에 말입니까?" 어느 분이 내게 반문한 물음입니다. 내 대답은 간단합니다. "비둘기" "비둘기라니요?"

그가 더 어리둥절해 하며 다시 물었습니다. "그래요, 비둘기 맞습니다. 광장에 가서 비둘기를 관찰하거나 모이를 줘 보세요. 그렇지 않으면 도서관에 가서 비둘기에 관한 책들을 독파하는 것도 괜찮습니다. 그리고 난 다음에 다시 이곳에 와서 비둘기에 관해서 말씀해 보세요."

한참 후에 그가 다시 찾아왔을 때, 누구도 그를 가만히 앉아있게 놔두지 않았습니다. 그가 비둘기에 대해서 말하는데 정말 열광적인 비둘기 애호가의 말투였기 때문입니다.

내 말을 듣고 난 후에 비둘기에 관한 책을 40권이나 독파했다고 합니다. 그때 한 비둘기 스피치는 내가 지금까지 들어온 스피치 중에서 아주 재미있는 것 중의 하나로 꼽을 수 있습니다. 여기서 또 하나 중요한 내용을 한 가지 알려드립니다.

화제로 삼고자 생각한 주제에 대해서 많이 배우라는 것입니다. 어떤 사물이나 주제에 대해서 많이 알면 많이 알수록 보다 더 진지해지고, 열의도 생기게 됩니다.

《판매의 5가지 원칙》의 저자 파시 H. 화이팅은 세일즈맨이란 오랫동안 경력이 쌓였다 해도 자신이 취급하는 제품에 대해서 끊임없는 공부해야 한다고 말합니다.

> 66 제품에 대해서 많이 알면 알수록 그 제품에 강한 애착을 느낍니다.”

이 말은 화제에 대해서는 그대로 해당됩니다. 화제에 관해 알면 알수록 그 화제를 더 진지하게 생각하게 되고, 정열을 불태울 수 있게 됩니다.

지표 2 ▶ 화제에 대한 감정을 재생하라

지금 '제한속도'를 위반했기 때문에 당신을 검문하게 될 경찰관에 대하여 스피치를 한다고 가정해 보십시오.

경찰관 본인이 아니고 그 곁에 있는 입장이기 때문에 냉정하게 무관한 것처럼 말할 수도 있습니다. 그렇지만 경찰관과의 관계에서 실제로 당신 신변과 관련이 있는 일이 일어났기 때문에 명확하게 말로 표현할 수 있는 감정이 있을 것입니다.

그럼에도 불구하고 제3자의 입장에서 말한다면 청중에게 별로 강한 인상을 주지 못합니다. 모든 사람들은 그 경찰관이 출두 영장을 떼어 주었을 때, 당신이 느낀 감정을 알고 싶어 할 것입니다. 그러므로 그 상황을 실제로 체험했으면 더 생생하게 그리고 당시에 느낀 감정을 재생하면 할수록 그만큼 더 생생하게 그때의 당신을 표현할 수 있습니다.

우리는 인생에 대한 갖가지 감정들이 어떻게 표현되고 있는지를 보고 듣기 위해서 영화나 텔레비전을 봅니다. 언제부터인지 모르지만 우리는 다른 사람들 앞에서 감정을 그대로 드러내기를 주저하게 되었습니다. 그 때문에 억압된 감정을 영화나 '드라마'를 보는 것으로 발산합니다. 사람들 앞에서 이야기할 때 스피치에 담기는 흥분의 양이 많으면 많을수록 그 이야기가 관심을 불러일으키는 것도 같은 이유 때문입니다.

따라서 스피치하면서 정직한 마음을 억압해서는 안 됩니다. 마땅히 불태워야 하는 정열에 물을 끼얹는 짓을 해서는 안 됩니다. 그리고 자기 주제에 대하여 얼마나 말하고 싶어 하는지를 청중들에게 보여주어야 합니다.

지표 3 ▶ 열의가 있는 것같이 행동하라

연설하기 위해서 청중 앞으로 나갈 때는 매우 즐거운 일이 기다리고 있는 것같이 나가야지, 마치 사형대라도 올라가는 것같이 나가서는 안 됩니다. 때로는 일부러 그런 모습을 연출해도 좋습니다. 활발한 걸음이 당신에게 기적을 줄 것입니다. 청중에게 당신이 말하고 싶어 못 견디는 일이 있다는 느낌을 주게 됩니다.

말을 시작하기 전에 숨을 크게 한 번 쉬십시오. 머리를 숙이거나 테이블에 바짝 다가가서는 안 됩니다. 지금부터 청중에게 무엇인가 유익한 말을 하려고 하고 있다는 사실을 모든 행동에서 분명하게 보여주어야 합니다.

당신이 바로 지휘자입니다. 그러니까 윌리엄 제임스가 열의가 있게 행동하라고 입버릇같이 말했듯이, 그렇게 보이게끔 행동해야 합니다.

실내의 뒤 끝까지 들리는 소리를 낸다면, 그 소리는 당신에게 용기를 북돋아 줄 것입니다. 그리고 몸짓을 한다면 그것도 또한 당신을 자극시킬 것입니다.

레아드 부처는 이런 현상에 대해서 '작용의 반은 워밍업'이라고 부릅니다. 이 원리는 활동을 필요로 하는 상황에서는 언제나 적용됩니다. 레아드 부처는 저서 《효과적인 기억술》에서 시어도어 루즈벨트(Theodore Roosevelt) 대통령에 대해서 이렇게 쓰고 있습니다.

'그는 자신의 트레이드 마크가 된 원기·정력·예기 그리고 열의를 가지고 일생을 살았다. 자기가 덤빈 모든 일에 깊은 관심을 기울였다. 예를들어 실제는 관심이 없는 경우에도 교묘하게 꾸며서 관심이 있는 것처럼 보이게 했다.'

루즈벨트는 이렇게 '열의가 있는 것같이 행동하면 모든 행동에 자연히 열의를 기울이게 되리라' 윌리엄 제임스 철학의 생생한 본보기입니다.
특이 이 말을 명심해 주었으면 합니다.

❛ 열의가 있는 것같이 행동하면, 스스로도 열의가 있는 것같이 느껴진다.'

3. 청중과 말을 주고 받아라

공자는 결코 해박한 지식으로써 사람들을 가르쳐 감화시키려 하지 않았다. 공자는 모든 것을 포용하는 박애 정신으로 사람들을 일깨우려고 했다.

러셀 콘웰 박사의 유명한 강연 〈다이아몬드의 땅〉은 6천 번이 넘게 강연되었다. 그만큼 되풀이된 이야기라면 강연하는 사람의 한 마디, 한 구절 또는 소리의 억양까지도 똑같을 것이라고 생각을 할 것입니다.

그러나 그렇지 않습니다. 콘웰 박사는 장소에 따라서 청중이 다르다는 것을 알고 있었습니다. 따라서 강연 때마다 다른 청중을 위해서, 그 강연만을 위해서 만들어진 특별하고 생생한 것이라고 듣는 사람들이 느껴야 한다는 것을 알고 있었습니다.

연설자와 강연 그리고 청중 사이의 관계를 생생히 살아있는 것으로 만드는데 성공한 콘웰 박사의 방법은 무엇이었을까요?

박사는 이렇게 말하고 있습니다.

" 나는 지방이나 도시를 방문할 때, 강연하기 전에 먼저 그곳에 있는 학교의 교장이나 우체국장, 이발소 주인, 호텔 지배인, 택시기사 등 여러 분야의 사람들과 이야기를 합니다. 그리고 부근의 상점에 들어가서 사람들과 이야기를 나눠보면서 지역 사람들의 형편이 어떤지 또는 장래에 희망하는 사항들이 무엇인지를 관찰합니다. 그런 다음에 그 지역에 어울리는 문제를 주제로 삼아서 강연합니다."

콘웰 박사의 견해에 따르면 청중과 의사전달이 되고 안 되고는 강연자가 주제에 청중의 이야기를 얼마나 많이 담는지에 달려 있습니다. 또 청중들의 이야기를 강연의 일부에 담는 것도 역시 매우 중요한 요소라고 말합니다.

〈다이아몬드의 땅〉 강연이 최상의 인기를 누렸던 강연임에도 불구하고 정형화된 원고는 남아 있지 않습니다. 아마도 그의 강연이 청중에 따라 매번 다른 내용으로 진행되었기 때문에 원고가 남아 있지 않을 것입니다.

콘웰 박사가 같은 주제에 대해서 6천 번이 넘는 강연을 하면서 한 번도 똑같은 강연을 하지 않은 것은, 그가 성실한 노력과 현명한 통찰력으로 피나는 노력을 했음을 의미합니다.

이같이 사례를 본받아서 당신의 강연도 그때그때의 청중에 맞추어 하도록 노력하십시오.

청중들과 감정을 강하게 공유하는 데 효과적인 간단한 법칙에 몇 가지를 들어서 설명하겠습니다.

이것은 콘웰 박사가 실행했던 방법입니다. 콘웰 박사는 정해진 주제에 대해서 이야기하면서 그 지방과 관련된 특별한 비유나 실제 사례를 포함시켰습니다.

청중들이 자연스럽게 이야기에 관심을 가지게 되는 것은 당연합니다. 왜냐하면 그것이 바로 자신들의 문제이거나 자신들의 이해관계와 관련 있는 내용이 되기 때문입니다.

듣는 사람들이 더 많은 관심을 가지게 되는 것, 즉 자신의 문제라고 인식하는 것으로써 그들의 관심을 끌 수 있고 의사를 전달할 수 있는 길도 열린다는 점을 확실하게 보증할 수 있습니다.

미국 상공회의소의 전 회장이며 영화협회 회장인 에릭 존스톤은 연설할 때 언제나 이 기법을 사용하고 있습니다.

다음은 에릭 존스톤 회장이 오클라호마 대학 졸업식에서 했던 축사의 내용입니다. 오클라호마 사람들이 흥미를 가질만한 것들을 얼마나 자유롭게 구사하고 있는지를 주의 깊게 살펴보시기 바랍니다.

> 예전에 오클라호마란 땅이 여행자들로부터 버림받은 땅이었던 적이 있습니다. 그러나 오클라호마가 영원히 희망 없는 땅이라고 여행 안내서에서 제외한 것은 그리 먼 옛날의 일이 아닙니다. 1930년대에는 오클라호마에 갔다 온 적이 있었던 사람들이 오클라호마에 가려는 사람들을 말렸습니다. 충분한 양식이 준비되어 있지

않다면 오클라호마는 되도록 피해서 가는 것이 좋다고 말렸습니다. 그들은 오클라호마에 대해서 미국 땅이지만 미래에 영원히 사막으로 남아 있을 지역이라고 생각했습니다. 그래서 오클라호마에 꽃이 피는 일이 다시는 없을 것이라고도 말했습니다.

그러나 1940년대에 오클라호마는 푸른 녹지대로 변했고, 그곳의 풍경이 등장하는 브로드웨이의 뮤지컬은 엄청난 인기를 끌었습니다. '비가 개인 뒤에 바람이 불어오면, 푸른 보리밭이 달콤한 향내를 풍기며 파도처럼 흔들린다'는 오클라호마의 풍경이 뮤지컬에 등장했습니다.

10년 동안에 이 지역은 옥수수로 덮이게 되었습니다. 그것은 철저한 계획과 신념을 받친 노력에 대한 보답으로 만들어진 결과입니다.

현재의 모습을 과거에 비추어 보는 것은 사물을 폭넓게 파악하는 데 편리한 방법입니다. 이보다 더 좋은 방법이 없을지도 모릅니다. 그래서 저는 이곳을 방문하는 준비를 하면서 1910년 봄에 발행된 〈데일리 오클라호마〉 신문을 조사해 봤습니다. 거기서 50년 전에 이 땅에서 풍기던 냄새를 맡고 싶었기 때문입니다.

거기서 제가 본 것이 무엇이라고 상상하십니까?

신문에는 오클라호마의 발전 가능한 미래에 대한 기대가 강하게 표현되어 있었습니다. '희망'을 말하는 기사들이 대서특필로 실려 있었습니다."

청중이 관심을 갖지 않을 수 없는 내용을 사용함으로써 청중과 감정을 공유한 좋은 예입니다. 에릭 존스톤 회장은 강연할 때 청중과 가장 가까운 환경에서 예를 든다는 원칙을 가지고 있었는데, 그것은 충분히 계산된 원칙이었습니다. 그의 연설은 청중을 위해 새롭게 준비된 것이지 단순히 복사기로 찍은 복사가 아니었던 것입니다.

청중들은 자신에 대한 이야기가 진행되는 경우에 결코 강연자로부터 주의를 놓지 않습니다. 그들은 강연하는 당신으로부터 어떤 주제에 대한 지식을 받아들임으로써 자신의 문제를 풀 수 있을지도 모른다는 기대를 합니다. 당연히 강연자는 화제를 통해서 그들의 문제를 해결할 수 있는 지식이 담겨 있는지 자문자답해 봐야 합니다. 그런 지식을 전할 수 있다면 당신의 강연은 청중의 관심을 모을 수 있습니다.

만약 회계사라면 이런 식으로 이야기를 시작해보는 것도 괜찮은 방법입니다. "지금부터 여러분에게 확정 신고를 할 때 50달러 내지 100달러를 절약하는 방법을 알려드리겠습니다."

만약 변호사라면 유언장을 작성하는 방법을 알려 주겠다는 식입니다. 그런 내용이라면 청중들은 반드시 흥미를 가질 것입니다. 특별한 지식이란 듣는 사람들에게 유익한 화제라는 것은 틀림없는 사실이기 때문입니다.

미국에서 신문사를 경영하고 있는 영국 유명한 저널리스트 비스카운터 노스클리프(본명은 알프레드 찰스 윌리엄 함스워스) 경은 '청중의 흥미를 끄는 것이 무엇인가'라는 질문에 대해 '그것은 자기 자신의 일'이라고 답했습니다. 노스클리프 경은 이 단순한 진리 위에 신문 왕국을 세운 것입니다.

제임스 하베이 로빈슨은 자신의 책《정신의 형성》에서 공상을 '자발적으로 좋은 것을 모으는 사고방식'이라 정의하면서 이렇게 말합니다.

> 66 사람들은 엉뚱한 공상 속에서도 자기의 관념이 될 대로 되게 놔두지 않습니다. 그것에 포함되어 있는 우리의 자발적인 욕망, 희망이나 공포 그리고 그로부터 달성되거나 좌절되는 것에 의해서 많은 것이 결정됩니다. 애정이나 분노, 우리가 좋아하고 싫어하는 것에 의해서도 삶의 진로가 변경되는 것입니다. 그렇기 때문에 우리에게 있어서 자기 자신만큼 흥미를 끌게 하는 대상은 없습니다."

화술 강좌가 끝날 때 열렸던 만찬회에서 필라델피아에서 온 해롤드 드와이트란 사람이 정말 좋은 스피치를 한 적이 있습니다.

그는 테이블을 둘러싼 수강생들의 한 사람 한 사람에 대해서 말했습니다. 강좌가 시작되었을 때의 연설 방법은 어떠했으며 지금은 어떤 식으로 좋아졌는가에 관해서 말했습니다.

회원들이 한 스피치라든가 전부가 모여서 토론했던 화제를 상기하면서, 그 중에 몇 사람의 흉내를 내기도 해서 모두 웃으며 즐거워했습니다. 이런 내용을 스피치 자료로 사용한다면 절대로 실패하는 일이 없을 것입니다.

이는 매우 이상적인 주제입니다. 세상이 넓다 해도 이렇게 청중의 흥미를 끄는 주제는 찾아볼 수는 없을 것입니다. 드와이트는 사람을 어떻게 다루어야 하는가를 잘 알고 있었던 것이라 생각됩니다.

몇 년 전에 〈아메리카 매거진〉에 글을 연재한 적이 있었습니다. 당시

'흥미 있는 사람'이라는 코너를 책임지고 있던 존 싯돌과 이야기를 나눌 기회가 있었습니다.

그는 '인간은 이기적인 것'이라며 이렇게 말했습니다.

> **"** 사람들은 대체로 자신의 일에 관해서만 관심을 갖습니다. 대부분 사람들은 자기가 알고 싶어 하는 것, 어떻게 하면 건강을 유지할 수가 있는가, 어떻게 하면 출세를 할 수 있을까 등에 대해 이야기하고 관심을 가집니다. 철도를 국유화해야 하는지 따위의 일에는 아무런 흥미도 갖지 않습니다.
>
> 만일 내가 이 잡지의 편집장이라면 여름을 시원하게 지내는 법, 치아를 치료하는 법, 고용인을 부리는 법, 집을 사는 법, 기억하는 법, 문법의 잘못을 피하는 법과 같은 내용을 기사로 하겠습니다.
>
> 사람들은 거의 모두 잘된 사람들에 대한 기사에도 흥미가 많습니다. 그래서 백만장자에게 어떻게 그리 많은 돈을 벌 수 있게 되었는지에 관한 이야기를 듣는 것도 괜찮은 내용입니다.
>
> 그리고 유명한 은행가나 여러 회사의 경영자에게 어떻게 평사원에서 승진해서 권력과 돈을 얻었는가 하는 이야기도 좋을 것입니다."

그리고 얼마 지나지 않아서 존 싯돌이 정말로 편집장에 임명되었습니다.
존 싯돌은 항상 입에 담고 버릇처럼 말하던 것들을 실행에 옮겼습니다.
당시 그 잡지의 발행 부수는 얼마 되지 않았습니다. 그러나 존 싯돌의 시도에 대한 반응은 대단했습니다.

발행 부수가 20만 부에서 30만, 30만 부 그리고 40만 부 …… 로 급격히 늘어났습니다. 잡지의 기사에 사람들이 알고 싶어 하는 내용만 실었기 때문입니다. 얼마 후에는 백만 명의 독자가 매주 그것을 보게 되었으며, 이어서 150만 부를 넘더니 드디어는 발행 부수가 2백만 부가 넘었습니다. 거기서 끝이 아니었고 이후에도 계속 늘어났습니다.

이 모든 결과는 편집장 존 싯돌이 독자들이 가지고 있는 관심에 호소했기 때문에 가능했습니다. 같은 원리로 당신이 청중들과 대면했을 때는 그들이 당신의 연설에서 듣고 싶은 마음이 무엇인지를 생각해야 합니다.

당신의 연설에 청중들과 관련된 내용이 담겨 있지 않고, 연설자 혼자 떠드는 것이라면 청중들은 금방 지루해합니다. 연설하는 사람이 지루해서 하품을 하거나, 손목시계를 자꾸 들여다보기도 하고, 지루한 시간이 원망스럽다는 눈빛으로 출입문을 뚫어져라 바라보기도 합니다. 이런 연설은 당연히 청중에게 외면당할 수밖에 없습니다.

지표 2 ▶ 성의 있고 정직한 평가를 하라

청중은 개개인으로 구성되어 있고, 개인으로서 반응도 보입니다. 당연히 대놓고 욕을 하거나 하면 분노를 가져올 뿐입니다.

그들이 한 일 중에서 칭찬해 줄만한 것이 있다면 서슴지 않고 칭찬해야 합니다. 이런 칭찬은 그들의 마음속에 들어갈 수 있는 허가를 얻는 것과 같습니다. 그렇게 하려면 청중이 많고 적고 간에 깊이 연구하지 않으면 안 됩니다.

66 여러분은 내가 지금까지 본 사람들 중에서 가장 현명한 청
중입니다."

이렇게 속이 뻔히 들여다보이는 인사는 오히려 청중이 분노를 느끼게
합니다.
위대한 연설가인 촌시 M. 데퓨가 강조하는 말을 인용해 보겠습니다.

6 청중에 관한 일로써 설마 당신까지 알고 있었으리라고 청중들
이 상상도 할 수 없는 것에 관해서 연설할 것'

그 좋은 예를 하나 들어보겠습니다.
최근에 어떤 사람이 볼티모어 키와니스 클럽에서 연설을 하게 되었습니
다. 그는 클럽 볼티모어 지부에 대해서 여러모로 알아보았습니다. 그러나
볼티모어 지부 회원 중에 전에 국제본부 회장을 역임했던 사람이 있고, 현재
국제본부의 이사를 맡고 있는 사람이 있다는 것 외에 특별한 것을 찾을 수가
없었습니다. 더구나 그 두 사람에 대한 일은 클럽회원들은 모두 알고 있으
니, 조금도 새로운 사실이 아니었습니다.
그래서 그는 역설적인 방법으로 연설해보자고 생각했고, 다음과 같은 말
로 연설을 시작했습니다.

66 키와니스 클럽의 볼티모어 지부는 10만 1,898이나 되는 지

부 중의 하나입니다."

청중은 모두 귀를 기울였습니다. 그러나 그들은 연설자가 잘못 알고 있다고 생각하고 있습니다. 키와니스 클럽 지부는 전 세계를 통틀어서 2,987개이기 때문입니다.

연설자가 다시 말을 계속했습니다.

> **"** 그렇습니다. 여러분은 아마도 잘못됐다고 생각할 수도 있겠지만, 이 클럽은 수학적으로 말해서 10만 1,898의 클럽 중의 하나입니다. 그저 막연하게 10만이나 20만 중의 하나라는 뜻이 아닙니다. 정확하게 101,898개 중의 하나입니다.
>
> 어떻게 이런 숫자가 나올 수 있는지 아십니까? 볼티모어 지부에는 전에 국제본부의 회장을 지내신 분과 현재 국제이사를 맡고 있는 분이 계십니다. 수학적으로 계산하면 키와니스 클럽의 한 지부에 국제본부의 전 회장과 현재 이사가 동시에 재적할 확률이 101,898분의 1입니다. 계산이 정확한지 의심할 분들을 위해 말씀드리면, 이 계산은 존스 홉킨스라는 이학박사에게 부탁해서 계산해 냈기 때문에 틀림없는 수치입니다."

백 퍼센트 정확한 것이 정말로 중요합니다. 한 명을 상대로 건성건성 대화하는 말이라면 속일 수도 있지만 많은 청중은 절대로 속일 수 없습니다.

'여기 모이신 교양이 높으신 청중 여러분 …….'

'여러분을 만나게 되어서 기쁩니다. 그것은 제가 여러분 한 사람 한 사람에게 호의를 느끼고 있기 때문입니다.'

'뉴저지 호커스의 귀하신 숙녀를 뽑아 …….'

사실이 증명되지 않으며, 진심도 담기지 않은 이런 말을 하면 안 됩니다.

진심에서 우러나는 인사가 아니라면 오히려 칭찬하는 것을 피하는 편이 좋습니다.

지표 3 당신과 청중의 공통점을 분명히 밝혀라

될 수 있는 한 빨리, 가능하다면 첫마디에 당신과 청중 간에 직접적인 연관이 있음을 명확하게 밝히십시오. 만일 그 모임으로부터 요청을 받아서 연설하게 되었다면 그 사실을 분명히 밝혀야 합니다.

영국 수상 해럴드 맥밀런이 재임 당시에 인디애나 그린캐슬의 드포 대학 (DePauw University) 졸업식에서 했던 축사를 예로 들어 보겠습니다. 그는 단도직입적으로 첫마디에 이렇게 말해서 청중의 마음을 사로잡았습니다.

> 66 여러분의 환영을 고맙게 받아들입니다. 영국 수상이 이 대학에 초청되는 기회는 별로 없었을 것입니다. 그러나 내가 초청받은 이유는 수상이기 때문만은 아니고 더 중요한 것이 있다고 생각합니다."

맥밀런 수상의 어머니는 미국인으로 인디애나 출신이었고, 외할아버지는 드포 대학의 제1회 졸업생이었습니다. 그는 이런 사실을 다음과 같이 표현했습니다.

> 66 나와 드포 대학은 끊을 수 없는 인연이 있고, 옛날 가문의 전통을 새롭게 만들어가고 있는 드포 대학에 대해서 마음으로부터 자랑스럽게 생각하며 애정을 느낍니다."

수상이 새삼스럽게 말할 것도 없이 알려진 사실이었지만, 어머니와 개척자였던 외할아버지 시대에 미국의 학교나 생활양식을 화제로 이야기함으로써 청중의 관심과 흥미를 끌었던 것입니다.

청중 속에 있는 사람들의 이름을 사용하는 것도 의사소통의 길을 여는 또 하나의 방법입니다.

어떤 연회에서 주빈(主賓) 바로 옆에 앉았던 적이 있었습니다. 그런데 옆에 앉은 주빈이 연회에 참석한 사람들에 관해서 많은 호기심을 보였습니다. 식사하는 동안에 저쪽 테이블에 앉아 있는 갈색 양복의 남자는 누구인지, 저 꽃 장식이 달린 모자를 쓴 여자는 누구냐는 식으로 사회자에게 물었습니다.

왜 그렇게 많은 호기심을 가졌는지는 그가 스피치를 시작했을 때 확실히 알게 되었습니다. 그는 자신이 방금 외운 이름들을 교묘하게 스피치에 담는 것이었습니다. 자신의 이름이 인용될 때마다 당사자의 얼굴에 화색이 도는 것은 물론, 그렇게 간단한 테크닉으로 연설자와 청중의 친밀감이 굉장히 높아진 것을 느낄 수 있었습니다.

제너럴 다이내믹스의 사장 프랑크페스 주니어도 스피치에 사람의 이름을 활용해서 성공한 경험이 있습니다.

뉴욕의 레리존 인 아메리칸 라이프 사가 개최하는 연례 만찬회에서 프랑크페스 주니어가 한 연설입니다.

> 오늘 저녁은 나에게, 여러 가지의 의미에서 즐겁고도 의미 깊은 자리입니다.
>
> 첫째는 이 자리에, 내가 다니는 교회의 목사님이시며 스승이신 로버트 아플야드께서 함께 계신 것입니다. 스승님의 말과 교훈 그리고 바른 행위에 의해서 나 자신과 가족뿐만 아니고 우리 교회의 모든 신자들은 커다란 가르침을 받았습니다.
>
> 둘째는 루이스 스트라우스와 밥 스티븐슨의 두 분 사이에 자리를 차지하고 앉은 것을 영광이라 생각하는 바입니다.
>
> 두 분 모두 종교에 관심을 기울이는 것에서 그치지 않고, 공공의 봉사와 실천에 헌신적으로 임하고 계십니다. 나는 이 두 분과 동석할 수 있다는 것을 기쁘게 생각합니다."

한 가지 주의해야 할 것은 사람 이름을 즉석에서 파악해서 스피치에 주입할 경우에는 절대로 이름이 틀리거나 잘못 대지 않도록 해야 합니다. 또 그 이름을 사용하는 이유도 충분히 이해한 다음에 사용하십시오.

사람의 이름을 거론하는 것은 호의적으로 하는 경우에만 써야 하고, 그릴 경우에도 도가 지나치지 않도록 주의하십시오.

청중의 주의력을 끄는 또 하나의 방법은, 삼인칭의 '그들' 대신 이인칭의 '당신'을 사용하는 것입니다.

그렇게 하면 청중들이 자신을 의식한 상태를 유지할 수 있습니다.

앞에 설명한 것들과 마찬가지로 연설자가 청중의 관심과 주의를 끌기 위해서는 이 사실도 간과해서는 안 됩니다. 참고로 뉴욕에서 진행된 화술 강좌에서 한 수강생이 황산(黃酸)에 대해 이야기한 내용 중에 일부분을 소개하겠습니다.

여러분의 생활에서 황산은 여러 가지 형태로 관여하고 있습니다.

황산이 없으면 당신의 차는 움직일 수 없습니다. 왜냐하면 황산은 휘발유나 등유를 정제할 때 꼭 필요하기 때문입니다.

당신의 직장이나 가정을 밝혀주는 전등도 황산이 없으면 켜지지 않습니다.

당신이 목욕탕의 물을 빼기 위해서 비틀어 여는 코크 마개를 만드는 공장에서도 황산이 필요합니다.

당신이 사용하고 있는 비누도 유지나 기름에서 만들어지는데 황산이 없으면 만들 수 없을지도 모릅니다.

당신이 사용하는 옷솔이나 셀룰로이드로 만든 빗도 황산이 없이는 만들지 못할 것입니다.

당신의 면도칼도 불에 태워 물에 넣은 후에 황산용액 속에서 식혔습니다.

당신이 아침식사 할 때 테이블에 놓는 컵과 접시도 무늬 없이 하얀 것 빼고는 모두 황산의 작용이 가해진 것입니다. 당신의 나이프, 포크, 스푼이 은으로 도금된 것이라면 전부 황산용액에 담겼던 것입니다.

당신에게 언제나 영향을 미치고 있는 것이 바로 황산입니다.

당신이 어디로 가든 황산의 영향에서 벗어날 수는 없습니다.

'당신'이란 대명사를 묘하게 사용함으로써 청중 자신들을 스피치 속에 등장시키고 있습니다. 이 연설은 청중의 주의를 집중시키는 데 성공했습니다.

그런데 '당신'이라는 말이 스피치하는 사람과 청중 사이를 연결해 주는 대신 오히려 고랑을 파서 더욱 멀어지게 할 수도 있습니다.

그런 일이 일어나는 것은 대부분 신분이 훨씬 높은 사람이 연설이나 강의를 할 때입니다. 그럴 경우에는 '당신, 여러분들' 보다는 '우리들'을 사용하는 편이 무난합니다.

미국 의학협회의 보건교육부장 W. W. 바우어 박사가 라디오나 텔레비전에서 이야기할 때 이 테크닉을 자주 사용합니다.

예를 들어서 이런 경우입니다.

> **❝** 우리가 좋은 의사를 선택하기 위해서 어떻게 하면 좋은가 알고 싶지 않습니까? 만일 우리가 의사로부터 최선의 진단을 받으려고 한다면, 그 전제 조건으로 어떻게 하면 의사에게 잘 설명해주는 좋은 화자(話者)가 되어야 하는지 알아야 하는 것은 당연하지 않겠습니까?"

조그만 무대 연출의 기교를 사용함으로써 청중이 당신의 한 마디 한 구절에 사로잡히게 만드는 방법은 무엇일까 생각해 본 적이 있습니까?

특별히 어떤 부분을 요점으로 강조하거나, 어떤 부분에 극적인 표현을 담기 위해서 청중의 한 사람을 조수로 선택하는 방법은 청중의 주의력을 높이는 데 효과가 있습니다.

연설을 듣고 있던 당신의 청중 중의 한 사람이 참가해서 당신의 이야기에 '한몫 거든다'는 것입니다. 이런 상황이 되면 다른 청중들도 지금부터 무슨 일이 벌어질까 하며 관심을 집중하게 됩니다.

특히 연단에 선 강연자와 청중과의 사이에 벽이 있을 경우, 그 벽을 허물기 위해서 청중에게 '한몫 거들게 하는 일'이 효과적인 방법 중에 하나라는 것은 연설가의 공통된 의견입니다.

'브레이크를 밟고 나서 차가 정지하기까지 어느 정도의 거리가 필요한가'를 설명하는 스피치에서 있었던 일이 생각납니다.

강연자는 청중 한 사람에게 정지하기까지 필요한 거리가 차의 속도에 따라 어떻게 변하는지 설명하는 것을 도와달라고 부탁했습니다.

부탁받은 사람은 철로 된 줄자의 끝을 쥐고 걸어가다가 강연자의 신호에 따라서 4~5피트 떨어진 곳에서 멈추어 섰습니다. 이런 상황을 보면서, 이 정도면 청중들이 스피치에 관심을 갖게 될 것이라는 생각이 들었습니다.

줄자는 스피치하는 사람의 논점을 구체적으로 나타내는 것에서 더 나아가서, 이야기하는 사람과 듣는 사람의 마음을 잇는 연결 구실을 하고 있다는 생각이 들었습니다.

이런 무대 연출이 없었더라면 청중들은 아마도 오늘밤은 어떤 텔레비전 프로가 있는지 따위의 다른 곳에 정신을 팔고 있었을 것입니다.

듣는 사람들로 하여금 '한몫 거들게 하기' 위해서 내가 즐겨 사용하는 방법의 하나는 별다른 것이 아닙니다. 청중에게 질문을 던지고 그에 대한 대답을 얻어내는 방식입니다.

내가 자주 하는 방법은 청중을 모두 일어서게 한 후에 내 질문을 함께 되풀이 하고, 손을 들어서 답하게 하는 방법입니다.

파시 H. 파이팅은 자신의 책《유머가 있는 문장을 쓰는 법과 말하는 법》에서 청중의 참가라는 문제를 중요한 내용으로 다루고 있습니다. 그는 청중에게 어떤 사안에 대해서 투표를 하도록 하거나, 문제를 푸는데 도와달라고 청하라고 권고합니다.

'올바른 생각을 세워라.

올바른 생각이란 스피치는 외우는 것과는 다르다.

청중에게 반응을 일으키도록 의도하는 것이며, 청중을 이야기라는 공동의 사업에 동반자(partner)로 만드는 것이라고 인식하는 것이다.'

라고 파시.H.화이팅 씨는 서술하고 있습니다.

청중을 '공동 사업의 동반자'로 비유하고 있는 파시 H. 파이팅의 이 표현은 매우 적절한 표현이라고 생각합니다. 바로 이것이 이 장에서 설명하고 있는 것을 이해하는 열쇠이기도 합니다.

청중이 '한몫 거들게 한다'는 것은 청중에게 공동경영권을 주는 것과 다름이 없습니다.

지표 5 ▶ 높은 곳에 머물지 말라

연설자와 청중을 효과적으로 연결하는 요인으로 겸손보다 나은 것이 별로 없습니다.

노만 빈센트 필 박사는 신자(信者)들의 마음을 끌어내는 설교하기가 어렵다고 호소하는 동료 목사에게 이렇게 충고를 했습니다.

필 박사는 먼저 그 목사에게 매주 일요일 아침에 설교하는 집회에 어떤 감정을 가지고 있는지 물었습니다. 혹시 신자들을 자신보다 지적으로 낮은 사람들이라고 생각하는지, 신자들에게 호의를 느끼고 있는지, 그들을 도와주려는 생각을 가지고 있는지 등을 물었습니다.

이어서 자기는 설교하는 상대를 절대로 자신보다 눈높이가 낮은 경우가 한 번도 없다고 말했습니다. 자산이 설교단에 설 때는 듣는 사람의 수준이 자신보다 낮다는 생각을 한 번도 해본 적이 없다는 의미입니다.

청중들은 연설하는 사람이 자신들보다 교양이 높다거나 또는 사회적으로 더 높은 지위에 있다고 인식하고 있음을 매우 민감하게 느낍니다.

따라서 청중을 향해서 겸손한 태도를 보이는 것이 청중으로부터 사랑받는 연설자가 되기 위한 최선의 방법 중의 하나입니다.

메인 주 출신 상원의원 에드먼드 S. 머스키는 보스턴의 미국 법조협회에서 연설할 때 이 방법을 사용했습니다.

> 오늘 아침 이렇게 여러분 앞에서 이야기를 한다는 임무를 부여받고는 여러 가지로 난처했습니다.
>
> 첫째, 나는 여러분이 전문적인 자격을 갖춘 분들이라는 것을 알고 있습니다. 내 빈약한 재능으로 이런 여러분 앞에 서는 것이 과연 현명한 것인가에 대해 곰곰이 생각할 수밖에 없었습니다.
>
> 둘째, 이 모임이 조찬회라서 제 정신이 아직 온전하지 않을 수도 있습니다. 자칫해서 치명적인 실수라도 할까 걱정되기 때문입니다.
>
> 셋째, 제 이야기의 줄거리에 관한 망설임입니다. 저는 오늘 국가의 공복으로 일을 해오면서 토론이 어떤 영향을 미쳤는지에 대해 말씀드릴 예정입니다. 정치인으로서 토론이 어떤 영향을 미쳤는지에 대해서는 다양한 의견이 대립할 수 있기 때문에 망설여지는 면이 있습니다.
>
> 이렇게 여러 가지의 어려운 과제를 감당하려하니 마치 발가벗고 서 있는 것처럼 느껴집니다.
>
> 그래서 이야기를 어디서부터 어떻게 시작해야 할지 쩔쩔 매고 있습니다.”

머스키 의원은 이렇게 전제했지만 그날 정말로 훌륭한 스피치를 했습니다.

마드레 E. 스티븐슨도 미시간 주립대학 시업식에서 연설하면서 첫 부분에서 자신을 낮추는 방법을 사용했습니다. 시작 부분에서 그가 한 스피치는 이렇습니다.

> ❝ 나는 이런 자리에서 연설하는 것에 아주 서툽니다. 그래서 지금 새뮤얼 버틀러가 한 말이 언뜻 생각납니다. '인생을 최선으로 활용하려면 어떤 방법이 있는가'라는 주제로 강연해달라는 부탁을 받았을 때, 버틀러는 이렇게 대답했습니다.
>
> '인생은 고사하고 지금부터 15분 동안을 최선으로 활용하려면 어떻게 하면 좋은지도 모릅니다'
>
> 내 마음이 바로 그렇습니다. 지금부터 20분 동안을 어떻게 했으면 좋을지 몰라서 쩔쩔매고 있습니다."

자신이 뛰어나다고 청중에게 과시한다면 틀림없이 청중으로부터 반감을 사게 됩니다. 청중 앞에서 연설한다는 것은 유리 진열장 속에 진열되어 있는 것과 다를 바가 없습니다. 당신의 인격적인 모든 면이 숨김없이 드러난다는 의미입니다. 그래서 조금이라도 거만한 행동을 한다는 것은 치명적인 결과를 초래합니다.

불완전한 인간이지만 그럼에도 불구하고 최선을 다하겠다는 것을 명확하게 하면, 청중은 당신에게 호의와 존경심을 가질 것입니다.

미국 텔레비전 분야는 상당히 엄격한 경쟁이 있는 분야입니다. 매 시즌마다 일류 연예인들이 격렬한 경쟁에 휘말려서 탈락하기 마련입니다.

그런데 그런 심한 경쟁에서도 매년 살아남아서 잔류하는 그룹 중에 에드 설리반(Ed Sullivan)이 있습니다. 그는 연예인이 본 직업이 아니고 원래는 신문기자였습니다. 심한 경쟁에서 신출내기 연예인 설리반이 지금까지 건재할 수 있는 비법은 신출내기가 아닌 것처럼 건방떨지 않았기 때문입니다.

그는 카메라 앞에서 세련되지 않은 여러 가지의 버릇을 보입니다. 만약 매력도 없는 사람이 이런 버릇을 보여준다면 틀림없이 안 좋은 느낌이었을 것입니다.

어깨를 자주 움츠리고, 손으로 턱을 만지기도 하고, 넥타이를 만지기도 하고 때로는 말이 막히기도 했습니다. 그럼에도 불구하고 이런 어색한 태도들이 그에게는 치명적인 결점이 아니었습니다.

그는 자신의 결점들에 대해서 비난하는 사람들에게 절대로 화를 내지 않았습니다. 뿐만 아니라, 한 시즌에 적어도 한 번 이상 자기의 결점을 과장해서 흉내 내는 연예인과 함께 출연했습니다. 그 연예인이 자기의 결점을 과장해서 똑같이 흉내 내면 자기와 비슷하다며 다른 사람과 함께 웃고 즐겼습니다.

그는 오히려 비평을 사랑했고, 시청자들은 그의 이런 점에 매력을 느낀 것입니다. 청중은 겸손한 태도를 좋아하기 때문에 허풍떨거나 자기 중심주의자에게는 화를 냅니다.

헨리 다나 리 토머스 부부는 《종교 지도자의 살아 있는 전기》라는 공동의 저서에서 공자에 대해서 이렇게 말하고 있습니다.

❝ 공자는 결코 해박한 지식으로써 사람들을 가르치거나 감화시키려고 하지 않았다. 그는 다만 모든 것을 포옹하는 박애로써 사람들을 교화하려고 했을 따름이다.'

우리가 공자처럼 모두를 포옹하는 박애를 자기 것으로 한다면, 청중의 마음의 문을 여는 열쇠를 잡게 되는 것입니다.

DALE CARNEGIE

제 3 부
준비된 짧은 연설과
갑작스런 연설

1. 청중을 행동케 하는 짧은 말을 하라

2. 지식·정보를 제공하는 대화를 하라

3. 마음을 사로잡는 이야기를 하라

1. 청중을 행동케 하는 짧은 말을 하라

경험담을 실례로 사용하는 것은 이야기를 기억하기 쉽게 하고 재미있게 이해하게 만든다. 당신의 인생 경험담은 청중에게 신선함을 선물할 것이다.

제1차 세계대전 중에 캠프 아프튼에서 유명한 영국 주교 한 분이 병사들에게 연설을 했습니다. 당시에 병사들은 전선으로 향하는 도중이었지만, 전장으로 나가는 이유를 분명하게 알고 있는 병사는 몇 명 되지 않았습니다. 그들이 전장에 나가는 이유를 모른다는 것은 주교도 병사들로부터 직접 들었습니다.

그럼에도 불구하고 그 주교가 연설하는 내용은 '세르비아가 햇볕을 받는 장소로 나오는 권리'라든가 '국제친선'에 대한 이야기뿐이었습니다.

병사들 대부분이 세르비아가 무언지조차 모르는데 말입니다.

심하게 이야기하면 태양계의 기원에 관한 지극히 전문적인 학설을 설명하는 것이 더 낫다고 할 수 있습니다. 그렇지만 주교가 이야기하고 있는 동안 강당을 박차고 나간 병사는 없었습니다. 헌병들이 출구를 지키고 있었기 때문입니다.

그 주교를 비방할 생각은 조금도 없습니다. 그는 대단한 학자였고, 성직자들의 모임이었다면 절대적인 영향력을 발휘할 연설이었을지도 모릅니다. 그러나 병사들을 상대로 하는 연설로는 실패입니다.

주교는 자신이 그 자리에서 연설하는 목적이 무엇인지 정확히 모르고 있거나, 아니면 목적은 인식했더라도 목적을 달성하기 위해 어떻게 해야 하는지 몰랐던 것이 실패의 원인입니다.

그렇다면 연선의 목적이란 어떤 것일까요?

스피치하는 사람이 의식하고 있거나 없거나 상관없이 모든 스피치는 다음 네 가지 목적 중의 어느 하나를 반드시 가지고 있습니다.

1 ▶ 행동을 일으키게끔 설득한다
2 ▶ 정보나 지식을 제공한다
3 ▶ 즐겁게 해 준다
4 ▶ 감명을 주고, 마음가짐을 올바르게 갖게 한다

스피치의 목적에 대해서 에이브러햄 링컨이 했던 여러 가지 연설을 되짚어 보면서 설명하겠습니다.

링컨이 젊은 시절에 암초나 여러 장애물로 인해 좌초한 배를 끌어올리는 장치를 발명해서 특허를 얻은 사실을 아는 사람은 별로 없습니다.

링컨은 자기의 사무실 옆에 기계장치를 차려놓고 직접 그 장치의 모형을 만들었습니다. 친구가 그 모형을 보려고 사무실로 찾아 왔을 때, 그는 조금도 귀찮아하지 않고 정중하게 설명해 주었습니다. 이때 링컨이 설명하는 스피치의 제일 목적은 '지식이나 정보를 제공하는 것'이었습니다.

대통령 취임 연설 두 번, 게티즈버그에서 했던 역사에 길이 남을 연설 그리고 헨리 클레이의 서거에 대한 추도사 등은 모두 연설의 주요 목적이 '감명을 주고 마음가짐을 올바르게 갖게 하는 것'이었습니다.

그가 변호사로서 배심원들을 상대로 이야기할 때의 주요 목적은 유리한 판결을 얻기 위한 것이었습니다. 정치적인 연설의 경우는 표를 획득하는 것이 목적이었습니다. 이 두 가지의 경우는 말하자면 청중에게 '행동을 일으키게끔 설득하는 것'을 목적으로 했던 것입니다.

대통령에 선출되기 2년 전에 링컨은 발명에 관한 강연을 하면서 여기저기 다녔습니다. 이때 한 강연들의 주요 목적은 사람들을 '즐겁게 하는 것'이었습니다. 그러나 그 목적은 그리 잘 달성된 것처럼 보이지는 않습니다. 실제로 이런 통속적인 이야기를 하는 강사로서의 링컨은 완전히 실패하였습니다. 어떤 곳에서는 듣는 사람이 한 사람도 없었습니다.

그렇지만 다른 연설에서는 많은 주목을 받으면서 엄청난 성공을 거두었습니다. 그 중 몇 번은 감동적인 연설의 고전으로 남아 있습니다. 그럴 수 있었던 이유는 그런 연설에서는 링컨이 자기가 무슨 목적으로 연설하고 있는지 그리고 그 목적을 달성하는 방법이 무엇인지를 잘 알고 있었기 때문입니다.

그러나 우리 주변에서 모임의 목적에 부응하지 못하는 스피치를 함으로써 연설에 실패하는 사람들을 쉽게 볼 수 있습니다.

예를 들어보도록 하겠습니다.

뉴욕 경기장에서 연설하던 어느 상원의원은 시종일관 교훈적인 스피치로 일관했기 때문에 야유와 비방을 받고 도중에 연단을 내려오고 말았습니다. 그는 무의식중에 그렇게 했겠지만 현명하지 않은 연설이었음은 분명합니다. 그때의 청중들은 즐기고 싶었지 교육을 받고 싶지 않았다는 점을 간과한 것입니다.

청중들은 처음 몇 분 동안은 지루해도 참고 견디며 듣고 있었습니다. 그러나 연설은 쉽게는 끝날 것 같지 않았습니다. 오히려 잘난 체하면서 연설을 계속할 따름이었습니다. 결국 청중 한 사람이 참을 수가 없었는지 야유하기 시작했고, 따라서 다른 사람들도 덩달아 야유를 보내기 시작했습니다. 심지어는 여기저기서 휘파람 소리까지 들렸습니다.

이때 연설하던 상원의원은 청중의 기분을 돌리겠다는 전략으로 더 강한 톤으로 연설을 계속했습니다. 그러나 그의 전략은 어리석은 것이었습니다. 오히려 청중의 불쾌감을 더 강화시킬 뿐이었습니다. 연설장의 웅성거림이 점점 높아지더니 결국은 전쟁터처럼 소란스러워졌습니다.

여기저기서 고함소리와 욕하는 소리가 터져 나왔습니다. 고함과 욕설에 상원의원의 목소리는 들리지도 않을 정도였습니다. 불과 4~5미터 앞에 있는 사람조차도 그의 연설을 알아들을 수 없었습니다. 결국에는 굴복하고 도중에 연단을 내려올 수밖에 없었습니다.

이 사례를 통해서 알 수 있는 사실이 있습니다.

연설 목표를 청중의 성질에 맞춰야 한다는 점입니다. 만일 이 의원이 의도했던 '교육시킨다'는 목표가 모인 청중이 바라는 목적과 부합하는지 먼저 검토했다면, 그렇게까지 쓰라린 패배로 끝나지 않을 수도 있었습니다. 모인 청중의 성격을 분석한 뒤에 앞의 4가지의 목적 중의 하나를 선택해야 합니다.

본 장에서는 연설을 구성하는 중요한 목적 중의 하나인 '행동을 일으키게 하는 짧은 이야기를 하라'는 내용을 집중적으로 설명합니다. 이어지는 다음 3개의 장은 다른 세 가지 목적을 다루게 됩니다. 즉 지식이나 정보를 제공하는 것, 감명을 주고 잘 납득시킬 것, 즐겁게 하는 것의 세 가지 목적입니다.

각각의 목적을 위해서 필요한 방법이 다르고 또한 반드시 극복해야 할 장애들도 있습니다.

먼저 청중의 행동을 일으키게 하는 연설을 구성하는 방법에 대해 살펴보겠습니다.

청중에게 이렇게 했으면 좋겠다고 부탁하는 말을 청중에게 잘 전달하고, 실제로 청중이 행동하도록 하는 효과적인 방법이 있을까요? 아니면 그저 그때그때 상황에 따라 부딪혀보는 수밖에 없을까요?

이 문제에 대해서는 1930년경에 전국에서 활동하고 있는 내 강좌의 강사들과 논의해 본 적이 있습니다.

당시에는 한 강좌에 참여하는 사람이 너무 많아서 수강생이 스피치할 수 있는 시간이 2분으로 제한되어 있었습니다. 한 명이 2분간만 스피치해도 연설자의 목적이 명확하게 '사람을 즐겁게 하는 것'인 경우에는 큰 지장이 없었습니다.

그런데 '사람을 행동시키는 말'의 경우에는 조금 달랐습니다.

도입부·본론·결론의 순서에 따르는 낡은 스타일, 즉 아리스토텔레스 이후 연설자가 무작정 따라해 온 연설 구성법으로는 별다른 효과가 없었습니다. 청중으로 하여금 행동하게 하는 연설인 경우에는 종래와는 다른 스타일이 필요했던 것입니다. 즉 2분 동안에도 청중을 행동시키게끔 구성된 분명한 방법 말입니다.

당시에 강사 모임은 주로 로스앤젤레스나 뉴욕에서 열었습니다. 이 모임에는 강사들이 모두 출석하도록 요청합니다. 강사들 중에는 일류대학에서 변론 관계 업무를 맡고 있는 사람도 적지 않았고, 회사의 중요한 요직에 있는 사람도 있었습니다.

강사들의 이런 경력과 지능을 결집해서 연설의 새로운 구성법을 찾고자 했습니다. 청중이 능동적으로 행동하도록 할 수 있는 합리적인 연설 방법입니다. 심리적으로도 새롭고 아울러 과거의 정형화된 연설 방법에서 탈피하여 새로운 시대 요구를 반영하는 방법을 찾고 싶었던 것입니다.

우리들의 기대는 헛되지 않았습니다. 강사들은 토론을 통해 연설 구성법에 대한 '마법의 공식'을 도출했습니다. 그리고 화술 강좌에서 그 방법을 사용하기 시작해서 지금까지 계속 사용하고 있습니다.

'마법의 공식'이란 무엇일까요? 어찌 보면 아주 간단한 법칙입니다.

첫째, 서두에 구체적인 실례, 즉 청중에게 전달하고 싶은 가장 핵심적 생각을 눈으로 보는 듯이 예시하는 것을 배치합니다.

둘째, 정확한 문장을 사용해서 요점을 말함으로써 마음먹은 것을 청중에게 정확하게 전달합니다.

셋째, 이유를 말합니다. 즉, 화자가 말하는 대로 하면 어떤 이익이나 혜택이 있는지를 강조하는 것입니다. 이 법칙이야말로 현대의 스피치에 꼭 필요하고 어울리는 법칙입니다.

연설자는 서두를 쓸데없이 길게 늘어놓을 필요가 없습니다. 청중은 바쁜 사람입니다. 하려는 이야기를 단도직입적으로 한다고 생각하십시오.

실제로 사람들은 사실을 직면하는 듯이 응축되고 간결한 문장과 어투에 익숙합니다. 간판, 텔레비전, 잡지, 신문 등의 명쾌한 표현을 사용한 문구에 끊임없이 접하고 있기 때문입니다. 따라서 간결하고 단도직입적으로 말을 건네도 듣는 사람은 별다른 거부감이 없습니다.

짧은 표현이란 한 마디 한 마디가 계산된 언어이기 때문에 쓸모없는 말은 하나도 없습니다.

'마법의 공식'을 사용하면 반드시 청중의 주의를 끌어들이고, 당신이 말하는 연설의 요점에 집중하도록 만듭니다.

'시간이 없어 준비를 잘하지 못했습니다.'

'의장으로부터 이 문제에 관해 연설하라고 지명을 받았을 때, 왜 나 같은 인간을 뽑았는가 하고 당황했습니다.'

이런 김빠진 말로 연설을 시작하는 것은 절대 금물입니다. 청중은 사죄나 변명에 흥미를 느끼지 않습니다. 그들은 행동을 바라고 있는 것입니다.

'마법의 공식'을 사용하면 입을 열자마자 바로 청중의 마음에 뛰어들 수 있습니다. 이 방법은 짧은 연설에서 가장 이상적인 방법입니다.

왜냐하면 '마법의 공식'은 어느 정도의 긴박감에 기초하고 있습니다. 듣는 사람들은 긴장감 없이 늘어진 연설을 따라오기는 하지만 2분 내지 3분의 시간이 끝날 때까지 연설의 요점이 무엇인지, 무엇을 요구하는지 모릅니다. 청중에게 무엇인가 요구하는 경우에는 긴박감을 느끼게 하는 것이 성공의 필수 조건입니다.

예를 들어서 이런 말로 연설을 시작했다고 하겠습니다. 연설이 정말로 가치 있는 목적을 위한 것이라 해도 사람들의 지갑을 열도록 할 수 있을까요?

66 여러분, 내가 여기에 온 것은 여러분으로부터 한 사람 당 5달러씩 기부를 받기 위해서입니다."

아마도 듣자마자 청중들이 앞을 다투어 출구로 달려갈지도 모릅니다.

그러나 연설자가 병원을 방문하고 거기서 본 것을 말한다면 어떨까요? 가령 멀리 있는 도시의 큰 병원으로 보내 수술을 받게 하고 싶지만 경제적인 사정이 허락되지 않는다는 내용입니다. 감동시키는 것 같은 실례를 이야기를 한 후에 기부를 요청한다면 청중의 지지를 받는 확률은 높아질 것입니다.

청중을 연설자가 바라는 대로 행동시키는 길을 여는 열쇠는 바로 실화(實話), 즉 '실례(實例)'입니다.

리랜드 스토의 연설을 예로 들어 보겠습니다. 그가 '아이들을 위한 UN의 호소'를 청중으로부터 지지받기 위한 토대를 만들기 위해서 실례를 어떻게 사용하는지 주의 깊게 살펴보십시오.

" 나는 그런 일을 두 번 다시 겪지 않도록 해달라고 빌고 있습니다. 죽음의 문턱에 있는 아이들에게 땅콩 통조림 한 입을 먹여 주는 일을 다시 하지 않도록 비는 것이 얼마나 가슴 아픈지 아십니까? 나는 여러분 중 누구라도 한평생 기억에서 지울 수 없는 지경에 빠지지 않도록 기원합니다.

1월 어느 날, 폭격을 받은 아테네의 노동자 주택 구역에서 있었던 일입니다. 만일 여러분이 그곳의 소리를 듣고 보았다면 …….

그런데 나에게는 200그램 남짓의 땅콩 통조림밖에 남아 있지 않았습니다. 빨리 그것을 열려고 서두르고 있는데, 누더기를 걸친 수십 명의 아이들이 다투듯이 달려들어서 내 손이 닿을 만한 곳까지 와서는 조그만 손을 내밀었습니다.

뼈와 가죽뿐인 작은 손이 떨면서 뻗쳐 옵니다. 나는 땅콩의 한 알 한 알을 될 수 있는 대로 많은 아이들에게 주려고 했습니다. 아이들은 미친 듯이 날뛰어서 이미 나의 발을 잡아당기고 있었습니다. 내 주변에는 몇 백 개의 손뿐입니다.

붙잡고 대드는 손, 간청하는 손, 절망적인 손, 그 손들은 어느 것이나 불쌍할 만큼 너무 작은 손이었습니다. 이쪽 손에 버터 땅콩 한 알 ……, 저쪽 손에 한 알 ……, 그때 땅콩 여섯 알이 내 손에서 흘러 땅에 떨어졌습니다.

그러자 순식간에 내 발목으로 조그맣게 야윈 몸들이 겹쳐 왔습니다. 손을 뻗쳐 간청하는 몇 백 개의 손들 ……, 생명의 마지막 희망

마저 사라질 것 같은 몇 백 개의 눈동자, 나는 빈 깡통을 들고 무슨 일을 해야 할지 몰라 멍청히 서 있었습니다. 나는 여러분에게는 절대로 이런 일들이 일어나지 말기를 빌겠습니다."

이 '마법의 공식'은 상업 문서를 쓰거나 아랫사람이나 고용인에게 지시하는 경우에도 사용할 수 있습니다.

아이라면 어머니에게 무엇인가 요구할 때, 어머니라면 아이에게 무엇인가 시키려고 할 때도 사용할 수 있습니다.

모든 일상생활에서 다른 사람에게 당신의 마음먹은 바를 전달하는데 아주 유익하게 활용됩니다. 실제로 사용해보면 심리학을 응용한 효과적인 도구라는 것도 알 수 있을 것입니다.

광고 분야에서는 이 '마법의 공식'이 일상적으로 사용됩니다.

에버레디 사는 최근에 이 방식을 응용한 배터리 광고를 텔레비전이나 라디오에서 진행하고 있습니다.

이 광고는 '실례'의 단계에서 아나운서가 밤늦게 전복된 차에 갇혔던 동료의 체험담을 이야기합니다. 마치 현장에서 사고를 보는 것처럼 생생하게 이야기합니다. 이어서 피해자를 인터뷰하면서 에버레디의 배터리는 멀쩡했기 때문에 라이트를 비출 수 있었고, 위험한 곳에서 살아날 수 있었다고 말하면서 끝이 납니다.

마지막으로 아나운서는 '요점'과 '이유'를 말합니다.

"에버레디 배터리를 사용하세요. 그러면 이런 재난에서도 무사할 수 있습니다."

그런데 이 상황은 에버레디 사에 수집하고 있는 많은 실화들 중에서 가려낸 이야기입니다.

이런 광고로 회사의 이익이 얼마나 늘어났는지는 내 관심 밖이지만, '마법사의 공식'이 듣는 사람에게 무언가를 해보고 싶게 만드는 것 또는 그만 두게 만드는 데 효과적인 방법임을 분명하게 알 수가 있습니다.

자, 그러면 지금부터 그 계단을 하나하나 올라가 보기로 하겠습니다.

지표 1 ▶ 직접 경험했던 일을 실례로 삼아라

이것은 당신이 말하려는 전부라고 해도 지나치지 않습니다. 직접 경험해서 교훈을 얻었던 사례를 이야기해야 합니다.

심리학자들은 사람이 배우는데 두 가지 법칙이 적용된다고 말합니다. 하나는 '반복의 법칙'입니다. 비슷한 사건의 연속은 사람의 행동양식을 변화시킵니다. 다른 하나는 '효과적인 법칙'입니다. 단일 사건이지만 인상이 너무 큰 경우에는 그것만으로도 행동에 변화를 일으키게 됩니다.

사람은 누구라도 자신만의 독특한 경험을 하게 됩니다. 이렇게 독특한 경험들은 기억의 외부에 저장되기 때문에 큰 노력 없이도 쉽게 생각이 떠오릅니다. 그리고 이런 경험의 의해서 사람의 행동은 크게 좌우됩니다.

내가 겪었던 독특한 사건들을 다른 사람들에게 선명하게 볼 수 있도록 함으로써 그들의 행동에 영향을 주는 기초로 삼을 수가 있는 것입니다.

이렇게 말할 수 있는 것은 인간이란 실제적으로 일어났던 일에 대해서 더 쉽게 감정이 동화되기 때문입니다.

그렇기 때문에 '실례', 즉 실제 경험을 이야기할 때는 그 경험이 처음 당신에게 끼쳤던 영향이 청중에게도 똑같이 전달되어 영향을 줄 수 있도록 생생하게 재생시켜야 합니다.

당신의 생생한 이야기에 청중들은 당신의 경험에 흥미를 느끼고 감동받을 수 있도록 하려면 선택하는 '실례'도 인상이 선명하고 강렬해서 마치 드라마 같은 경험을 선택하십시오.

'실례'를 들어서 스피치할 때, 이야기가 보다 선명하고 강렬하게 표현됨으로써 의미를 지닐 수 있도록 만드는 기법을 몇 가지 소개하겠습니다.

1 ▶ 실제로 겪었던 극적인 경험을 하나로 제한할 것

'실례'를 들어서 생생하게 묘사하는 경우에 사용되는 경험은 가능하면 삶에서 극적으로 만나게 되는 경험이 좋습니다. 그 경험이 인생에서 유일무이한 것이거나 특별한 상황에서 부딪쳤던 것이면 더욱 효과적입니다.

그런 경험이라면 비록 몇 초 사이에 일어난 일일지라도 틀림없이 당신에게 잊을 수 없는 강렬한 교훈을 주었을 것입니다.

얼마 전에 강좌의 한 수강생이 뒤집힌 보트에서 탈출해서 강기슭을 향해 헤엄쳤던 무서운 경험에 대해서 이야기했습니다. 그의 이야기를 들은 사람들은 모두 적어도 한 가지 사실만은 분명히 배웠다고 생각합니다. 만일 그 수강생처럼 배가 뒤집히는 재난이 닥친다면 그의 충고에 따라 구조대가 올 때까지 뒤집힌 보트에서 떠나지 않아야 한다는 사실입니다.

내 기억 속에는 아이가 전동 제초기와 같이 넘어져서 위험천만한 상황을 이야기하던 '실례'가 선명하게 남아 있습니다.

그 '실례'는 항상 생생하게 기억되어서 혹시라도 아이들이 전동 제초기 근처에서 놀고 있으면 한시도 눈을 떼지 않고 주의 깊게 지켜봅니다.

화술 강사 중에서도 자기 강좌에서 들었던 '실례' 이야기에 강한 인상을 받아서 그와 똑같은 사고를 피하기 위해서 빠르고 적당한 조치를 취했던 사람들이 적지 않습니다.

예를 들어서 요리하다가 화재를 당했던 비극적인 사건을 생생하게 재현했던 말을 들은 강사는 곧바로 부엌에 소화기를 비치했습니다.

또 어떤 강사는 맹독성 농약이 든 병에는 위험표지를 붙이고 아이들의 손에 닿지 않는 곳에 두려고 주의를 기울이고 있습니다. 그는 농약병을 들고 목욕탕에 쓰러져 있던 아이를 발견하고 놀라서 미칠 것 같았다는 한 엄마의 경험담에 자극받았기 때문입니다.

잊을 수 없는 교훈을 주었던 경험은 듣는 사람이 즉시 행동하도록 함으로써 스피치가 설득력 있게 만드는 첫 번째 조건입니다.

듣는 사람들은 화자에게 일어났던 사건이라면 언제라도 자신들에게도 일어날 가능성이 있고, 만약 정말로 그런 일이 일어난다면 화자가 말하는 충고에 따르는 것이 현명하다고 생각합니다.

2 ▶ 구체적인 묘사로 이야기할 것

앞서 설명했듯이 '실례'를 이용해서 이야기를 시작하는 까닭은 청중의 주의력을 즉시 붙잡기 위해서입니다.

연설자들이 첫마디로 청중의 주의를 끌지 못하는 경우는 대부분 서두에서 아무런 흥미도 없는 문구를 반복하거나 또는 자신에 대한 변명을 늘어놓기 때문입니다.

> ❝ 나는 다른 사람들 앞에서 스피치하는 훈련이 되어 있지 않아서 …….'

이런 말로 시작한다면 청중의 기분을 상하게 하진 않더라도 너무 평범하기 때문에 청중의 주의력을 끄는 힘이 거의 없습니다.

아니면 주제를 선택하기까지의 이런저런 과정을 쓸데없이 늘어놓거나, 스피치 준비를 못했다는 것을 청중에게 고백하거나, 화제나 논점을 마치 설교하는 것처럼 보이게 하는 것 등은 모두 짧은 연설을 할 때는 반드시 피해야만 하는 방식입니다.

이와 관련해서 잡지나 신문에 글을 쓰는 사람들의 방식을 참고하십시오. 그들처럼 첫머리에 즉시 '실례'를 들어 이야기를 시작하십시오. 그렇게 하면 청중의 주의를 끌 수 있습니다.

연설의 첫머리로서 아주 적절하다고 느꼈던 문장을 몇 개 소개하겠습니다. 이런 문구로 시작한 스피치에 나의 관심이 확 끌렸던 사례입니다.

"1942년의 일입니다. 문득 눈을 떴는데 내가 병원 침대에 누워 있는 것입니다."

"어제 아침 식탁에 앉았을 때, 내 아내는 커피를 끓이고 있었는데 ……."

"작년 칠월, 나는 42번 고속도로를 빠른 속도로 운전하고 있었습니다."

"사무실 문이 확 열리더니 테리 번즈 사장님이 헐레벌떡 뛰어 들어왔습니다."

"호수의 한 가운데서 낚시를 하다가 문득 고개를 들었는데, 보트 한 대가 나를 향해 사정없이 달려오는 것이 눈에 확 들어왔습니다."

육하원칙, 즉 '누가, 언제, 어디서, 무엇을, 어떻게, 왜'의 질문 중에 하나에 대답하는 문제로 연설을 시작하십시오. 육하원칙에 대한 대답과 관련된 주제는 청중의 주의력을 끌기 위해서 사용하는 아주 오래된 이야기 수단 중에 하나입니다.

'옛날, 아주 먼 옛날에 …….'

이런 첫마디는 그냥 어린아이에게 상상의 문을 열어주는 주문일 뿐입니다.

앞에 예를 든 것처럼 육하원칙 중의 한 가지에 답할 수 있는 첫마디로 청중의 마음을 즉시 붙잡도록 하십시오.

> 3 적절한 실례에는 세부적 묘사를 삽입할 것

세부적 묘사, 그 자체는 재미있는 이야기가 아닙니다. 더구나 묘사가 지나치게 많이 붙은 것도 좋지 않습니다. 가구나 그릇이 지저분하게 널려진 방은 마음에 들지 않고, 불필요할 정도로 세세하게 묘사되어 지저분하게 보이는 그림도 보기에 좋지 않습니다.

연설에서도 마찬가지입니다. 중요하지도 않은 세부묘사를 너무 많이 붙이는 스피치는 마치 인내심 테스트를 받는 것처럼 지루하기 그지없습니다.

중요한 것은 이야기 주제의 핵심이나 이유를 강조하는 데 도움이 되는 세부 묘사를 선택하는 것입니다.

장거리 여행을 가기 전에는 반드시 차를 점검해야 된다는 생각을 청중에게 말하는 경우를 예로 들겠습니다. 이런 생각을 전달하기 위한 '실례'는 당신이 여행을 떠나기 전에 차를 점검하지 않아서 겪었던 사고와 관련된 것만을 세부적으로 묘사해야 합니다.

풍경이 어땠는지, 목적지에 가서 어디 머물렀다든지 하는 것을 세세하게 이야기하면 연설의 요점은 흐려집니다. 청중의 주의력도 분산시켜서 아무 쓸모도 없는 연설이 되고 맙니다.

사건과 직접 관련이 있는 것들만 생생한 말로 세부적으로 표현한다면 청중들이 그 사건이 실제로 눈 앞에서 벌어지고 있다고 느끼고, 자신이 실제로 차를 운전하고 있는 정도의 주의를 집중시킬 것입니다.

그냥 주의하지 않았기 때문에 사고를 일으킨 적이 있다는 식으로 단순하고 무미건조하게 표현하면 청중들은 아마도 실제로 차를 운전할 때도 그리 많은 주의를 기울이지 않을 것입니다.

그러나 그때의 감정을 생생하게 느낄 수 있는 세부적 표현을 사용해서 당시의 무서웠던 경험을 말한다면 청중들은 반드시 그 사건을 자신의 마음 속에 뚜렷하게 새겨두게 됩니다.

겨울에 빙판 운전을 조심해야 한다는 주제에 대해서 세부적 묘사를 생생하게 붙여서 '실례'를 말했던 수강생의 연설을 예로 들겠습니다.

1949년 크리스마스를 며칠 앞둔 날, 인디애나주 41번 고속도로에서 북쪽으로 차를 몰고 있었습니다. 아내와 두 아이도 함께 타고 있었습니다.

도로가 얼어서 한참동안이나 얼음 위를 설설 기듯이 운전하고 있었습니다. 핸들을 조금만 움직여도 차가 옆으로 휙 미끄러졌고, 그때마다 기분이 오싹할 지경이었습니다.

추월하거나 행렬을 벗어나는 차가 한 대도 없었습니다. 시간조차도 마치 기는 것처럼 느리게 느껴졌습니다. 그때 갑자기 얼음이 녹은 도로가 나타났습니다. 허비해버린 시간을 보상받으려고 급격히 속력을 냈습니다.

다른 차들도 마찬가지였습니다. 마치 시카고에 누가 빨리 도착하는지 시합이라도 하듯이 서둘러 속력을 올렸습니다.

뒷자리에 앉아서 빙판 위를 기어갈 때의 위험에 움츠려 있던 아이들도 긴장을 풀고 노래를 부르기 시작했습니다.

삼림지대로 들어서더니 오르막길이 나타났습니다. 오르막길의 정상에 올라갈 때까지도 차는 아직 빠른 속도를 유지하고 있었습니다. 반대쪽 내리막길로 접어든 순간 앞쪽이 보였지만 시간이 너무 늦었습니다. 반대쪽은 북쪽이어서 햇빛을 받지 못해 도로가 완전 빙판이었습니다. 앞에 달리던 두 대가 미끄러져서 길가에서 뒤집히는 광경이 눈에 보이는 것도 잠시였습니다.

내 차도 미끄러지면서 완전히 균형을 잃었습니다. 순간 정신을 차릴 수가 없었습니다. 잠시 후에 정신을 차려보니 다행히 차가 뒤집히지는 않았지만 눈구덩이에 처박혀 있었습니다.

이 '실례'에는 필요한 세부적 표현을 많이 덧붙였기 때문에 청중도 마치 자신이 그곳에 있는 것처럼 느낄 수 있습니다.

'실례'를 드는 목적은 당신이 본 것을 청중에게 보이게 하고, 들은 것을 듣게 하고, 느낀 것을 느끼게 하는 것입니다. 이런 목적을 효과적으로 달성하기 위해서는 꼭 필요한 세부적 묘사를 구체적이고 다양하게 표현해야 합니다.

제4장에서도 지적한 바와 같이 연설을 준비하는 작업이란 '육하원칙'이라는 질문과 대답을 재편성하는 작업과 다르지 않습니다.

그 대답은 말로써 그림을 묘사하는 것처럼 청중의 시각적 상상력을 자극해야 효과적입니다.

4 ▶ 과거의 경험을 이야기하면서 그것을 다시 체험할 것

자기가 체험한 경험을 생생하게 세부적으로 묘사할 때, 말하는 사람은 말하고 경험을 또 다시 체험하고 있어야 합니다. 경험을 재체험함으로써 말하는 것이 행동하는 것과 동일시될 수 있습니다.

위대한 연설가는 대체로 연극적인 감각을 가지고 있습니다. 그러나 그것은 유별나게 특별한 재능이 아니고 또한 연설가에게만 있는 재능도 아닙니다. 아이들은 이 재능을 풍부하게 가지고 있습니다.

주변에서 표정이나 동작을 흉내 내거나 또는 팬터마임(pantomime) 등에 뛰어난 감각이 있는 사람들을 많이 볼 수 있습니다. 이런 재주는 사물을 극화(劇化)하는 귀중한 재능입니다. 사람은 정도의 차이는 있지만 거의 누구라도 이런 재능을 가지고 있는 것입니다. 그래서 조금만 노력하면 이 재능을 개발, 발전시킬 수 있습니다.

극적인 '실례'의 경험담에 액션과 흥분이 많이 가미될수록 청중들에게 전달되는 인상은 보다 더 강해집니다. 그리고 설령 세부적 묘사가 풍부하게 삽입되어 있더라도 연설자가 열의 없이 재현하고 있다면 청중에게 전달되지 않습니다.

불난 장면을 이야기하려면 소방대원이 불과 싸우고 있는 것을 보고 있는 것처럼 격렬한 흥분을 전해야 합니다. 또 이웃사람과 싸운 일을 이야기하려면 그것을 경험한 당시의 격한 기분을 극적으로 표현해야 합니다. 그리고 물에 빠져서 절망적이던 일을 이야기하려면 당시의 무서운 절망감을 청중들이 느낄 수 있게 전해야 합니다.

그렇게 하는 이유는 '실례'를 드는 목적 중에 하나가 당신의 이야기를 잊지 않도록 청중들에게 각인시키는 것이기 때문입니다. '실례'가 청중의 마음에 달라붙어 떠나지 않으면 당신의 이야기와 당신의 충고도 잊히지 않습니다.

사람들은 대부분 조지 워싱턴의 정직함을 기억하고 있습니다. 그것은 그의 전기 중에 있는 〈벚나무 사건〉이 잘 이해될 수 있게 그리고 인상적으로 묘사되어 있기 때문입니다.

신약성서에도 윤리적으로 모범이 되는 여러 가지 행위들이 인간의 마음에 호소하는 '실례'로서 풍부하게 삽입되어 있습니다.

'착한 사마리아인' 이야기가 좋은 예입니다.

경험담을 '실례'로 사용하고, 그 경험을 다시 체험하듯이 현실감 있게 이야기하십시오. 그렇게 하면 청중들이 당신의 이야기를 쉽게 기억할 뿐만 아니라 더 재미있고 느끼고 이해도 쉽게 합니다.

그러면 당신이 그 경험에서 배운 교육이 청중에게도 생생한 교훈으로 전달됩니다.

어떤 의미에서는 '실례'의 사용에 이미 당신이 전달하려는 내용에 청중의 반응이 예정되어 있다고 해도 지나치지 않습니다.

여기까지 이해하고 받아들였다면 당신은 이미 '마법의 공식'의 제2단계로 들어가는 입구에 서있습니다.

지표 2 ▶ 청중이 좋아할 요점을 말하라

'실례'의 단계에서 청중을 행동시키는 연설에 시간의 4분의 3 이상을 소화해 버렸습니다.

주어진 시간을 2분이라고 생각해 보겠습니다.

그렇다면 남은 시간은 약 20여초 남짓입니다. 이 시간에는 청중들에게 바라는 것과 그렇게 함으로써 어떤 이익이 있는지를 그들의 마음에 주입시키십시오.

그 외에 구구절절한 설명은 이미 필요 없습니다. 주장할 것을 솔직하게 말하면 됩니다.

이 방식은 신문 기사에서 사용되는 방법과는 정반대입니다. 제목을 처음부터 말하지 않고, 우선 스토리를 전개하고 나서 '요점', 즉 제목에 해당되는 행동에 대한 호소를 말하는 것입니다.

이 단계에서 적용되는 법칙이 세 가지 법칙입니다.

'이렇게 하라고' 청중에게 정말로 전달하려는 내용은 단호하고 정확하게 말해야 합니다. 청중들은 명확하게 이해하지 않으면 호응하지 않습니다.

당신이 '실례'를 통해서 청중들에게 요구하는 행동이 정확히 무엇인지를 스스로에게 물어보고 답을 정리하는 것도 좋은 방법입니다.

전보 쓸 때처럼 단어 수를 최대한 줄인 간단한 문장이지만 뜻은 명확하게 표현되는 문장을 써보는 것도 하나의 방법입니다.

'우리 지방의 고아원에서 괴로워하고 있는 환자들에게 구원의 손길을!'

이렇게 말하면 안 됩니다. 이런 표현은 개념적이어서 너무 모호합니다.

'이번 일요일에 고아원의 25명 아이들과 야외에 갈 수 있도록 지금 바로 참가서에 서명해 주십시오.'

이런 식으로 원하는 행동이 명확하게 드러나도록 말해야 합니다.

애매모호한 행동이 아니고 눈에 보이는 것처럼 명확한 행동을 해달라고 요구하는 것이 매우 중요합니다.

'때때로 조부모님에게 관심을 가져주세요.'

'나라를 사랑합시다.'

이런 말은 너무 개념적이어서 행동할 기분이 내키지 않습니다. 그보다는 이렇게 말하는 것이 더 좋습니다.

'이번 주말에 할아버지 할머니를 찾아뵙는다고 약속하세요.'

'다음 화요일에 꼭 투표해 주세요.'

2 ▶ 청중이 행동하기 쉽도록 해줄 것

연설자는 어떤 종류의 문제에 대한 요구라도 청중이 이해하기 쉽고 행동하기도 쉽도록 표현하는 것이 요령입니다. 그것이 '논쟁이 되는 것이든 아니든' 상관없이 반드시 필요한 기법입니다.

그러기 위해서는 이야기를 구체적으로 표현하는 것이 하나의 방법입니다.

사람 이름을 외우는 것이 중요한 능력이라는 말하는 경우를 예로 들어보겠습니다.

'자, 지금부터 사람 이름을 외우는 기억력을 증진시킵니다.'

이런 식으로 말하면 안 됩니다. 너무 개념적이고 어떻게 실행하는지도 알 수 없습니다. 그 대신 이렇게 말하면 더 좋습니다.

"지금부터 사람을 만나면 5분 안에 그의 이름을 다섯 번 되풀이해서 말해보십시오."

일반적 상식을 말하는 연설자보다는 요점을 구체적으로 제시하는 연설자가 청중의 마음을 움직일 가능성이 큽니다.

병원에 입원해 있는 아이들에게 편지를 쓰라고 재촉하는 것보다는 이렇게 말하는 것이 더 효과적입니다.

'병실에 준비되어 있는 방문카드에 서명해 주십시오'

요점을 말하는 방식은 긍정적인 표현(……하라)으로 말할지, 아니면 부정적 표현(……하지 말라)으로 말할지는 청중의 입장에서 생각해서 선택하면 됩니다.

부정적 표현 방식으로 말한다고 효과가 작다고만 말할 수는 없습니다. 어떤 것을 피해야 하는 태도에 대해서 요약하는 경우라면 긍정적 표현보다 더 설득력이 있습니다.

3 ▶ 요점은 힘차게 확고한 신념을 갖고 말할 것

'요점'은 이야기를 마무리하는 것이기 때문에 확신을 갖고 힘차게 이야기해야 합니다.

어떤 행동을 해달라고 요구할 때는 마치 신문의 중요한 기사를 고딕체로 강조하듯이 생생한 어조로 솔직하고 강하게 말해야 합니다.

이때는 청중에게 최후의 감동을 주는 시점입니다. 또한 청중에게 이런 행동을 해달라고 호소하는 시점이기 때문에 청중이 당신의 호소를 느껴 아는 것이 중요합니다. 맥 빠지고 확신 없게 말하면 안 됩니다.

설득력 있게 명확히 말하는 것은 '마법의 공식'의 제3단계에 해당하는 마지막 말에도 계속 적용됩니다.

지표 3 ▶ 청중이 기대하고 있는 이유 또는 이익을 제시하라

이 단계에서도 마찬가지로 요약과 간결이 필요합니다. '이유'의 단계나 '요점'의 단계는 화자가 말하는 것을 실행하면 어떤 이익이나 보답을 기대할 수 있는가를 분명하게 밝히는 것입니다.

1 ▶ 이유(理由)는 반드시 '실례'에 기초할 것

많은 청중을 대상으로 하는 연설에서 청중의 관심을 끄는 방법에 대해서 여러 가지 방법을 설명하였습니다. 설명된 방법은 여러 가지라도 한 가지 중요한 핵심이 있습니다. 주제가 듣는 사람과 관계가 있고 그들에게 이익이 되는 내용이어야 한다는 점입니다.

특히 청중들의 주의력을 집중시켜서 '행동을 일으키게 설득하는 짧은 연설'의 경우에는 '이유'의 단계가 중요합니다. 화자가 권하는 행동을 따라하면 도움이 되는 유익한 점들을 하나하나 강조함으로써 청중이 마음을 굳히도록 해야 합니다.

이때 가장 중요한 것은 이 단계에서 말하는 유익함이 '실례'의 단계에서 보여주었던 유익함과 일치해야 합니다.

예를 들어서 중고차를 사서 절약할 수 있었다는 경험을 '실례'로 이야기 했다면, 청중들이 하도록 권하는 단계에서도 중고차를 살 때 얻을 수 있는 경제적인 이익을 강조해야 합니다.

'이유' 단계에서 중고차 중에는 최신형 차보다 디자인이 좋은 것이 더 많다는 식으로 '실례'에서 말하던 내용과 어긋나면 안 됩니다.

2 ▶ 한 가지, 단 하나의 이유를 강조할 것

세일즈맨들은 대부분 '왜 이 물건을 사야 하는지'에 대한 이유를 대 여섯 가지 강조합니다.

청중에게 연설할 때도 주제를 강조하는 이유를 여러 가지 들 수 있습니다. 그렇지만 이유를 여러 가지 말하면 당신이 '실례'와 관련이 있는 이유가 어떤 것인지, 즉 당신이 강조하려는 진짜 이유가 무엇인지 확실하지 않게 됩니다.

따라서 특별한 이유나 이익을 하나만 들어서 강하게 강조하는 것이 제일 좋습니다.

강조하는 단계의 마지막 말은 인기 있는 잡지의 광고 문안처럼 간단 명쾌해야 합니다.

명쾌하게 연설의 '요점'과 '이유'를 말하는 방법을 연습하는 것으로는 광고의 카피라이트를 연구하는 것이 좋습니다. 광고 카피라이트는 짧지만 많은 고민과 연구를 통해서 만들어지는 문장이기 때문입니다.

이런 광고들을 보면 하나의 제품을 파는 데 여러 가지 아이디어를 접목시키는 경우는 거의 없습니다. 발행 부수가 많은 인기 잡지를 보면 '왜 사야만 하는지' 이유를 두 가지 이상 들고 있는 광고는 거의 없습니다.

한 회사의 '상품을 사야 하는 이유'로 텔레비전이나 신문 등 매체에 따라 다른 포인트를 강조하는 경우는 많이 있습니다. 매체의 특성에 따라 시각적인 점을 강조하기도 하고, 청각적인 점을 강조하기도 합니다. 그러나 한 매체의 광고에서 여러 가지 이유를 강조하는 경우는 거의 없습니다.

텔레비전이나 신문·잡지의 광고 문구를 연구·분석해보면 소비자에게 상품을 사도록 설득하기 위해서 '마법의 공식'이 얼마나 많이 사용되고 있는지 발견하고 놀라지 않을 수 없을 것입니다.

'마법의 공식'은 모든 광고에 통용되는 도구라고 해도 지나치지 않습니다.

'실례'를 강조하는 방법은 또 다른 방법도 있습니다. 예를 들어서 실제 물건을 보여주거나, 연기로 강조하거나, 권위자의 말을 인용, 다른 것과 비교하거나 통계를 이용하는 등의 방법입니다.

이런 방법들을 이용해서 청중을 설득시키는 방법에 대해서는 다음 장에서 상세하게 설명하겠습니다.

2. 지식·정보를 제공하는 대화를 하라

'백 번 듣는 것보다 한 번 보는 것이 낫다.' 명쾌하게 말하려면 요점을 눈에 생생하게 보이도록 묘사하라. 이렇게 생각을 시각화하면 전달 효과가 높아진다.

미국 상원 조사위원회의 위원들은 증인으로 출석한 정부 고위 관료 때문에 혼란함과 난감함에 빠졌습니다. 그 관료는 모든 말이 중언부언해서 다른 사람들이 무슨 말을 하는지 도무지 알 수 없었습니다. 여러분도 자신이 무슨 말을 하는지 모르게 횡설수설하는 사람들을 보신 적이 있을 것입니다.

그가 바로 무엇을 말하고 있는지 아무도 알아들을 수 없게 그저 한없이 중얼중얼 하는 사람이었습니다. 그가 회의장에 등장해서 횡설수설하자 회의는 방향을 잃고 혼란에 빠졌습니다.

그때 노스캐롤라이나 주 출신인 사무엘 제임스 어빈 주니다 위원이 발언을 신청해서 연단에 올랐습니다. 연단에 오른 어빈 위원은 회의를 혼란에 빠지게 한 사람을 향해 촌철살인의 연설을 시작했습니다.

조금 전에 저 관료분의 말씀을 들으면서 노스캐롤라이나에 사는 어떤 사람이 생각났습니다.

그는 변호사를 찾아가서 아내와 이혼을 하고 싶으니 절차를 진행시켜달라고 말했습니다. 그러면서 곧바로 아내가 미녀며 요리 솜씨도 좋고 또한 아내로서 더할 수 없이 모범적이라고 말하는 것이었습니다.

"그렇게 훌륭한 부인과 왜 이혼을 하시려고 하십니까?"

의아하게 생각한 변호사가 이렇게 물었습니다.

"이야기하기 시작하자면 끝이 없습니다."

사나이의 대답이었습니다.

"무슨 말씀을 하시는지? ……."

"글쎄, 그 참, 그게 문제입니다."

그는 계속해서 밑도 끝도 없는 말을 했습니다.

"무슨 말인지 전혀 알 수가 없다는 것도 이해한다니까요!"

이런 상황은 누구를 막론하고 대중 연설을 하면서 빠지기 쉬운 어려움입니다. 화자는 말을 하지만 청중은 그의 이야기를 도저히 이해할 수 없는 상황이 벌어지는 것입니다.

근본 원인은 화자가 자신이 하고자 하는 말을 명확하게 밝히지 못하기 때문입니다.

앞 장에서 청중의 행동을 유발시키는 짧은 연설을 하기 위한 공식을 배웠습니다. 본 장에서는 청중에게 무엇인가를 주입시키려 할 때, 자기 소신을 명확하게 말하는데 도움이 되는 방법에 대해서 설명하도록 하겠습니다.

사람들은 매일 수없이 지식이나 정보를 다른 사람에게 전하기 위해서 이야기합니다. 누구를 가르치거나, 보고를 하기도 하고, 지시하고, 설명을 하는 등이 모두 그런 목적의 말입니다.

다른 사람들 앞에서 말하는 중에서 무언가를 가르치고 알리려는 목적으로 스피치하는 경우는 얼마나 자주 있을까요? 자주 하는 빈도로 보면, 그것은 청중을 설득하여 행동하게 하려는 목적 다음으로 많은 횟수를 차지합니다.

그렇기 때문에 분명하고도 명료하게 이야기하는 능력은 사람들을 감동시켜서 행동하게 하는 능력 못지않게 중요한 능력입니다.

미국의 주요 경영자 중 한 사람인 오엔 O. 영은 오늘날 같은 산업사회에서 명확한 표현이 얼마나 필요한지에 대해서 다음과 같이 강조하고 있습니다.

> 66 타인이 나를 이해할 수 있도록 의사를 전달하는 능력을 개발하면 개발할수록, 성공하는 사회인으로 중요한 역할을 할 기회도 비례적으로 커지게 됩니다.
>
> 아무리 간단한 일이라 해도 서로 협력할 필요가 있는 현대사회에서는 각자가 서로를 이해한다는 것이 무엇보다도 중요하기 때문입니다."

말은 이해를 전달하는 주요한 수단이기 때문에 뜻이 모호하게 해서는 안 됩니다. 말을 명확하게 사용하는 방법을 배워야하는 것도 그런 이유 때문입니다.

본 장에서는 당신이 스피치하는 것을 청중이 잘 이해할 수 있도록 명확하게 말하는 기법 몇 가지를 소개하겠습니다.

루드비히 비트겐슈타인은 이렇게 말합니다.

> ❝ 우리가 머리에 떠올릴 수 있는 일이라면, 그것은 모두 명확하게 사고할 수 있다. 똑같이 우리가 말로 할 수 있는 일이라면, 그것은 모두 명확하고도 분명한 말로 나타낼 수 있다.”

지표 1 ▶ 화제를 시간에 맞도록 하라

윌리엄 제임스 교수는 교사들을 대상으로 진행하는 강의 중에 이렇게 말했습니다.

> ❝ 한 번의 강의에서 논점(論點)은 하나밖에는 밝힐 수 없는 법입니다.”

제임스 교수가 말하는 한 번의 강의란 한 시간 정도 걸리는 강의를 말합니다.

최근에 어떤 강좌에서 3분 이내에 말하려는 화제에 대해서 연설하라는 과제를 낸 적이 있습니다. 정확히 3분의 시간을 쓰도록 초시계로 시간도 측정한다고 말했습니다.

그런데 수강생 한 명이 그 짧은 시간에 청중들에게 열한 가지 중요한 사항에 대해서 강조할 것이라고 말했습니다. 그렇다면 각 논점에 할당되는 시간은 고작 16.5초에 불과합니다. 조금이라도 생각이 있는 사람이라면 그런 어리석은 짓을 하지는 않을 것이라고 생각되지 않나요?

이것은 조금 극단적인 예일지도 모릅니다. 그렇지만 이 정도까지는 아니라도 비슷한 잘못을 저지르는 경우는 많습니다. 특히 화술을 처음 배우는 초보자들에게 많이 발견되는 잘못입니다.

물론 이렇게 하면 절대로 안 되는 것은 아닙니다. 그러나 파리 시내를 하루 만에 샅샅이 안내한다고 적혀있는 과장된 전단지와 다를 바가 없습니다.

미국 자연사박물관을 반시간 만에 돌아볼 수도 있습니다. 그러나 그렇게 돌아보았다고 머릿속에 무엇이 남아 있을 수 있을까요? 아니면 박물관의 뚜렷한 인상을 즐길 수는 있었을까요?

스피치에 실패하는 큰 이유 중의 하나는 연설자가 주어진 시간에 너무 많은 주제를 다루는 것입니다. 마치 주어진 시간에 많은 주제를 다루는 신기록 경쟁이라도 하듯이 말입니다.

그러면 한 가지를 말하다가 곧바로 다른 이야기로 비약할 수밖에 없습니다. 마치 영양이 바위를 뛰어넘어 달리듯이 주제를 이리저리 뛰어넘어야 합니다.

노동조합에 대해서 스피치하는 예를 들겠습니다. 시간은 3분이나 6분쯤 주어졌다고 하겠습니다. 이 경우에 노동조합의 기원이나 약력 또는 노동조합이 이룩했던 과거의 공적들을 설명하고 덧붙여서 노동쟁의를 어떻게 해결할 것인지도 말하려 하면 안 됩니다.

이런 연설을 하면 당신이 무슨 말을 하는지 정확하게 이해하는 사람이 한 사람도 없을지 모릅니다. 왜냐하면 부질없이 혼잡스럽고 애매하며 대강 스치고 넘어가는 윤곽만 이야기하고 그칠 수밖에 없기 때문입니다.

노동조합에서 한 가지 점만 끄집어내서 그것에 집중해서 설명하고 말하는 편이 더 현명하지 않겠습니까? 실제로 그렇습니다. 이렇게 연설하면 듣는 사람에게 스피치가 정돈되었다는 인상을 줄 수 있을 뿐만 아니라 내용도 명쾌하게 이해하고 기억할 수 있습니다.

언젠가 잘 아는 기업의 사장을 만나러 회사에 방문한 적이 있었습니다. 그런데 사장실 문에 모르는 사람의 이름이 붙어 있었습니다. 궁금해 하고 있는데 인사부장으로 근무하고 내 친구가 이유를 설명해주었습니다.

"그 분은 자기 이름대로 되어 버렸다네."

"이름이라니? 존스는 회사 창업자의 집안사람 아닌가?"

내가 반문하자 친구가 이렇게 대답했습니다.

"내가 말하는 이름은 그 분의 별명이야. 그분 별명이 '어디 계시나'야. 회사에서는 모두 그를 '어디에 계시나, 존스'라고 부르고 있었지. 더 이상 참을 수 없게 되자, 사촌 동생이 그 자리를 차지하게 되었다네.

그 분은 회사에 나오기는 했었는데 일에는 신경을 쓰지 않았지. 하루 종일 여기저기 왔다 갔다 하는 게 일이었어. 1년 내내 회사를 돌아다닐 뿐이었지. 누가 보면 만보걷기 하는 사람이라고 생각했을지도 몰라.

전 사원을 모아서 판매 방법에 대해서 교육하는 일에는 관심도 없고 직원들이 전등을 잘 끄는지 아니면 비서가 떨어뜨린 핀을 주웠는지 하는 것처럼 하찮은 일에만 참견하고 다녔지. 좁쌀영감도 그런 좁쌀이 없을 거야.

그러나 사장실에 붙어 있는 시간이 있겠어? 직원들이 '어디 계시나'라는 별명으로 부른 거지.

회사에서 쫓겨났으니 정말로 지금은 '어디 계시나', 나 참 ……."

'어디 계시나, 존스'와 같은 경우가 대중 연설에도 있습니다. 연사로서의 자기 지위에 맞게 스피치하지 못하는 사람들이 주변에 많다는 뜻입니다. 그들은 자신이 말하려고 생각하는 것을 자기 뜻대로 펼쳐 말하지 못하는 사람들입니다. 이유는 '어디 계시나, 존스'처럼 중요하지도 않은 이런 저런 문제까지 모두 말하려고 하기 때문입니다.

심지어는 자신의 영역이 아님에도 불구하고 그것까지 말하고 있습니다. 여러분은 이런 사람이 이야기하는 것을 들은 적이 없습니까? 한참 이야기를 듣다보면 중간에 '이 사람은 근무하는 부서가 어디야?' 하고 의아스럽게 생각한 적은 없나요?

경험을 바탕으로 하는 이야기하는 경우에도 이런 실패에 빠질 수가 있습니다.

아마도 모든 점에서 유능한 것을 보이려는 욕심 때문에 집중력 없이 여러 가지를 언급함으로써 일어날 수 있는 위험일 것입니다.

강연자는 반드시 모든 면에서 유능한 사람일 필요가 없습니다. 따라서 모든 것을 언급하지 말고 가장 중요한 테마를 붙들고 이야기하십시오. 중요한 테마를 통해 자신을 의사를 명확하게 하면 청중들은 틀림없이 이런 반응을 보일 것입니다.

"저 사람을 이해할 수 있겠어. 지금 무슨 뜻으로 말하고 있는지도 알 수 있네!"

지표 2 ▶ 생각을 순서 있게 정리하라

대부분의 주제는 공간이나 시간적 흐름에 대입시킨다면 논리적 순서에 따라 전개할 수 있습니다.

시간적 순서에 따르는 예를 들면, 주제를 과거·현재·미래로 구분해서 생각해 보는 것입니다. 또는 특정한 날로부터 시작해서 그 전으로 거슬러 올라갈 수도 있고 또는 앞으로 나갈 수도 있습니다.

제품의 제조공정에 관한 이야기라면 재료 단계에서 시작해서 가공 공정을 거쳐 완성품에까지 순서에 따라 설명해도 좋습니다.

중요한 점은 화자가 어느 시점을 가장 강조해서 상세히 설명할지를 판단해서 말해야 합니다.

공간적 상관관계에 따라 전개하는 방식은 한 곳을 중심점으로 정하고, 그 곳을 기준으로 순서적으로 정리해서 말하는 방법입니다.

중심점으로부터 동서남북의 방위를 따라 전개하든지, 밖으로 나가든지 하는 방식으로 화제를 전개할 수 있습니다.

워싱턴 시에 대해서 묘사하는 경우라면 먼저 청중을 국회의사당 옥상으로 안내하고, 그 곳으로부터 각 방향에 있는 흥밋거리 건물이나 지형지물을 하나씩 차례대로 설명하면 됩니다. 제트엔진이나 자동차를 묘사하는 경우라면 그것을 분해해서 각 구성 부품들을 설명하는 방법도 좋은 방법입니다.

주제 중에는 순위가 이미 정해진 경우도 있습니다. 예를 들어서 미국 정부의 기구를 설명하는 경우에는 조직규범에 정해진 순서에 따라 입법(立法)·사법(司法)·행정(行政)의 각 기관으로 구별해서 차례대로 설명하는 방법이 좋습니다.

지표 3 ▶ 요점에 번호를 붙여 나열하라

요점이 여러 개 있을 때, 화자가 강조하는 요점을 청중의 기억 속에 질서정연하게 기억시키는 간단한 방법이 있습니다. 그것은 하나의 요점에서 다음 요점으로 옮겨갈 때마다 번호를 붙여서 강조하는 방법입니다.

"첫 번째 요점은 이렇습니다. ……."

이렇게 명확하게 순서를 말해도 좋습니다.

"한 가지 요점에 관해서 말했습니다. 다음 요점으로 넘어가겠습니다."

이런 식으로 다른 요점으로 넘어간다는 점을 말하는 식으로 하나씩 열거하는 방법도 괜찮습니다.

유엔 사무총장 보좌관으로 근무했던 랄프 J. 번터 박사는 자신이 주최한 뉴욕 맨체스터 클럽에서 강연 주제를 명확하게 밝히는 말로 연설을 시작했습니다.

> 66 오늘 밤, 저는 두 가지의 이유에서 '인간관계의 과제'라는 주제에 관해서 두 가지 관점에서 말하겠습니다.
> 첫 번째는 ……."

이어서 다음 내용에서 '두 번째는 ……' 이라고 말함으로써 명확하게 구분해서 말했습니다. 이렇게 요점을 하나하나 들어가면서 자신이 말하려는 결론도 명확하게 말했습니다.

> 66 따라서, 우리는 인간의 본성이 선(善)을 지향한다는 믿음을 없애면 절대로 안 됩니다."

경제학자인 폴 H. 더글러스가 상하원 합동위원회에서 상업 진흥을 위한 수단에 대해서 연설한 내용을 예로 들어보겠습니다.

그는 이 방법을 약간 변형하여 연설함으로써 좋은 효과를 거두었습니다. 당시 미국의 상업계는 불경기였습니다. 그는 세금문제 전문가로서 그리고 일리노이 주 상원의원으로서 이렇게 말문을 열었습니다.

> 66 내가 주장하는 요점은 서민과 중산층의 세금 감면입니다. 상

업을 가장 효과적이고 빠르게 진흥시킬 정책으로 서민과 중산층의 세금감면 정책을 도입하자는 것입니다. 그들은 절반이 넘는 수입을 소비하는 계층이기 때문에 이들의 세금을 감면하는 대책이 효과적입니다. 특히 ……."

그는 이렇게 계속했다.

66 더구나 ……."
66 덧붙여서 ……."

이런 식으로 변형해서 연설을 이어갔습니다.

66 여기에는 세 가지 중요한 까닭이 있습니다. …… 첫 번째는 ……, 두 번째는 ……, 세 번째는 ……."

그리고 이렇게 결론을 다시 강조하면서 연설을 마쳤습니다.

66 다시 요약하면, 구매력을 증대시키기 위해서 우리나라에 필요한 것은 서민층과 중산층의 세금을 감면하는 정책을 실시하는 것입니다."

지표 4 전달하고자 하는 것을 잘 알려진 것에 비유하라

연설을 하다보면 때때로 난처한 입장에 빠지기도 합니다. 무언가를 설명해야 하겠는데 이야기가 입안에서만 맴돌고 어떻게도 설명할 수 없는 경우입니다.

강연자는 분명히 알고 있지만 청중에게 똑같이 알도록 전달하기 힘들거나 또는 까다롭고 복잡한 설명이 필요한 경우입니다.

이럴 때는 어떻게 해야 할까요?

당신이 이야기하려는 것에 대해서 청중이 잘 알고 있는 것에 비유해서 설명하는 것이 좋습니다.

'이것은 저것과 다르지 않습니다.'

'제가 말씀드리려고 하는 것을 여러분이 잘 알고 있는 것에 비유해 보겠습니다.'

이런 형식으로 설명하는 방법입니다. 전문적인 지식과 관련된 스피치를 예로 들어보겠습니다.

지금부터 산업계에 크게 공헌하고 있는 화학적 현상 한 가지에 대해서 말씀드리겠습니다. 바로 촉매에 대한 말씀입니다. 촉매란 자체는 변하지 않고, 다른 물질을 변화시키는 물질입니다. 아주 간단한 내용이지만, 여러분이 좀 더 쉽게 이해할 수 있도록 비유적으로 설명해 보겠습니다.

촉매란 예를 들어서, '학교 운동장에서 돌아다니면서 다른 아이들을 때리거나, 밀어 넘어뜨리거나, 화나게 하지만 자기 자신은 아무런 피해도 입지 않는 아이와 같은 존재'입니다.

선교사들이 아프리카 적도 지방 부족들의 언어로 성경을 번역할 때 일입니다.

선교사들은 원주민 부족들이 생전 들도 보도 못한 개념을 원주민의 언어로 알아들을 수 있도록 옮긴다는 것은 정말로 쉽지 않은 작업이었습니다.

문자 그대로 번역하면 어떨까요? 그것은 원주민들에게는 아무런 의미도 없는 말입니다. 선교사들의 고민이 깊어질 수밖에 없었습니다.

'너의 죄는 피같이 붉으니, 이것을 백설같이 희게 정화할지니라.'

이런 계시를 어떻게 옮겨야 원주민들이 이해할 수 있을까요? 고스란히 원주민 문자로 옮겨도 가능할까요? 원주민 부족들은 이끼와 눈(雪)도 구별할 줄 모르는 상태였습니다. 그저 코코넛 나무에 올라가서, 나무를 흔들어 떨어지는 열매를 먹고 사는 수준입니다.

선교사들은 원주민들이 알지 못하는 개념에 대해서 그들이 알고 있는 사물에 비유해서 설명했습니다.

'너의 죄는 피같이 붉으니, 이것을 코코넛의 과육(果肉)처럼 희게 정화할지니라.'

생각해보면 이 보다 더 좋은 번역도 많지 않으리라 생각되는데, 여러분의 생각은 어떻습니까?

1 ▶ 그림으로써 사실을 표현할 것

달까지는 얼마만한 거리일까요? 태양까지 또는 가장 가까운 별까지의 거리는 얼마일까요?

과학자들은 우주의 문제에 대해서 수학적 방법으로 생각하고 설명합니다.

그러나 수학이나 숫자 표현은 일반 청중들이 이해할 수 있도록 전달하기에는 적합하지 않습니다. 적합하지 않다는 사실을 과학 해설자나 과학에 대한 글을 쓰는 사람들도 알고 있습니다. 그래서 숫자를 그림으로 바꾸는 방법을 활용합니다.

과학자 제임스 존스 경은 우주를 개발하는 인류의 열망에 많은 흥미를 지니고 있었습니다.

존스는 우주에 관한 수학에 통달한 전문 과학자입니다. 그렇지만 우주에 관한 책을 쓰는 경우에 수학적 표현보다는 일반 독자가 잘 알 수 있는 숫자를 효과적으로 활용했습니다.

존스는 저서 《우리를 둘러싼 우주》에서, 지구를 돌고 있는 붙박이별과 떠돌이별이 너무 가까이 있기 때문에 우주를 회선하고 있는 다른 별이 얼마나 먼 곳에 있는지를 미처 깨닫기 어렵다고 말합니다. 그리고 이 사실을 독자에게 깨쳐주기 위해서 숫자를 쉽게 풀어서 설명합니다.

 가장 가까운 별도 25조 마일이나 떨어져 있습니다."

이렇게 표현하는 것으로 거리를 쉽게 이해할 수 없음을 알고 있는 존스는 이어서 이런 설명을 덧붙입니다.

> 66 지구에서 가장 가까운 별인 프록시마 켄타우리(Proxima Centauri)에 도달하려면 광속으로 달려도 4년 3개월이 걸립니다. 광속은 1초에 18만 6천 마일을 달리는 속도입니다."

우주의 거리에 대한 존스의 설명은 광대한 우주의 거리를 상상할 수 있도록 실감나게 표현한 것입니다. 우주의 거리에 비하면 알래스카의 넓이를 설명하는 것은 훨씬 쉬운 사례입니다.

강좌에서 알래스카 주의 크기에 대해 연설하던 수강생은 넓이가 59만 8백 4평방마일이라고 말하는 것으로 끝이었습니다. 그 이상 어떤 설명도 덧붙이려는 노력을 보이지 않았습니다.

이런 수치만으로 미국의 49번째 주인 알래스카의 넓이가 상상되시나요? 쉽게 인식되지 않는 넓이기 때문에 청중들에게 잘 전달되지도 않습니다.

> 66 이 넓이는 버몬트·메인·로드아일랜드·뉴햄프셔·매사추세츠·코네티컷·펜실베이니아·델라웨어·뉴욕·뉴저지·메릴랜드·웨스트버지니아·노스캐롤라이나·조지아·플로리다·테네시 그리고 미시시피 주를 모두 합친 넓이보다도 더 큽니다."

이렇게 설명한다면 알래스카 주의 광대한 넓이가 머릿속에 그려지면서 실감되고 기억될 것입니다. 청중들은 비로소 59만 8백 4평방 마일이라는 넓이가 실감나게 느낄 수 있지 않을까요?

다시 말해서, 알래스카에는 아직도 자유로이 활동할 수 있는 여지가 충분하게 남아있다는 것도 납득할 수 있을 것입니다.

몇 해 전에 강좌에서 수강생이 고속도로에서 일어난 자동차 사고의 위험성을 경고하는 스피치를 한 적이 있습니다. 그는 자동차 사고로 죽은 사망자 수를 이렇게 설명했습니다.

> 당신이 지금 로스앤젤레스에서 대륙을 가로질러 뉴욕으로 향하고 있다고 생각해 보십시오. 고속도로 길가에 위험 표지판이 세워져 있는 것이 보이시나요? 만약 위험 표지판 대신에 관이 놓여 있다고 상상해 보십시오. 그 관 속에는 작년에 고속도로에서 교통사고로 죽은 사람의 시신이 들어있습니다. 관이 1마일에 12개씩 놓여 있다면, 당신이 탄 자동차는 5초마다 관 하나를 지나칩니다. 얼마나 달려야 관을 보지 않을 수 있을까요?
> 관은 대륙의 끝에 갈 때까지 끝나지 않습니다."

그 이야기를 들은 후부터 나는 자동차를 탈 때면 꼭 그 무시무시한 그림이 머릿속에 생생하게 떠오릅니다.

그 이유는 무엇일까요?

소리로 귀에 들어오는 인상은 쉽게 지나치고 기억에 남지 않기 때문입니다. 귀로 들어온 인상은 마치 자작나무에 날리는 눈송이가 나무의 매끈한 껍질을 미끄러지듯 스치고 지나가듯이 스쳐 지나가 버리는 것입니다.

그렇다면 시각적 감각을 자극한 인상은 어떨까요?

몇 년 전 다뉴브 강변의 낡은 집 벽에 포탄이 박혀 있는 것을 본 적이 있습니다. 나폴레옹 포병대가 〈우름(Ulm) 전투〉에서 쏘았던 포탄입니다.

시각적 인상이란 흡사 이 포탄과도 같이 강렬한 힘으로 부딪쳐서 깊숙이 박힙니다. 그리고 더 이상 꼼짝달싹도 하지 않는 것입니다.

마치 나폴레옹이 오스트리아 군대를 무찌르듯 대립하는 다른 암시는 모두 뿌리쳐 버리는 힘을 가지고 있습니다.

2 ▶ 되도록 전문용어는 삼갈 것

당신이 의사, 변호사, 전문 기사 또는 그밖에 고도의 전문직에 종사한다고 합시다. 만약 당신 직업과 관계가 없는 사람과 이야기하게 된다면, 가능한 쉬운 말로 표현하십시오. 꼭 필요한 전문지식이라고 생각되는 내용이라면 될수록 상세하게 풀어서 말하십시오.

강조해서 말하면 남보다 몇 배의 주의를 기울여서 말할 필요가 있습니다.

강좌를 진행하다보면 이런 잘못을 저질러서 실패했다는 사례를 수없이 볼 수 있습니다.

그들은 청중들이 그 전문 영역에 대해서 완전히 무지의 상태라는 것을 전혀 깨닫지 못하는 듯 보였습니다.

그 결과는 어떻게 되었을까요?

그들은 자기만이 알 수 있는 경험에 대해서, 자기의 전문적 위치에서 스피치를 전개합니다. 또는 다른 사람을 알 수 있는 개념을 말하고, 이야기도 그런 개념으로 진행시킵니다.

그 전문 영역에 대해 전혀 알지 못하는 청중들은 어떨까요? 청중들에게 그의 스피치는 그저 짐작조차 불가능한 단어의 나열에 불과합니다. 비유하자면 캔자스 주의 개간지에 6월의 비가 내려서 한치 앞도 보이지 않게 혼탁해진 미주리강과 같습니다. 너무 탁해서 도저히 알아들을 수 없다는 뜻입니다.

이런 경우에 어떻게 스피치해야 할까요? 인디애나주의 앨버트 베버리지 상원의원이 주는 충고를 잘 읽어보고 참고로 삼기 바랍니다.

청중 중에서 가장 못 알아들을 것처럼 보이는 사람을 마음속에 한 명 선택하십시오. 그리고 그가 당신의 이야기에 흥미를 느끼도록 최대한으로 노력하십시오.

그렇게 하려면 당신이 말하려는 사실을 쉽고 명확하게 이야기해야 가능합니다. 마치 부모님이 아이에게 눈높이를 맞추어 이야기하는 것처럼 스피치하는 것입니다.

이렇게 말하면서 스스로에게 다짐하십시오. 아니면 당신이 마음속에 선택한 청중에게 말하듯이 큰소리로 말하는 것도 좋습니다.

'내가 말하려는 것은 어린아이도 이해하고 기억할 수 있는 쉬운 내용입니다. 이 모임이 끝난 뒤에 내가 무슨 이야기를 했는지 여러분 모두가 설명

할 수 있을 정도로 쉽고 평범한 말로 진행하겠습니다.'

화술 강좌의 외과의사 수강생의 사례입니다. 그는 어떤 이야기를 진행하다가 문득 이렇게 말했습니다.

> 66 횡격막 호흡은 장의 연동운동에 효과가 뛰어납니다. 그야말로 건강을 위한 구원의 소식입니다."

그러더니 별다른 설명 없이 곧바로 다른 문제로 화제를 바꾸었습니다. 이때 강사가 그의 말을 잠시 멈추게 하고는 청중을 향해서 물었습니다.

> 66 횡경막 호흡은 다른 호흡과 어떻게 다릅니까?
> 이 호흡이 왜 신체 건강에 좋을까요?
> 또 연동운동이란 무엇일까요 ……?
> 이런 것들을 잘 아시는 분들은 손을 들어보십시오."

강사의 질문에 대한 청중의 반응을 보고 의사는 깜짝 놀랐습니다. 당연히 손을 드는 사람이 거의 없었겠지요. 그제서야 의사는 화제를 다시 뒤로 돌려서 설명을 보충했습니다.

> 66 횡격막이란, 폐의 하부이면서 복부의 상부에 해당하는 부분입니다. 가슴의 밑바닥이면서 배와 가슴을 분리하는 얇은 근육

입니다.

횡경막이 움직이지 않는 흉식 호흡을 하면 횡경막은 마치 대야같이 아래를 향한 활처럼 휜 모양이 됩니다.

반대로 복식 호흡을 해서 숨을 들이키면 활 모양의 근육이 위로 평평하게 올라와서 위의 근육이 가슴에 닿는듯한 느낌을 받을 수 있습니다.

횡격막이 이렇게 활동하게 되면 위나 간장 그리고 비장은 물론이고 대장의 신경망까지 배의 위쪽에 있는 기관들의 긴장이 풀리고 자극합니다.

숨을 내쉬면 장이나 위가 횡격막 쪽으로 밀려 올라가면서 자연스럽게 긴장이 풀리고 자극합니다. 이렇게 마사지하면 배설작용이 좋아집니다.

건강이 좋지 않을 경우에 대부분은 장에 원인이 있습니다. 따라서 깊은 횡격막 호흡으로 위장을 적당하게 운동시키면 변비와 소화불량이 개선됩니다. 그리고 몸 안의 독성 때문에 생기는 자가중독 증상도 치료할 수 있습니다."

무엇에 대해서 설명할 때는 간단한 것에서 복잡한 것으로 옮겨가는 것이 좋은 방법입니다.

예를 들어서, '냉장고의 서리를 왜 제거해야 하느냐'는 것을 가정주부들의 모임에서 설명하는 것을 예를 들겠습니다. 이 경우에 이렇게 말하면 실패할 확률이 매우 높습니다.

66 냉각의 원리는 증화기(蒸化器)가 냉장고의 내부에서 열을 끌어낸다는 원리를 적용합니다. 열이 끌어내어짐에 따라 동시에 발생한 습기가 증화기에 부착합니다. 습기가 두껍게 층을 이룬다면 증화기를 절연하게 되고, 이 때문에 모터를 그만큼 더 많이 회전시켜야 되는 것입니다."

이것보다는 주부들이 평소에 친숙하게 겪는 일에서 이야기를 시작하는 것이 훨씬 이해하기 쉽습니다.

66 여러분은 냉장고의 어느 부분이 고기를 냉동시키는지 잘 아시죠?

냉장고에서 바로 그곳에 서리가 끼면서 얼음으로 쌓이는 것도 아십니다. 냉장고가 잘 가동하게 하려면 매일 두꺼워지는 얼음을 떼어주어야 합니다. 아시겠지요.

냉장고에 어는 얼음은 잠자리에서 여러분이 덮는 담요와 같은 역할을 합니다. 또는 외부의 추위로부터 집안을 보호하려고 벽에 붙인 석면과 같은 존재입니다. 열이 전달되지 못하게 합니다.

얼음이 두껍게 얼수록 냉장고는 열을 빨아들일 수 없게 되어서 냉동 기능이 떨어집니다. 그러면 모터는 그 만큼 더 긴 시간을 또 빈번하게 작업을 해야만 냉각 기능을 유지할 수 있습니다.

그러나 냉장고에 부착된 자동 제어장치를 사용하면 서리가 적게 끼고, 얼음도 두껍게 얼지 않습니다. 당연히 모터도 작업을 자주 하지 않아도 되고, 한 번 작동할 때도 짧은 시간만 돌게 됩니다."

아리스토텔레스가 한 적절한 충고를 기억하십시오.

66 현명한 사람처럼 생각하고, 평범한 사람처럼 말하라."

전문용어를 꼭 써야 할 필요가 있을 경우라도 듣는 사람이 누구나 납득이 가도록 설명해야 합니다. 전문용어를 꼭 써야할 경우란 대부분 기본적 용어이기 때문에 평상시에 많이 쓰는 단어의 경우입니다.

투자와 금융에 대한 기본지식을 배우고 싶어 하는 부인들에게 스피치하는 어느 주식 중매인의 예를 들어보겠습니다.

그는 아주 평범하고 쉬운 말을 사용함으로써 부인들의 긴장을 풀도록 했습니다. 마치 마주 앉아서 대화를 나누는 말투로 이야기했습니다. 설명도 명확하게 그리고 재미있게 풀어서 했기 때문에 더 이상 바랄 것이 없을 정도였습니다.

그런데 자신의 전문적인 일에 대한 기본 용어가 문제였습니다. 수표교환소, 특권 있는 취인(取引), 상환저당(償還抵當), 공매(空賣)와 공매(空買) 등의 용어입니다.

이런 전문 용어만 아니었다면 정말 매력 있는 스피치였습니다. 그런데 이런 용어들이 청중들에게 낯설다는 것을 미처 깨닫지 못했던 것입니다. 결국 강연은 흡사 퍼즐 같은 것이 되고 말았습니다.

그렇다고 이런 기본 용어를 쓰지 말라는 것은 아닙니다. 다만 뒤에 알기 쉽게 설명하라는 것입니다. 이런 설명을 붙이는 것을 빠뜨리면 절대로 안 됩니다. 사전도 이런 설명 때문에 있는 것 아닙니까?

당신은 상업에 대해서 한 마디 하고 싶지 않습니까?

아니면, 충동적인 쇼핑에 대해서 말하고 싶습니까?

원가계산에 관한 이야기를 하고 싶나요?

교양학과의 교육 과정에 대한 것은 어떤가요?

정부의 보조금이나 교통규칙을 지키지 않는 자동차에 대해서 말하고 싶으신가요?

자식에 대한 방임주의 교육방법에 대해서 말하고 싶을 수도 있고, 아니면 회계의 후입선출법(後入先出法)에 의한 재고조사 평가법을 지지하는 스피치를 하고 싶을 수도 있겠지요?

어느 것이든 모두 좋습니다.

다만 이런 경우에 이 분야에서 전문적으로 쓰이는 기본 용어를 청중에게 이해시켜야 한다는 점을 기억하십시오. 전문가인 당신이 명쾌하게 알고 있는 것처럼 청중도 알도록 하는 것입니다.

지표 5 ▶ 시각적인 보조 수단을 사용하라

귀를 통해서 뇌로 가는 신경보다 눈을 통해서 뇌로 가는 신경이 몇 배나 강력합니다.

눈으로 들어오는 자극에 기울이는 주의력이 귀로 들어오는 자극의 그것보다 25배 크다는 것은 이미 과학적으로 증명된 사실입니다.

동양사회에 옛날부터 전해 내려오는 격언이 있습니다.

'백문이 불여일견(百聞不如一見)'입니다.

백 번 듣는 것보다 한 번 보는 것이 낫다는 뜻입니다. 따라서 명쾌하게 이야기를 전달하고 싶다면 요점을 눈에 생생하게 보이도록 묘사하고 생각을 시각화해서 전달해야 합니다.

이것이 바로 내셔널금전등록기(National Cash Register) 창업자 존 H. 패터슨이 이런 방법을 이용했습니다. 그는 〈시스템매거진〉이란 잡지에 실린 기사에서 자기가 사원들이나 세일즈맨들에게 이야기할 때 사용하는 방법에 대해서 이렇게 말했습니다.

연설자가 청중에게 자신을 이해시키거나, 청중의 주의를 끌기 위해서는 말만 가지고해서는 안 됩니다. 반드시 극적인 보충 설명이 필요하고, 그것은 눈으로 볼 수 있는 시각적인 것이 더 좋습니다.

특히 어느 쪽이 옳고, 어느 쪽이 잘못되었는지 설명하는 것이라면 시각적 보완이 더욱 필요합니다. 특히 설명하려는 사실이 나타난 그림이나 사진으로 보충하는 것이 현명한 방법입니다.

또한 어떤 것을 설명하는 데 있어서 가장 이상적인 방법은 요소요소를 사진이나 그림으로 나타내고, 말은 그것들을 이어주는 방법입니다.

나는 일찍부터 다른 사람과 의사를 교류할 때 사진이나 그림으로 설명하는 것이 입으로 하는 어떤 언어보다 효과가 크다는 사실을 알고 있습니다.

도표를 사용하는 경우에는 지나치지 않은 수준에서 활용해야 합니다. 도표를 너무 자주 인용하면 사람들이 싫증을 내게 됩니다.

말하면서 도표를 그릴 때는 칠판이나 백지에 빨리 대강 그리도록 하십시오. 청중은 위대한 작품을 보려고 하는 것이 아닙니다. 그러므로 간단하게 빨리 그리는 것이 좋습니다.

크게 그리고 대강 그리십시오. 도표를 그리면서, 청중을 향해서 계속해서 말을 하십시오.

전시물을 보여주는 방법도 효과적입니다. 전시물을 사용할 때에는 다음의 규칙에 따르도록 하십시오. 그래야 청중이 당신의 이야기에 귀를 기울이도록 하려는 전시물의 효과가 커집니다.

❶ 전시물은 사용 전에는 보이지 말 것.

❷ 뒷줄에서도 보이게끔 큰 것을 사용할 것.

　　너무 작아서 보이지 않을 정도의 전시물은 청중의 관심을 끌기 어렵다.

❸ 이야기하는 동안 전시물을 돌려보도록 하지 말 것.

　　공연히 경쟁 상대자를 만드는 따위의 짓은 할 필요가 없다.

❹ 전시물을 남에게 보일 때에는 모두가 볼 수 있게끔 높이 쳐들 것.

❺ 움직이는 전시물은 움직이지 않는 전시물보다 효과적임을 기억할 것. 움직이는 전시물은 움직이지 않는 전시물에 비해서 열 배의 효력에 해당된다. 실지로 움직일 수 있는 것을 사용해서 움직이게 실연(實演) 해 보여라.

❻ 이야기하면서 전시물을 너무 오랫동안 보이지 말 것. 의사를 통하게 하려는 상대는 전시물이 아니고 청중임을 잊지 말아야 한다.

❼ 전시물에 대한 설명이 끝나면 되도록 보이지 말 것.

❽ 전시물을 '수수께끼'처럼 보이려면 테이블 위에 놓고 천 같은 것으로 씌울 것.

이 경우에는 미리 전체를 보여주어서는 안 된다. 보를 벗길 때가 되기까지는 청중은 호기심과 서스펜스(suspense)와 관심을 가질 것이 아니겠는가.

시각적인 재료는 화자의 이야기를 명확하게 하는 중요한 수단으로 사용할 수 있습니다.

말하고자 하는 것을 청중에게 이해시키려면, 마음속에 있는 것을 말로 해서 귀에 들려주면서 동시에 눈으로도 보도록 하는 방법만큼 확실한 것은 없습니다.

연설 기법에서 일인자로 꼽히는 두 명의 대통령은 에이브러햄 링컨과 우드로 윌슨 대통령입니다. 이들은 훌륭한 스피치를 하는 능력이란 지속적인 훈련과 노력의 결과라고 말합니다.

링컨 대통령은 스피치 훈련에는 불타는 정열이 있어야 한다고 말합니다.

녹스 대학의 학장인 걸리버 박사에게 어떻게 해서 스피치에 대한 '정열'을 불
태웠는지에 관하여 다음과 같이 설명했습니다.

> ❝ 내가 어렸던 시절의 추억 한 토막입니다.
>
> 나이가 어렸던 시절에 누군가가 내게 이해할 수 없는 말을 건네면
> 정말로 참을 수 없을 정도로 조바심이 생겼습니다.
>
> 생각해보면 지금까지 화가 나는 유일한 경우가 바로 그런 때였습니
> 다. 이런 상황이 닥치면 언제나 신경이 곤두섰습니다. 지금도 마찬
> 가지입니다.
>
> 어떤 때는 이웃 사람들이 아버지에게 하는 말을 듣고, 내 침실에 가
> 서 그 말이 무슨 뜻인지 알려고 오랜 시간을 소비한 적도 있었습니다.
>
> 이런 '뜻의 탐색'을 하기 위해서 그들이 했던 말을 몇 번이나 수없이
> 되풀이해서 했습니다. 마침내 그들의 이야기를 내 친구들 누구나가
> 이해할 수 있는 말로 바꿔 놓기 전까지 난 잠들 수가 없었습니다.

우드로 윌슨 대통령이 전하는 충고도 매우 유익합니다.

> ❝ 나의 아버지는 지적 욕구가 매우 철저한 분이셨습니다. 아버
> 지는 애매한 것을 참고 지나친 적이 없습니다.
>
> 내가 아버지로부터 받은 가장 좋은 교육도 바로 이것입니다.
>
> 글을 쓰기 시작했을 때부터 내가 쓴 모든 것은 아버지께 보여드렸
> 습니다. 이것은 아버지가 여든한 살에 돌아가실 때까지 계속 이어

졌습니다.

아버지는 내가 쓴 글을 큰 소리로 읽도록 시킵니다. 그것은 어린 내게 매우 고통스런 것이었습니다. 내가 읽는 중에 아버지가 가끔씩 중단시키면서 물었습니다.

"이것은 무슨 뜻이지?"

나는 아버지가 물으시는 것에 우물쭈물하면서 대답하곤 했습니다. 지속적으로 이렇게 함으로써 종이에 쓰는 것보다 쉽게 자신을 표현할 수 있게 되었습니다. 아버지는 언제나 그렇게 훈련시키셨습니다. 아직도 잊지 않고 있는 아버지 말씀입니다.

"하늘을 향해 공기총을 쏘면서 아무 곳이나 맞으면 좋겠다는 식으로 스피치를 하면 안 된다.

단 한 방으로 목표물을 맞히듯이, 꼭 해야 될 이야기를 정확하게 말해야 한다."

DALE CARNEGIE

3. 마음을 사로잡는 이야기를 하라

진실과 성의를 가지고 이야기하면 그 목소리에는 어느 누구도 흉내낼 수 없는 진실성이 깃들어 있다. 타인의 마음을 사로잡기 전에 먼저 자신의 마음을 사로잡아야 한다.

회오리바람처럼 세차게 몰아치는 강연에 마음을 홀딱 빼앗긴 남녀 청중의 이야기를 하겠습니다.

회오리바람의 주인공은 모리스 골드블랏이라는 사람입니다. 모리스 골드블랏의 강연에 참석했던 청중의 한 사람이 기억하는 현장의 모습을 들어보겠습니다.

그때 우리는 시카고의 한 식당에서 열린 만찬 모임에 참석해서 앉아 있었습니다. 참석한 사람들은 오늘의 초대 손님이 유명한 웅변가라는 것을 모두 알고 있었습니다. 때문에 모두들 호기심과 기대를 가지고 그가 말을 시작하기를 기다리고 있었습니다.

드디어 그가 조용히 말문을 열었습니다. 멋쟁이라는 인상을 풍기는 중년의 신사답게, 먼저 초대된 것에 대하여 정중한 감사의 말을 했습니다.

인사를 끝내자, 자기가 하고 있는 아주 중대한 일에 대해서 이야기하고 싶다는 말로 시작했습니다. 아예 폐가 된다면 널리 용서해달라는 사과도 했습니다.

그러더니 마치 사막의 회오리바람처럼 우리들에게 덤벼들 듯이 얘기를 쏟아냈습니다. 몸을 앞으로 숙이고 무언가 뚫어버리려는 매서운 눈초리로 우리들을 쳐다보았습니다. 목소리가 그리 높지 않았지만 깊은 울림이 있었습니다. 마치 종이 울리는 것 같은 느낌이었습니다.

"주위를 살펴보십시오."

잠시 틈을 주더니 다시 말을 이어갔습니다.

"그리고 서로 마주 보십시오. 지금 이 방에 앉아 계시는 여러분 중에서 암으로 돌아가실 분이 몇 분이나 계신지 알고 있습니까? 마흔 여섯 살 이상의 사람이라면 적어도 넷 중의 하나 꼴로 암으로 목숨을 잃게 됩니다. 넷 중의 하나 꼴로!"

그는 잠시 말을 끊더니 눈을 빛내며 계속했습니다.

"이것은 확실하고도 냉혹한 사실입니다. 그러나 이러한 상황이 지속되지는 않을 것입니다. 왜냐하면 이 문제에 대한 대책도 가능하기 때문입니다. 대책은 암의 치료법 개발과 암의 발생에 대한 연구를 발전시키는 것입니다."

이쯤에서 조용히 시선을 각 테이블로 옮기면서 모두를 차례차례 둘러보면서 물었습니다.

"여러분은 이 진보와 발전을 위해서 일익을 담당해 보실 의향이 없으십니까?"

이 물음에 대해서 속으로 '예'라고 대답하는 외의 다른 대답이 있을 수 있었을까요?

나도 당연히 속으로 '예스'라고 생각했습니다. 나중에 알아보니 다른 사람들도 모두 그런 마음이었다는 것이었습니다.

미처 1분이 지나기도 전에 모리스 골드블랏은 우리 모두의 마음을 사로잡아 버렸습니다. 그는 우리들 한 사람 한 사람의 마음을 자신의 화제 속으로 몰아넣고 만 것입니다. 그렇게 해서 자기가 참여하고 있는 인도주의 운동에 우리 모두를 동지로서 끌어들인 것입니다.

연설하는 모든 강연자들은 청중들로부터 호의적 반응을 얻어야 하는 목적이 있습니다. 골드블랏의 경우도 청중으로부터 찬동과 참여를 얻어야 할 절박하고 합당한 이유가 있었던 것입니다.

그는 친동생과 함께 무일푼에서 출발하여 끝내는 연간 1억 달러의 매출을 달성하는 백화점 체인을 이룩했습니다. 그런데 함께 사업을 이룩했던 친동생이 암으로 사망했습니다. 그것도 암 선고를 받자마자 사망했던 것입니다.

모리스 골드블랏은 처음에 1백만 달러를 시카고 대학의 암연구소에 기증한 것을 시작으로 암 퇴치 운동에 나서게 됩니다. 본인도 사업에서 물러나서 암을 물리치는 일에 대중의 관심을 집중시키는 사업에 일생을 바쳤습니다.

모리스 골드블랏의 경험적 스토리가 그의 높은 품격과 합해지면서 청중의 마음을 사로잡는 폭풍 연설을 하는 최고의 연사가 된 것입니다.

성실과 진실 그리고 열정 - 한 가지 큰 목적을 위해 오랜 기간을 노력했던 자신의 모든 것을 쏟아내서 불과 몇 분 안에 청중을 설득하려는 열화와 같은 마음 이런 모든 요소들이 함께 있었기에, 그의 연설에 청중들이 동의하고 친밀감을 느끼게 되었습니다. 그리고 그가 말하는 요청에 기꺼이 동참해야겠다는 마음을 불러일으킨 것입니다.

지표 1 ▶ 신뢰받을 만한 인격을 수련하라

퀸티리언은 연설가를 이야기에 숙련된 좋은 사람이라고 정의하였습니다.

연설이 단순한 기술만 가지고 완성되는 것이 아니고, 성실함과 인격이 필요하다는 점을 강조한 것입니다. 이 책에서 지금까지 설명한 것들은 물론이고 앞으로 설명하려는 것들도 모두 여기에 해당됩니다. 효과적인 연설을 하려면 근본적으로 인격이 필요하다는 뜻입니다.

피아폰트 모건은 신용을 얻는 가장 좋은 수단이 바로 인격이라고 말합니다. 청중의 신뢰를 얻는 길도 마찬가지입니다.

'진실과 성의를 가지고 이야기하면, 그 목소리에는 어느 누구도 흉내 낼 수 없는 진실함이 깃들게 됩니다.'

알렉산더 울 코트의 말입니다.

특히 사람의 마음을 반드시 사로잡아야만 할 목적이 있는 화제라면, 말하는 연사가 진심에서 그것을 인정하고 마음에서 우러나는 열성으로 스피치해야 합니다.

남의 마음을 사로잡기 전에 자신의 마음을 사로잡는 것이 먼저라는 뜻입니다.

지표 2 ▶ 받아들일 수 있는 분위기를 조성하라

노스웨스턴 대학의 학장을 지냈던 월터 딜 스코트는 이렇게 말했습니다.

> 66 마음속으로 들어오는 모든 관념, 개념, 결론은 그것에 반대되는 생각들이 방해하지 않으면 진실한 것으로 받아들여진다."

이것을 좀 더 집약해서 말하면 청중의 '예스'를 의미합니다. 청중의 심리적 상태를 당신의 진실한 이야기에 '예스'하도록 만들라는 뜻입니다.

내 친구인 해리 오버스트리트 교수는 뉴욕의 사회연구 모임에서 행한 강의에서 이 원칙을 다양한 방법으로 설명했습니다.

능숙한 연사는 연설의 시작부터 청중이 동조하도록 해야 합니다. 여기에 성공한다면, 이후의 연설에 대한 청중의 심리 상태는 연사에게 긍정적인 방향으로 움직일 것이라고 보아도 거의 틀림이 없습니다. 마치 당구공이 구르는 진행방향이 바뀌지 않는 것과 비슷합니다. 당구공을 한 방향으로 쳤을 때, 그쪽으로 굴러가는 힘은 반대쪽에서 잡아당기는 힘보다 훨씬 강하기 때문에 계속해서 앞으로 구르게 됩니다.

심리의 패턴이 움직이는 원리도 똑 같습니다.

누가 '노'라고 말했다고 합시다. 그의 말이 진정 진심에서 우러난 외침이라면, 단순히 'N'과 'O'의 두 글자가 모여서 만들어진 발음이 아닙니다. 말하는 사람의 모든 흥분 샘과 신경 그리고 근육이 모두 합쳐져서 거부하는 태세를 갖추고 있는 것입니다.

드물기는 하지만 때때로 근육이 위축되는 증상이 보일 때도 있습니다. 한 마디로 말해서 모든 신경과 근육의 조직이 절대로 받아들일 수 없다는 방어 태세를 취하고 있는 것입니다.

반대로 '예스'라고 말했을 때는 그런 위축 현상이 전혀 발생하지 않습니다. 흥분 샘도 계속해서 수용하려는 태세를 갖추게 됩니다. 같은 원리로 최초의 동조자가 많으면 많을수록, 청중들은 연사가 요청하는 내용에 높은 관심을 보이게 되는 것입니다.

최초의 동조를 얻는 방법은 간단합니다. 그럼에도 불구하고 그런 관심을 가지는 사람은 그리 많지 않습니다. 그러기는커녕 오히려 초기에 청중의 반감을 불러일으켜서 자신의 존재감을 보이려는 경우도 많습니다.

진보주의자가 보수적인 사람들과 회의를 시작했다고 합시다. 대부분의 경우는 시작부터 진보주의자가 보수적인 사람의 화를 불러일으킵니다. 그런데 실제로 그런 상황이 되면 진보주의자에게 무슨 이득이 있을까요? 혹시라도 그들이 성나는 것을 보고 즐기고 싶다면 모를까, 회의에서 어떤 성과를 얻으려는 목표가 있다면 어리석을 행동이라고 할 수 밖에 없습니다.

처음부터 청중들에게 '노'라는 대답이 나오도록 하면 반감이 뿌리 깊게 생기게 됩니다. 뿌리 깊은 반감을 되돌려서 동조하도록 하려면 천사를 능가하는 예지와 인내가 필요합니다.

처음부터 호의적인 동조반응을 얻으려면 어떻게 해야 할까요? 지극히 간단합니다. 링컨은 이것에 대해서 명쾌하게 말했습니다.

> 66 어떤 논의(論議)를 꺼내고 그리고서 찬동을 얻기 위해서 내가 취하는 방법은 먼저 누구나 공감할 수 있는 공동의 사실을 제시하는 것입니다."

링컨이 인화물질처럼 위험한 주제인 노예문제를 강연할 때도 그런 방법을 활용하였습니다. 당시에 노예문제에 대해 중립적인 입장에 있던 〈미러〉지는 링컨의 연설에 대해서 이렇게 보도했습니다.

'링컨의 말이 시작되자 그의 생각에 반대하는 사람들도 모두 동의를 표했다. 그런 분위기로 시작한 링컨은 점차로 자신이 의도한 생각에 청중들이 모두 동의하도록 유도하였다.'

청중과 논쟁을 일으키는 강연자는 청중이 마음을 굳게 닫고 굳건한 방어태세를 취하게 만듭니다. 그런 다음에 청중의 마음을 되돌리는 것이 가능할까요?

'내가 이것을 증명해 보이겠다.'

이런 선언으로 스피치를 시작하는 것이 과연 현명할까요? 청중은 그 선언을 도전으로 받아들입니다. 그래서 청중의 마음에 이런 다짐이 만들어집니다.

'어디 한 번 해보시지.'

청중이 모두 알고 있고 믿는 사실을 강조하는 것으로부터 이야기를 시작하십시오. 거기서부터 서서히 이야기를 진행해서 청중의 누구라도 당신에게 긍정적으로 답할 수 있을 때에 적절한 질문을 꺼내는 것이 유리합니다. 연설자는 진지하게 탐구하는 자세로 청중을 이끌어가는 것입니다.

답을 찾아가는 동안 청중이 분명히 알 수 있도록 적절한 사실을 제시하는 것도 중요합니다. 그렇게 함으로써 당신의 유도한 결론을 청중들은 마치 자신이 내린 결론이라고 생각하게 됩니다. 일반적으로 사람들은 자신이 발견한 진실이나 결론에 대해서는 다른 것보다 훨씬 강한 믿음을 가지게 됩니다. 신앙같이 믿는다고 해도 지나치지 않습니다.

'단순히 사실을 설명하는 것처럼 보이는 주장이 가장 좋은 주장입니다.'

의견의 차이가 아무리 심한 것에 대한 논의라도 전원이 찬동하는 공통된 의견으로 만나는 광장을 반드시 발견할 수 있습니다. 관련된 예를 들어보겠습니다.

1860년 2월 3일에 영국 수상 헤럴드 맥밀런이 남아프리카 연방의 양원합

동회의에서 연설을 했습니다.

당시는 인종차별 정책이 세계적인 이슈로 부각되어 있던 때였습니다. 맥밀런 수상은 영연방의 대표로서 인종차별 정책을 철폐하는 것에 대해서 의회에 의견을 개진해야 했습니다.

맥밀런 수상이 연설의 시작을 인종차별에 대한 심각한 의견 차이에 대한 말로 시작했을까요? 그렇지 않습니다. 그는 제일 먼저 위대한 남아프리카 연방의 경제적 발전 그리고 남아프리카 연방에 세계 발전을 위해 공헌했던 것을 한 가지씩 강조하면서 연설을 진행했습니다. 그런 후에 절묘한 시점에 의견이 극명하게 갈리는 인종차별 문제를 화제로 끄집어냈습니다.

화제로 올리면서도 그 문제에 대해서 의견이 극명하게 갈리고 서로 의견을 합치는 것이 쉽지 않다는 점도 함께 언급했습니다.

그의 연설은 링컨이 포드 센터에서 행한 연설을 생각나게 할 정도로 고요하지만 힘찬 연설이었습니다. 그의 말을 들어보도록 하겠습니다.

> **❝** 영연방의 일원인 남아프리카 연방에 대해서 원조와 지원의 손길을 뻗치는 것은 영국이 진정으로 바라는 희망입니다.
>
> 하지만 솔직히 말씀드리면, 여러분이 취하는 정책 중에는 영국이 추구하고 있는 인간의 완전한 자유를 실현하는 정책과 맞지 않는 부분이 있음도 사실입니다.
>
> 영국이 인간의 완전한 자유를 추구한다는 정치적 목표를 포기하지 않고는 원조와 지원이 불가능하다는 국면도 있습니다.
>
> 그러나 영국은 우방으로서 함부로 다른 연방을 책망할 생각은 없습

니다. 더구나 우리 정책만이 절대적이라고 으스대지도 않습니다. 오직 오늘날의 우리 사이에 이렇게 다른 견해가 놓여 있다는 사실을 정직하게 받아들여야 한다고 생각합니다."

연설하는 사람과 전혀 다른 의견을 지닌 사람이라도 이런 연설을 듣는다면 연사가 아무런 사심이 없다는 것만은 인정하게 됩니다.

맥밀란 수상이 서로 공통의 의견이 만날 수 있는 광장을 펼쳐 보이는 대신에 양측의 정책이 극명하게 다르다는 점으로부터 연설을 시작했다면 어떻게 되었을까요?

제임스 하베이 로빈슨 교수가 계몽서인 자신의 저서 《정신의 형성(形成)》에서 이 질문에 대해 심리적 관점에서 해답을 제시하고 있습니다.

우리는 아무런 저항이나 강한 거부감 없이 스스로 생각을 바꾸기도 합니다.

그러나 다른 사람으로부터 '너의 생각이 잘못'이라고 지적당하면, 그것에 대해 이유 없는 반항과 외고집이 생기게 됩니다.

사람이 자기의 신념을 형성하는 것은 대부분 무의식적으로 이루어지지만, 그 신념을 누구인가가 빼앗으려 하면 맹목적일 정도로 애착과 정열을 가지게 됩니다.

이런 경우에 분명한 사실은 신념 그 자체보다는 개인의 자존심이 위협당하는 것으로 인식한다는 것입니다.

…… '나의'라는 단 두 글자로 된 말은 인간 생활에서는 가장 중요한 의미

를 지닌 말 중의 하나입니다. 따라서 그 말을 아주 조심스럽고 신중하게 다루는 것이 분별력의 기초입니다.

'나의 집'이건, '나의 개'이건, 또는 '나의 신'이건 간에 '나의'라는 수식어가 지니는 무게는 똑같습니다.

사람은 시간에 늦었다던가, 자가용이 낡았다든지 하는 사소한 말에도 곧잘 화를 냅니다. 뿐만 아니라 화성 운하(canals of Mars)의 진실, 에픽테토스(Epictetos)의 잠언, 살리신의 약효에 대한 가치, 사르곤 2세(Sargon II)의 생존기간 등에 대한 자신의 생각을 고치라는 지적에도 화를 냅니다.

사람들은 자기가 진실하다고 해서 받아들인 것을 습관적으로 계속 믿는 것을 좋아합니다. 그렇기 때문에 자신이 가정하고 있는 사실이 의심받을 때는 눈에 뜨게 노여움을 표출하면서, 자신이 믿고 있는 가정에 집착하게 됩니다. 온갖 변명과 이유를 갖다 대기도 합니다.

따라서 우리가 어떤 가정에 대해서 논리적으로 증명한다는 행위도 대부분은 자신이 믿고 있는 가정을 계속 믿기 위해서 변명이나 이유를 찾는 노력에 지나지 않습니다.

지표 3 ▶ 열정이 전달되게 이야기 하라

연설에서 스피치하는 사람이 자신의 생각을 청중에게 전달하려는 열정으로 이야기할 때, 청중의 마음속에 연설자와 반대의 생각이 생겨나는 비율이 훨씬 줄어들게 됩니다.

열정이란 정말로 '전해지는 것'입니다.

열정은 부정적이거나 반대되는 의견을 없애 버립니다.

당신이 연사로서 청중의 마음을 사로잡으려거든 청중의 사고나 사상에 호소하기보다는 그들의 감정을 이끌어내는 것이 훨씬 유리하다는 것을 기억하십시오.

감정은 관념보다도 훨씬 강합니다. 그리고 감정을 자극하려면 반드시 진정성이 있어야 합니다.

아무리 미사여구를 늘어놓고, 그럴 듯한 예를 들어 이야기하고, 분위기에 조화되는 음성이나 멋진 제스처를 쓴다 해도 진심에서 우러나는 이야기가 아니라면 모두 속이 없는 껍데기만 있는 거짓에 불과한 것입니다.

청중에게 감명을 주려면 우선 자기 자신을 감동시켜야 합니다.

청중에게 전달되는 것은 진실에 찬 눈빛과 진정성이 담겨 울리는 음성 그리고 진지한 태도가 모두 어우러진 당신의 참 모습, 즉 당신의 진실한 영혼입니다.

연사가 연설할 때 청중의 태도를 결정하는 요소는 언제나 연사의 태도입니다. 특히 청중의 마음을 사로잡아야 연설의 목적이 이루어지는 경우라면 연사의 태도에 의해서 청중의 태도가 만들어지는 것이 절대적입니다.

만일 당신이 적당하게 스피치하고 끝내려고 한다면 청중도 그렇게 될 것이고, 당신이 건방지고 적개심을 가지고 연설한다면 청중 또한 그렇게 될 것입니다.

헨리워드 비처는 이렇게 비유해서 설명합니다.

❝ 청중이 꾸벅꾸벅 졸 때 대처하는 방법은 단 한가지입니다. 졸고 있는 사람을 일으켜 세워서 지휘봉을 주고 그것으로 설교자를 찌르도록 하는 것입니다."

예전에 콜롬비아 대학의 커티스 상을 심사하는 3명의 심사위원에 참여한 적이 있었습니다.

연사로 참가한 학생은 모두 여섯 명이었습니다.

참가자들은 많은 연습을 해서 최고의 연설을 할 것처럼 의욕이 넘쳐보였습니다. 한 사람을 제외한 참가자들이 그렇게 열심히 연습한 목적은 오직 그 메달을 차지하려는 데 있었습니다. 당연히 사람의 마음을 사로잡으려는 열의는 전혀 또는 거의 보이지 않았습니다.

그들이 자신의 연설 화제를 선택한 이유도 연설에 적합하기 때문이었습니다. 당연히 자기가 하는 스피치에 자신의 개인적 흥미는 전혀 담겨져 있지 않았습니다. 그저 웅변 기술을 실습한 것에 불과한 것이었습니다.

단 한 명의 예외는 줄루(Zulu)족(族) 왕자였습니다. 왕자가 고른 주제는 '현대 문명에 대한 아프리카의 공헌'이었습니다. 그는 한 마디 한마디에 진실한 감정을 담아서 이야기했습니다. 그의 이야기는 단순한 웅변 실습이 아니었습니다. 확신과 열의로부터 나오는 생동감 넘치는 말이었습니다. 그는 자기 동족 더 나아가서는 자기가 태어난 대륙의 대표로서 연설했습니다.

지혜와 인격과 선의를 가지고 자기 동포의 희망에 대해서 말했고 또한 청중들을 설득시키고 싶은 것에 대해서 호소했습니다.

웅변으로서의 기술적 완성으로 보면 왕자보다 더 잘한 참가자가 몇 명 있었습니다. 그러나 3명의 심사위원은 모두 왕자에게 메달을 수여하기로 결정했습니다. 모든 심사위원들이 그의 스피치에는 진실과 성의의 불꽃이 일고 있다는 것을 분명하게 인정했기 때문입니다.

왕자의 연설에 비해서 다른 참가자들이 보인 연설의 불꽃이란 그저 불안하게 흔들리는 작은 촛불에 불과했습니다.

왕자는 스스로 깨우쳐 알고 있었던 것입니다.

고국이 아닌 먼 이국에서 연설하면서 이론만을 들어서 스피치하면 자기의 진정한 마음을 담을 수 없다는 것을 알고 있었습니다. 그리고 청중들이 자기의 말을 믿도록 하기 위해서는 스스로 확신하는 것을 청중에게 말해야 한다는 것도 알고 있었던 것입니다.

지표 4 청중에게 경의와 애정을 보여라

> 66 사람이란 본능적으로 사랑을 받고 또한 존경받고 싶어합니다."

이것은 노먼 빈센트 필 박사가 어느 코미디언에 대해서 이렇게 이야기를 시작했습니다.

사람은 누구나 스스로 가치와 위엄을 겸비한 훌륭한 인물이라는 생각을 마음에 지니고 있게 마련입니다. 그 생각을 부정한다는 것은 그 사람을 부정하는 것이 됩니다. 그러므로 어떤 사람을 사랑하고 존경하는 것은 그를 북돋아주는 결과가 되고, 그럼으로써 그도 역시 당신을 사랑하고 존경할 것입니다.

언젠가 어느 코미디언과 함께 어느 프로그램에 출연한 적이 있었습니다.

나는 그와 친하지는 않았지만, 어떤 기사에서 그가 매우 어려운 처지에 놓여 있다는 것을 읽어서 알고 있었습니다. 인기가 떨어져서 어려움을 겪는 것이었는데, 서로 이야기를 나누어 보니 나름대로 이유를 짐작할 수 있었습니다.

곧 출연해서 이야기해야 하기 때문에 그의 곁에 조용히 앉아 있었는데 그가 먼저 말을 걸어 왔습니다.

"당신은 조금 긴장하셨나 보네요?"

"네, 사람들 앞에 설 때는 항상 다소 긴장하고 불안하기도 합니다. 청중을 존경하고 책임감이 생기기 때문에 긴장하게 됩니다. 당신은 그렇지 않습니까?"

내 말을 듣고 그가 이렇게 대답했습니다.

"아니오. 나는 전혀 그렇지 않아요. 무엇 때문에 그렇게 할 필요가 있습니까? 청중한테는 아무 것이나 해줘도 괜찮습니다. 바보들의 모임이니까요."

"그 말에는 찬성하지 못하겠는데요. 청중은 당신에 대한 엄격한 심판관입니다. 나는 청중에 대해서 무한한 존경심을 가지고 있습니다."

필 박사는 그 코미디언의 인기가 점점 떨어지고 있는 이유를 짐작할 수 있게 되었습니다. 청중의 심리를 붙잡는 대신 그들이 반발심과 적개심을 일으키도록 하는 그의 태도가 원인이라는 것을 확신했습니다.

다른 사람에게 무엇인가를 전하려고 하는 연설자에게 중요한 의미를 가지는 교훈임에 틀림없습니다.

지표 5 ▶ 친구에게 말하듯이 시작하라

신의 존재를 부정하려는 어느 무신론자가 윌리엄 페일리(William Paley) 신부에게 도전했습니다. 그러자 페일리 신부는 조용히 회중시계를 꺼내더니 그 뚜껑을 열어젖히며 말했습니다.

> 여기 시계가 있습니다. 이 시계의 추나 톱니바퀴 그리고 태엽이 자연스럽게 하나가 되어서 움직이는 것이라고 말한다면 당신은 나의 지성을 의심하실 것입니다.
>
> 하지만 저 별을 좀 보십시오. 어느 별이건 모두 완전히 정해진 궤도와 운동이 있습니다. 지구와 혹성들은 태양의 주위를 돌고, 태양계도 하루에 100마일 이상의 속도로 돌고 있습니다. 각 별들은 각자 태양, 즉 또 다른 항성이 되어 한 무리의 별들을 이끌면서 태양계처럼 우주를 돌고 있습니다.
>
> 그런데도 서로 부딪치거나 충돌되어 혼란을 일으키지는 않습니다. 전체가 조용히 그리고 계획적으로 지배되고 있지요. 이러한 거대한 현상을 우연이라고 생각하는 것과 누군가가 그렇게 하게 했다고 생각하는 것은 어느 쪽이 믿기 쉬울까요?"

만약에 이렇게 말하지 않고, 입을 열자마자 반대자에게 공박했다면 어떻게 되었을까요?

> 66 신이 없다고요? 그런 어리석은 말은 삼가시오. 당신은 자신이 무슨 말을 하는지도 알고 있지 못하군요."

이런 말로 대했다면 어떻게 되었을까요?

당연히 불같이 격렬하게 말싸움을 했음에 틀림없습니다. 그러나 그런 말다툼은 그 주제에 대해서 아무런 소득도 줄 수 없다는 것도 틀림없는 사실입니다.

무신론자도 역시 미쳐 날뛰는 삵괭이처럼 신성을 모독하는 말을 퍼부으며 자기의 주장을 유지하려고 열을 올렸을 것입니다.

왜 그럴까요?

오버 스트리트 교수가 지적하는 것처럼, 그것은 '그의' 의견이며, 따라서 그에게는 말할 수 없이 소중해서 누군가 그것에 도전하면 자존심과 긍지가 훼손되는 것처럼 견딜 수 없는 위협을 느끼기 때문입니다.

자존심이라는 것은 원래부터 폭발성을 내포하고 있는 인간의 본성입니다. 그러니 다른 사람의 성질을 폭발시키는 것보다는 내 편으로 만드는 것이 현명한 처사일 것입니다. 그러기 위해서는 어떻게 해야 할까요?

페일리의 사례에서 보듯이, 포섭하려는 반대론자에게 당신의 생각이 그가 믿는 것과 비슷하다는 것을 보여주는 것입니다. 그렇게 한다면 반대론자도 당신의 말을 무조건 반대하지 않고 받아들일 수 있다는 쪽으로 기울어지게 됩니다. 이것은 당신이 하는 말에 무조건적으로 반대하는 배타적 반응이 나타나는 것을 원천적으로 막음으로써 당신의 말이 무가치하게 전락하는 것을 막아주는 방법입니다.

페일리 신부는 인간의 마음이 어떻게 작동하는지에 대한 미묘한 부분까지 잘 이해하고 있었던 것입니다. 그러나 대부분의 사람들은 그런 효과적인 방법을 구사할 능력을 가지고 있지 않습니다. 오히려 성을 공략하려면 정면으로 돌파하는 것이 유일한 방법이라는 그릇된 생각을 가지고 있습니다.

그런 방법을 쓰면 어떤 결과가 올까요?

적대 관계가 만들어지는 순간부터 성을 지키는 측은 성문 앞 다리를 걸어 올리고, 성문도 닫아걸고 빗장을 채웁니다. 그리고 갑옷으로 무장한 사수가 활을 쏘려고 대기하고 있을 것입니다. 드디어 말싸움이 시작되고 결과는 양 쪽이 상처를 입는 것으로 끝이 납니다.

이런 싸움의 끝은 언제나 무승부입니다. 양 쪽이 서로에게 아무 것도 납득시키지 못한 채로 끝나버리는 것입니다.

이 책에서 내가 주장하는 보다 분별 있는 방법은 어제오늘에 시작된 것이 아닙니다. 아득한 옛적에 사도 바울에 의해 이미 사용된 것입니다.

사도 바울은 마르스 언덕(Mars hill)에서 아테네 사람들에게 설교할 때 이 방법을 사용했습니다. 2000년이라는 세월이 흐른 지금에도 감탄할 수밖에 없을 정도로 절묘하고 세련된 방법입니다.

사도 바울은 온전한 교육을 받은 사람이었고, 기독교에 귀의하면서 탁월한 연설 덕택에 초기 기독교의 위대한 지도자가 되었습니다.

어느 날, 사도 바울이 아테네로 왔습니다. 성경에는 당시의 아테네를 이렇게 묘사하고 있습니다.

> 66 도대체 아테네 사람들은 물론이고 아테네에 머물고 있는 외국 사람들도 모두 '뭐 좀 새로운 일이 없나'하며 모여서 재잘거리는 일에 시간을 소비하고 있었다."

물론 라디오, 전화, 신문 등의 보도 기구가 없었던 당시의 일입니다. 그러니 매일 오후가 되면 무슨 새로운 일이 없는지 이리저리 기웃거려도 새로운 사실을 구하기는 쉽지 않은 일이었습니다. 바로 그런 때에 바울이 아테네에 온 것입니다. 아테네 사람들에게는 지금까지 없었던 새롭고 흥미로운 일이 아닐 수 없었습니다.

아테네 시민들은 호기심과 흥미에 가득차서 그의 주위로 몰려들었습니다. 시민들은 바울을 아에로파고스 언덕으로 데려가서 말했습니다.

> 66 당신이 부르짖고 있는 새로운 가르침이 어떤 것인지 알려 주시오. 당신이 정말 진기한 것을 우리에게 들려주겠다고 했는데, 그게 무엇인지 대단히 궁금하군요."

다시 말하면, 아테네 사람들은 바울에게 연설을 해달라고 주문한 것입니다. 이에 바울도 쾌히 승낙했습니다. 그리고 그가 아테네에 온 목적도 바로 그것 때문이었으니까요.

아마도 바울은 큰 돌 위에 올라서서 약간 상기된 얼굴로 손바닥의 땀을 닦고 헛기침도 몇 번 했을 것입니다. 뛰어난 연설가들이 대부분 그리하듯이 말입니다. 그러나 사도 바울의 마음에는 아테네 사람들이 사용한 말들이 꺼림직했습니다.

'새로운 가르침 ……, 진기한 것', 그런 말들에는 독이 들어 있습니다. 그런 생각은 없애야 합니다. 그런 말은 의견의 대립과 충돌을 일으키는 원인에 불과한 것입니다.

바울은 자신의 신앙에 대해 이야기하면서 특별히 이국적이고 별난 것으로 표현하고 싶지 않았습니다. 아테네 사람들이 이미 믿고 있는 것에 연관을 시킴으로써 좀 더 친근한 것으로 전달되기를 바랐습니다. 그렇게 함으로써 배척해야 할 다른 종교라는 느낌을 최대한 멀리할 수 있었기 때문입니다.

바울은 그러기 위해서 어떻게 해야 할까?에 대해서 깊이 생각했고, 마침내 좋은 생각을 떠올렸습니다. 그리고 사도 바울의 불멸의 명연설이 시작됩니다.

> 66 아테네 시민들이여, 당신들은 모든 면에 있어서 신앙심이 매우 깊은 분들이라고 생각합니다."

어떤 사람은 이 문장에 대해서 '종교적 미신이 많다'고 번역하기도 합니다. 그러나 나는 그 말은 청중과 단숨에 공감을 이루어내는 매우 심오하고 적절한 표현이라고 해석합니다.

당시의 아테네 사람들은 많은 신들을 섬기고 있었습니다. 그들의 종교심은 매우 강했으며, 그것을 자랑스럽게 생각했습니다. 바울은 바로 그러한 점을 칭찬함으로써 그들의 마음을 기쁘게 했던 것입니다.

아테네 사람들이 바울을 따뜻한 눈빛으로 바라보기 시작했습니다.

효과적인 화술의 법칙의 한 가지가 실제 경험한 실례로 논리를 뒷받침한다는 것입니다. 사도 바울이 바로 그 법칙을 사용했습니다.

> 66 실제로 내가 길을 다니면서 여러분이 섬기는 여러 신들을 볼
> 수 있었습니다. 그 중에는 '알지 못하는 신에게'라고 새겨진 제단도
> 있는 것을 보았습니다."

아테네 사람들이 종교심이 매우 두텁다는 것을 실례로 뒷받침하는 말입니다. 아테네 사람들은 모든 신들을 섬겼고, 어떤 신이라도 업신여기면 안된다고 생각해서 '알지 못하는 신'에게까지 제단을 차렸던 것입니다.

그것은 잘 몰라서 그랬거나 아니면 고의적으로 신을 경시하는 행위가 아닙니다. 혹시라도 실수로 빠뜨릴지 모르는 신에 대한 일종의 일괄보험으로서 했던 것입니다.

사도 바울은 그런 특별한 제단까지 말함으로써 자신의 첫 말이 단순히 청중의 마음을 끌기 위한 입에 발린 말이 아님을 보인 것입니다. 깊은 관찰을 통해서 얻어진 진정한 생각이라는 뜻이었습니다.

그렇게 함으로써 연설의 첫마디의 정당성이 증명되고 완성되었습니다.

> 66 그러기에 여러분이 알지 못하면서 섬기는 '그 신'에 대해서

이제 알려드리겠습니다."

바울이 자신이 말하려는 종교가 '새로운 가르침……, 진기한 것'이라고 이야기 했을까요? 천만에 말씀입니다!

사도 바울은 아테네 사람들이 잘 모르면서도 이미 믿고 의지하고 있는 신에 대한 진실을 말한다고 언급했습니다. 청중이 전혀 믿지 않는 것이었지만, 청중이 이미 열광적으로 믿고 있는 그 무엇인가에 대입해서 비교한 것입니다. 이것이 바로 사도 바울의 비상한 연설 기법이었습니다.

이어서 바울은 그리스 시인의 시를 몇 가지 인용하면서 구제와 부활의 종교에 대해서 성공적으로 설교를 하였습니다. 청중 중에 바울의 말을 비웃는 사람이 전혀 없지는 않았지만, 대부분의 사람들은 이렇게 말했습니다.

66 이것에 대해서는 다시 한 번 들어보는 것이 좋겠어."

청중의 마음을 사로잡거나 감명을 주려는 목적으로 연설할 때 반드시 고려해야 할 사실이 있습니다. 청중의 마음속에 연사의 생각을 심어 넣어야 하고, 반대하거나 적대적 생각이 싹트지 못하도록 해야 합니다.

이 방법을 터득해서 익숙하게 사용할 수 있는 사람은 청중에게 영향을 주는 힘 있는 연설을 할 수 있습니다.

이 방법을 익히는 데 유용한 것이 나의 다른 책《카네기 인간관계론(How to win Friends and Influence People)》에 법칙으로 설명되어 있습니다.

거의 매일 되풀이되는 일상생활에서는 어떤 문제에 대해서 서로 의견을 달리하는 사람과 대화를 나누게도 됩니다.

　가정에서, 직장에서 그리고 여러 종류의 사교 모임에서 당신은 다른 사람들이 당신 생각에 동조하게 하려는 노력을 기울이시나요?

　그러기 위해서 현재 당신이 사용하고 있는 방법을 개선해야 할 필요는 없나요?

　이야기의 서두는 어떻게 시작하시나요?

　링컨이나 맥밀런처럼 임기응변의 재주를 발휘할 수 있나요? 만일 가능하다면 당신은 뛰어난 외교적 재능과 보기 드문 사리 분별력을 타고난 행복한 사람입니다.

　어느 경우라도 우드로 윌슨 대통령의 말을 기억해 두면 유익할 것입니다.

　　" 만약 당신이 나를 찾아와서, '자, 앉아서 차분하게 같이 의논해 봅시다. 서로 생각이 틀리다면 왜 그런가, 또 차이가 있는 문제는 어떤 점인지 서로를 이해해 봅시다.' 하고 말했다고 칩시다. 그러면 우리는 서로 간의 의견의 차이가 점점 허물어져서 서로 이해할 수 없는 것은 극히 적고, 서로 동의할 수 있는 점이 대다수라는 것을 알게 됩니다. 그리고 인내와 솔직함 그리고 함께 해 보자는 의욕만 가지면 두 사람은 같이 일해 나갈 수 있다는 것도 알게 될 것입니다."

4. 즉석에서 하는 대화법

> 즉석 스피치는 그 장소의 진행에 따라 꽃이 피기도 하고 순식간에 사라져 버리기도 한다. 청중에게 전달해야 할 요점을 중심으로 생각을 논리적으로 전개시켜야 한다.

얼마 전에 어느 제약회사의 연구소 개소식이 있었는데 재계의 거물들과 정부 고위 관료들이 참가했습니다. 그때 연구소 직원 여섯 명이 차례로 일어나서 화학자나 생물학자가 다루는 아주 흥미진진한 일에 대해서 이야기를 했습니다.

전염병에 대한 새로운 백신 이야기, 바이러스에 대처하는 새로운 항생물질, 긴장을 풀어주는 정신안정제 신제품 개발 등에 관한 이야기였습니다. 모두 동물 실험을 거친 뒤에 인체에 적용시켜서 놀라운 결과를 보였다는 내용을 발표했습니다.

"훌륭합니다!" 한 관료가 연구소장에게 말했습니다. "여러분들은 정말 훌륭한 마술사이시군요. 그런데 소장님은 왜 말씀을 안 하시죠?"

"저는 여러 사람 앞에서 말을 잘 못해요."

연구소장이 어두운 얼굴로 대답했습니다. 그런데 잠시 후에 사회자가 갑자기 새로운 제안을 했습니다. "우리는 아직 소장님 말씀을 듣지 못했습니다. 소장님은 준비된 연설을 좋아하지 않는다고 하시지만 그래도 한 마디 인사 말씀 정도는 해 주십시오."

결과가 어땠을까요? 정말 참담했습니다. 사회자의 제안 때문에 자리에서 일어서기는 했지만 한두 마디를 어물어물하는 것이 고작이었습니다. "길게 말씀드리지 못해서 죄송합니다."

이때 연구소장이 한 말의 전부입니다. 전문분야에서 대단한 업적을 지닌 연구소장은 아주 총명한 분이십니다. 그럼에도 불구하고 여러 사람들 앞에서 말하게 될 때는 엄청난 혼란에 빠지고, 결국에는 망신만 당하고 끝을 맺는 것이었습니다.

이런 경우에 어쩔 수 없다는 핑계로 모든 것이 해결되지는 않습니다. 정말로 그에게 뜻이 있었다면 즉석에서 연설하는 방법을 배울 수 있었을 것입니다.

화술 강좌를 진행했던 나의 경험에서 보면, 진정으로 자기 결심을 지녔던 수강생 중에는 화술을 마스터하지 못한 사람이 한 명도 없었습니다.

연구소장 같은 경우에 우선 첫 단계는 하지 않으려는 태도, 즉 패배주의적인 태도에서 단호히 벗어날 필요가 있습니다.

　다음 단계로는 처음 당분간 잘되지 않겠지만 틀림없이 해내고 말겠다는 굳건한 의지를 지속해서 유지해야 합니다.

　"미리 준비해서 연습하면 잘 되는데 갑자기 얘기하라는 요청을 받으면 무엇을 말해야 할지 모르고 당황하게 됩니다."

　아마도 이렇게 말하는 사람도 있을 것입니다.

　자기의 생각을 간추려서 즉석에서 스피치하는 능력은 어느 면으로 보면 오랫동안 애써서 준비한 뒤에 말하는 능력보다도 중요합니다.

　업무나 사업 경영 때문에 또는 일상생활에서도 특별하지는 않더라도 말로 의사를 전달해야 할 필요는 항상 있습니다. 생각하고 있는 것을 동원하고 정리해서 좋은 언어로 표현하는 능력이 절대적으로 필요하다는 의미입니다.

　오늘날 기업의 문제나 정치적 문제를 좌우하는 결정은 한 사람에 의해서 내려지는 경우는 거의 없습니다. 대부분의 경우는 회의를 통해서 결정됩니다.

　물론 회의에서 개인의 의견을 말하는 것은 허용되지만, 그 발언이 관철되려면 전체 의견의 비판을 극복할 수 있을 정도로 힘 있게 표현되어야 합니다. 그리고 즉석에서 하는 대화 기술 능력이 효과를 내는 것은 바로 이런 때입니다.

자신을 적절하게 컨트롤 하는 능력이 있고, 보통의 지능을 갖춘 사람이라면 누구라도 청중이 자기 뜻을 받아들일 수 있는 이야기를 즉석에서 능숙하게 할 수 있습니다.

두 마디도 좋고 세 마디도 좋으니 제발 한 말씀 해달라는 요청을 받았을 때, 곧바로 자기 생각을 표현하는 능력을 기르는 방법이 몇 가지 있습니다.

그 중의 한 가지는 유명한 영화배우들이 사용했던 방법입니다.

몇 년 전에 배우 더글러스 페어뱅크스의 수필 한 편이 〈아메리칸 매거진〉에 실렸습니다. 내용 중에 자기와 채프린, 메리 픽포드 세 사람이 2년여간 실행했던 게임에 대한 내용이 있습니다. 세 사람은 이 게임을 거의 매일 밤마다 실행했는데, 그저 단순한 놀이가 아니었습니다.

그것은 화법의 여러 가지 기술 중에서 아주 어려운 기술을 연습하는 게임이었습니다. 즉각적으로 일어나서 자기 생각을 정리하고 말하는 기술입니다. 페어뱅크스는 이 놀이에 대해서 설명하고 있습니다.

> 66 우리는 각자 종이 한 장에 어떤 테마를 하나씩 적어 넣었습니다. 그 종이를 접어서 섞은 다음에 한 사람씩 일어나서 접힌 종이를 하나 뽑습니다. 그는 자기가 뽑은 종이에 쓰인 테마에 대해서 1분간 스피치합니다. 한 명의 스피치가 끝나면 다음 사람이 똑같이 합니다. 같은 주제를 반복 사용한 적은 한 번도 없었습니다.
> 어느 날, 내 차례에 '전기스탠드의 갓'에 관해서 스피치하게 되었습

니다. 그런 것쯤이야 생각하시는 분은 한 번 일어서서 시험 삼아서 이야기해보십시오. 나는 간신히 그것을 해냈습니다.

중요한 것은 우리가 이 게임을 하면서 세 사람 모두 재치 있고 영리해졌다는 사실입니다. 여러 가지 잡다한 일들에 대해 넓은 지식을 쌓았습니다.

그런데 그런 것보다 훨씬 큰 이득은 어떤 화제에 대해서라도 자기 지식이나 생각을 재빨리 정리할 수 있게 되었다는 점입니다. 즉, 우리는 '일어서서 생각하는' 방법을 배웠던 것입니다."

내 강좌의 수강생들도 강의 중에 즉석에서 이야기하라는 지명을 여러 차례 받습니다. 오랜 경험에서 이런 연습이 두 가지의 유익한 것을 배울 수 있다는 것을 알고 있습니다.

❶ 누구라도 '일어서서 생각할 수 있다'는 것을 증명해 보인다.
❷ 이 경험을 바탕으로, 미리 준비된 이야기를 할 때에는 더욱더 자신을 갖고 말할 수 있다.

수강생들은 이 연습을 통해서 한 가지 자신감을 얻게 됩니다. 설령 주어진 주제에 대해서 아무 것도 생각나지 않는 최악의 상황이라도 즉석에서 스피치할 수 있는 능력으로 잘할 수 있다는 자신감입니다. 생각이 텅 비어 버리더라도 능력을 되살려 이야기의 본줄기로 되돌아 올 때까지 마음이 흔들리지 않고 이야기할 수 있다는 자신감을 가질 수 있는 것입니다.

때문에 수강생들에게 때때로 다음과 같이 요구합니다.

> 66 오늘밤은 서로 다른 주제로 말해 주셔야 하겠습니다. 호명되
> 어 일어나기 전까지는 각자가 무엇에 대해 말해야 하는지 모르는 것
> 입니다. 부디 잘 해 주십시오.”

어떤 일이 발생했을까요?

어느 회계사는 광고에 대해서 이야기하도록 요청받았습니다. 광고회사 직원은 유치원에 대해, 교사는 은행 업무에 대해서 그리고 은행원은 반대로 학교 교육에 대한 화제가 주어지기도 했습니다.

상점 판매원에게는 공장 생산시스템에 대해서 말하라고 주문하기도 했고, 생산 전문가나 숙련공에게는 교통에 대해서 말하라는 주제가 주어졌습니다.

그들은 모두 머리를 떨구고 체념했을까요? 천만의 말씀입니다!

그들은 주어진 주제에 대해서 권위자인 체하지는 않지만, 자기에게 주어진 주제를 자기가 잘 알고 있는 지식과 조화시키려고 노력합니다. 처음에는 그리 좋지 못한 스피치가 될지도 모릅니다. 그러나 어쨌든 우선 일어서서 이야기합니다. 사람에 따라 쉽고 어려운 정도가 다르겠지만 결코 체념하진 않습니다.

그리고 자기가 예상한 것보다 훨씬 잘할 수가 있다는 것을 느낍니다.

그들에게는 이것이 지극히 감동적인 일이 아닐 수 없습니다. 자기에게는 없다고 생각했던 능력도 키울 수 있다는 것을 스스로 깨닫게 됩니다.

화술 강좌의 수강생들에게 가능한 일이라면 다른 누구에게도 가능하다는 것은 확실합니다. 단, 의지력과 자신감 그리고 지속적인 노력이 있으면 됩니다. 그리고 계속 실행할수록 그만큼 더 쉬워집니다.

일어서서 즉석에서 말하는 훈련의 또 한 가지의 방법은 즉석에서 하는 스피치 이어가기 훈련입니다. 이것은 우리 강좌만의 특징적인 연습입니다.

한 수강생에게 최대한의 환상적인 말을 사용하여 어떤 주제에 대한 이야기를 하라고 요구합니다. 수강생이 이렇게 이야기했다고 예를 들겠습니다.

> 66 지난번에 헬리콥터를 타고 신나게 하늘을 날았던 적이 있습니다. 한창 날고 있는데 비행접시 한 대가 앞으로 달려오는 것이 보였습니다. 나는 서둘러서 땅으로 내려가려고 했습니다. 그때 아주 가까이 다가온 비행접시가 꼬리 부분에서 총이 나오더니 헬리콥터를 향해 사격을 퍼부었습니다. 나는 그만⋯⋯."

이 순간에 시간이 다됐다는 종이 울립니다. 그러면 다음 차례의 수강생이 이야기를 받아서 계속 이어나가게 됩니다. 강좌의 수강생들이 모두 차례대로 주어진 시간 동안 이야기를 이어가면 마지막에 무슨 이야기로 끝을 맺을지 알 수 없습니다. 화성의 운하(運河) 또는 국회의사당 아니면 아무도 알 수 없는 이상한 곳에서 끝이 나기도 합니다. 아무도 예상할 수 없습니다.

준비 없이 스피치하는 기능을 연습하는 방법으로는 정말 효과적인 훈련법입니다. 이런 연습을 거듭하다 보면 실제로 직장이나 사회생활에서 '즉석으로' 스피치해야 할 상황이 닥치더라도 자기 능력을 충분히 발휘할 수 있습니다.

지표 2 ▶ 마음속에 항상 준비하라

아무런 준비도 없는 상황에서 갑자기 주제에 대한 간단한 스피치를 요청받는 경우는 대부분 그 주제에 관해서 권위 있는 말을 할 수 있다고 기대하는 경우가 많습니다.

따라서 가장 중요한 것은 그 장소의 상태를 재빨리 파악해서 짧은 시간 동안 무엇을 말할 것인지 정확하게 판단하는 것입니다. 이런 과정을 숙련되게 할 수 있는 방법 중의 하나는 항상 마음에 준비를 하는 것입니다.

어느 모임이든 참석하였을 때, 만약 내가 지명되면 무엇을 말할까 하고 항상 자기 마음과 얘기를 계속 나누십시오. 어떤 화제가 적당할까? 지금 모임에서 논의되고 있는 제안을 찬성할까 또는 거부할까? 그리고 그런 의사를 어떤 말로 표현하면 좋을까?

관련해서 한 가지 충고를 드리겠습니다.

그것은 언제나 즉각적인 스피치를 할 수 있게끔 생각의 컨디션을 조절해 두는 것입니다. 이것은 스피치하는 사람만이 스스로 할 수 있는 것입니다.

생각한다는 것은 무엇보다도 힘든 일입니다. 하지만 자기와 연관된 모든 상황을 분석하는 데 시간을 투자해서 준비하지 않은 사람이 즉석에서 연설을 잘한 사례가 없다는 것도 틀림없는 사실입니다.

마치 비행기 조종사의 준비와 같습니다. 조종사는 언제 어느 때 발생할지 모르는 문제에 대해서 끊임없이 준비를 갖춤으로써 비상사태가 발생했을 때 냉정한 판단력으로 행동함으로써 위기를 벗어날 수 있습니다. 즉석에서 스피치를 특별하게 잘하는 사람은 그런 상황에 대비한 연습을 꾸준하게 하고 있는 것입니다.

그러니까 엄밀한 의미에서 '즉석' 스피치란 없는 것입니다. 평소에 해둔 꾸준한 준비를 바탕으로 연설하는 것입니다. 주제가 즉석에서 주어지면 준비된 내용으로 때와 장소에 적당하게 구성하면 됩니다.

즉석에서 연설하는 화자는 당연히 짧은 시간 안에 즉시 스피치해야 합니다. 따라서 제일 먼저 해야 할 일은 그 장소에 적합한 화제는 무엇인지를 정해야 합니다.

준비가 안 되었다고 사과할 필요도 없습니다. 어쩌면 이미 예상된 상황일 수도 있기 때문입니다. 되도록 빠르게 화제의 본론을 언급하고 몰입해서 스피치해야 합니다.

그리고 다음의 지표를 잊지 말고 실행하십시오.

지표 3 ▸ 곧바로 실례를 들어 말하도록 하라

왜 그럴까요? 이유는 세 가지가 있습니다.

❶ 다음에 무슨 말을 할 것인지를 찾아야 할 고민에서 해방될 수 있습니다. 왜냐하면 이미 경험해서 알고 있는 것이라면 아무리 즉각 스피치

를 해야만 할 경우라도 저절로 말이 술술 나올 수 있기 때문입니다.

❷ 이야기가 흘러가는 파도에 올라탈 수 있습니다. 처음에는 머뭇거리던 심정도 없어지고, 화제에 대해서 이리저리 생각하는 여유도 가질 수 있습니다.

❸ 곧바로 청중의 관심을 끌어 들일 수 있습니다.

앞의 제3장에서도 설명한 바와 같이 '실례'를 드는 것은 청중의 관심을 끄는 가장 좋은 수단입니다. 화자에게 자신감이 필요한 시간은 이야기가 시작된 처음 몇 초 동안입니다. 바로 그 순간에 '실례'를 통해서 인간관계를 다룸으로써 청중의 관심을 끌게 되고, 그 덕분에 연사도 자신감을 가질 수 있습니다.

의사소통은 상호작용입니다. 청중의 주의력을 집중시킨 연사는 청중들이 자신의 이야기에 집중해서 이해하고 있음을 곧바로 깨닫게 됩니다.

청중이 이해하고 있음을 깨닫고 또한 청중의 기대감이 전류의 섬광처럼 마음속에 흐르고 있음을 알게 되면, 연사는 최선을 다해서 노력하여 빛나는 스피치를 함으로써 청중의 기대에 보답합니다.

이와 같이 양쪽의 전정한 교류가 없다면 진실된 의사소통은 불가능합니다.

곧바로 '실례'로 이야기를 시작하십시오.

특히 '부디 간단히 한 말씀해 주십시오'라는 즉석의 요구가 있을 때는 더욱 그렇게 해야 의사소통이 쉬워집니다.

이미 몇 번이나 되풀이해서 강조했듯이 열정을 담아 힘 있게 스피치하면, 활기가 외부로 표출되면서 지적 성장에도 큰 도움이 됩니다.

보통으로 대화를 주고받던 중에 별안간 몸짓과 손짓을 써가면서 말을 시작하는 사람을 본 적이 있나요? 그 사람은 마침내는 거침없이 때로는 뛰어나게 눈에 띄는 말솜씨로 이야기해서 결국은 청중으로부터 열성적인 지지를 받게 됩니다.

정신과 육체의 관계는 아주 밀접합니다. 그래서 손의 움직임과 마음의 움직임을 묘사할 때 우리는 같은 말을 씁니다.

예를 들어서 어떤 발상(發想)을 '잡는다'는 말을 어떤 생각을 '파악한다'고도 표현하는 것입니다.

윌리엄 제임스도 지적한 바와 같이 육체에 활력을 주입하면 정신도 곧 그에 호응하게 되는 것입니다. 따라서 당신의 '이야기 속에 자신의 모든 것을 투입'하도록 권합니다. 그렇게 하면 즉석에서 스피치를 잘하는 사람으로 성공할 수 있습니다.

누군가가 당신의 어깨를 치면서 이렇게 말합니다.

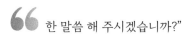 한 말씀 해 주시겠습니까?"

이런 경험은 누구에게라도 한 번쯤은 있습니다. 아니면 아무런 예고도 없이 이런 상황이 생길 수도 있습니다.

마음 편하게 사회자의 말을 듣고 있는데 갑자기 사회자가 당신을 소개하는 말을 하게 될 때도 있습니다. 곧바로 모든 사람의 시선이 당신에게 집중되면서 다음 연사로 당신이 소개될 수도 있습니다.

이런 상황이 되면 당신은 마치 스티븐 리콕의 작품의 행선지를 모르는 기수처럼 어찌할 줄 모르게 될지 모르게 됩니다. 스티븐의 작품에 나오는 기수는 마치 술에 취한 듯이 '목적 없이 달려가기 시작'합니다. 그러나 그런 때일수록 침착해야 합니다.

먼저 사회자에게 말을 건넴으로써 한숨 돌리는 여유를 가지십시오. 그리고 이야기할 내용은 그 모임에 관계되는 것으로 한정하는 것이 제일 좋습니다.

사람은 공통적으로 자기 자신 또는 자기가 속해 있거나 하고 있는 일에 관심을 크게 가집니다. 이런 몇 가지를 종합해서 즉석에서 스피치를 잘하는 데 필요한 원칙이 세 가지 만들어졌습니다.

첫째는 청중 그 자체입니다.

스피치를 할 때 분위기를 부드럽게 하기 위해서 반드시 기억해 두십시오. 청중에 관한 것을 화제로 택할 것입니다. 그들이 어떠한 사람이며 무슨 일을 하고 있는지, 특히 청중이 속해 있는 모임이 사회나 인류를 위해 실행하고 있는 좋은 일에 대해서 언급하면 좋습니다.

둘째는 그 장소의 분위기와 특성입니다.

모임이 열리게 된 경위를 미리 파악해 두는 것도 좋은 방법입니다. 그것이 어떤 감사들의 모임인지, 기념회인지, 모임의 정기 총회인지, 산업에 관련된 모임인지 또는 정치적 집회나 애국적인 모임인지를 미리 파악하는 것입니다.

마지막으로는 다른 연사가 한 연설에 대해서 찬성하고 그것을 확대시키는 것입니다.

다른 사람의 연설을 주의 깊게 듣고 그 중에 찬성할만한 연설에 대해서 자기의 의견을 말하는 것입니다. 가장 잘 받아들여지는 연설이란 진정으로 현장과 잘 어울리는 연설입니다. 왜냐하면 그 연설은 오직 그 장소만을 위해서 마련된 것이기 때문입니다. 그 연설을 확대하는 것이 바로 당신의 즉석연설을 성공적으로 할 수 있는 핵심이 될 수 있습니다.

즉석에서 하는 스피치는 그 장소의 분위기에 따라 순식간에 꽃이 피기도 하고 갑자기 사라져 버리기도 합니다. 그러나 청중의 느낌은 이후에도 계속 남습니다. 그런 상황이 온다면 당신은 생각보다 빠르게 즉석 화술의 명인이 되는 것입니다.

지표 6 ▶ 즉석의 이야기를 준비해서 하라

'즉석'이라고는 하지만 아무런 관련도 없는 무의미한 말을 앞뒤 없이 내뱉는 스피치는 아무런 가치도 없습니다. 즉석연설도 청중에게 전달해야 할 요점을 중심으로 관련된 개념이나 사고를 논리적으로 모아서 구성해야 합니다. '실례'도 당연히 이 중심과 연관되는 것으로 들어야 합니다.

그리고 다시 되풀이해서 강조하지만 즉석연설이란 미리 준비한 연설보다 활기와 생기가 넘치는 것이 더욱 중요하다는 것을 잊지 마십시오. 그리고 그 활기와 생기는 준비를 통해서 불어넣을 수 있습니다.

본 장에서 제시하고 있는 중요한 사항 몇 가지를 마음에 새겨두고 실행한다면 당신도 틀림없이 즉석 화술의 명인이 될 수 있습니다. 본 장에서 설명하고 있는 원칙을 처음부터 따라하고 연습하기 바랍니다.

어떤 집회에 참석할 때는 간단한 준비를 하는 것도 좋고, 아니면 언제 지명되더라도 대처할 수 있다는 마음의 준비를 미리 다지는 것도 괜찮습니다.

논평이나 평가를 해달라는 요청을 받을 가능성이 있다고 생각되면 다른 화자들의 이야기를 주의 깊게 듣는 것도 중요합니다. 그들의 이야기에 대한 자기의 생각을 간결하게 요약하고 있다가 때가 오면 생각하던 내용을 간결한 논리로 말하면 됩니다. 말할 내용은 이미 간단하게 요약 정리되어 있으니 명쾌하게 말하고 조용히 자리에 앉으면 될 일입니다.

건축가이며 공업 디자이너인 노먼 벨 게디스(Norman Bel Geddes)는 일어서지 않고서 말을 표현하지 못한다고 주장합니다.

사무실을 거닐 때 또는 건물이나 전시물의 복잡한 설계에 대한 다른 사람과 아이디어를 나눌 때가 최상의 상태였습니다. 그는 오히려 앉아서 말하는 것을 배워야 할 정도였습니다. 물론 그는 이것도 마침내 터득했습니다.

우리는 대체로 그와 정반대인 경우가 많습니다. 우리는 도리어 일어서서 말하는 방법을 터득해야 합니다. 그가 앉아서 말하는 법을 터득했듯이, 누구라도 서서 말하는 법을 터득할 수 있습니다. 그러기 위해서 가장 중요한 비결은 일단 시작하는 것입니다. 먼저 짧은 말을 해 보는 것으로 시작하십시오. 그리고는 다음 한 가지, 또 한 가지, 그리고 또 한 가지 ……, 이렇게 시도해서 성공으로 갈 수 있습니다.

연습이 쌓이면서 나중에 한 스피치가 처음에 한 것보다 훨씬 수월하다는 것을 느낄 것입니다. 그리고 스피치의 질도 향상되어 있습니다.

결국 머지않아서 일어서서 즉석 스피치하는 것이 친구들과 방에 앉아서 보통 이야기하는 것과 별로 다를 바가 없음도 깨닫게 될 것입니다. 즉석 스피치도 결국에는 일반 대화의 연장입니다.

DALE CARNEGIE

제 4 부
의사 전달의 기술

1. 스피치하는 비법

DALE CARNEGIE

1. 스피치하는 비법

> 당신에게는 당신만의 개성이 있다. 화자로서 당신의 개성은 중요한 재산이
> 다. 그 개성은 당신을 중요하고 가치 있게 밑받침해주는 보물이다.

사람이 자기 이외의 세계와 의사를 통하는 방법은 네 가지가 있습니다. 그리고 그 네 가지의 접촉에 의해서 평가되고 등급이 매겨지는 것도 사실입니다.

그 네 가지 접촉 방법이란 '어떤 행동을 하는지, 어떻게 보이는지, 무엇을 말하는지 그리고 어떤 태도로 말하는지'입니다.

본 장에서 다루는 것은 이들 넷 중에서 마지막, 즉 이야기하는 태도는 어떻게 해야 좋은지에 대한 것입니다.

내가 처음 화술 강좌를 시작했을 때는 목소리를 좋게 내는 방법, 울림을 좋게 하는 방법 그리고 억양을 좋게 하는 방법 등 목소리 훈련에 많은 시간을 할당했습니다.

그러나 얼마 지나지 않아서 성인들에게 목소리 음역을 넓히는 연습을 시키거나 울림소리 발성법을 가르친다는 것이 얼마나 무의미한 일인가를 깨닫게 되었습니다. 물론 3년이나 4년을 공들여서 음성 훈련을 통해서 의사전달 기술을 연마하는 사람들에게는 그런 연습도 크게 보람 있는 일입니다. 그러나 강좌의 수강생들은 대부분이 그저 타고난 목소리에 만족해야 한다는 점을 뒤늦게 깨달은 것입니다.

그때까지 '횡격막 호흡법'을 연습시키는 데 소비했던 시간과 정력으로 연설에 대한 공포와 망설임으로부터 스스로 벗어나는 훈련을 했다면 훨씬 결과가 좋았을 것입니다. 연설에 대한 공포와 망설임에서 벗어나는 훈련은 짧은 시간에 더 많은 결과를 얻을 수 있는 훈련입니다.

늦었더라도 생각이 그 곳으로 향한 것에 대해 나는 하느님께 감사하고 있습니다.

지표 1 ▶ 지나친 자의식에서 벗어나라

나의 화술 강좌에는 쓸데없는 일에 구속되고 딱딱하게 긴장하는 성인들의 긴장을 풀어주기 위해서 실시하는 과정이 몇 가지 있습니다. 그리고 강좌 중에 진정한 마음으로 수강생들에게 간곡히 부탁합니다.

> ❝ 부디 긴장의 껍질을 훌훌 털어버리고 밖으로 나오십시오, 그리고 온 세계가 나를 따뜻하게 환영해 준다는 것을 스스로 체험해 보세요!'

그것이 힘든 일임에는 틀림없지만, 그렇게 할만한 충분한 가치가 있음도 사실입니다.

포슈(Ferdinad Foch) 장군이 '전술'에 대해 정의내렸던 것에 비유해 보겠습니다.

> 생각으로서는 지극히 간단한 것이지만, 막상 실행에 접어들고 보니 복잡한 것'

이 경우 가장 큰 장애가 되는 것은 물론 '딱딱해지는' 것입니다. 그것은 육체적으로 딱딱해지는 것뿐만 아니라 정신적으로 딱딱해지는 것도 포함합니다. 딱딱해지는 것은 인간이 성장함에 따라 자연스럽게 생기는 경화 현상입니다.

청중 앞에서 자연스럽게 몸을 유지하고 움직이는 것은 여간 어려운 일이 아닙니다. 배우들은 그것을 잘 알고 있습니다.

너덧 살 때쯤이라면, 맞습니다. 당신이 너덧 살쯤이라면 아마도 연단에 올라서서 청중을 향하더라도 자연스럽게 이야기를 풀어갈 수 있을 것입니다. 그러나 스물네 살이나 마흔네 살이 되어서 연단에 올라간다면 어떻게 될까요? 너덧 살 때 가지고 있었던 무의식의 자연스러움을 그때까지 잃지 않고 지니고 있을까요? 실제로 보존하여 지니고 있는 사람이 있을 수도 있습니다. 그러나 십중팔구는 몸과 마음이 굳어져서 허세를 부리듯이 뻣뻣하거나 아니면 꿈틀꿈틀하면서 거북이가 제 껍질 속으로 들어가듯이 꾸물거릴 것입니다.

어른들에게 화술을 가르치고 훈련시키는 것은 또 다른 부가적 특성을 만드는 일이 아닙니다. 그것은 대부분의 어른들이 가지고 있는 각종 장애를 제거해서 자연스럽게 말할 수 있도록 하는 일입니다. 마치 누군가 툭하고 치면 자연스럽게 반응하는 사람의 본능처럼 말입니다.

스피치하는 수강생의 말을 가로막고 '인간답게 이야기하라'고 부탁한 적이 몇 백 번인지 모릅니다. 수강생들이 자연스럽게 스피치하도록 하기 위해 온갖 방법을 쓰고 정신을 기울였습니다. 정신과 신경을 너무 써버려서 집에 돌아오면 심신이 모두 지쳐서 쓰러진 날이 몇 백 번인지 알 수 없습니다. 결코 과장이 아닐뿐더러 생각처럼 그리 쉬운 일도 아닙니다.

강좌에서 수강생들에게 소설이나 연극의 대화 부분, 어떤 때는 사투리가 쓰인 부분을 실제로 연기해보라고 요청합니다.

그럴 경우에 수강생들에게 극적인 장면에 자기 자신을 이입시키라고 요구합니다. 실제로 그렇게 해보면 수강생들은 연기가 서투르고 형편 없더라도 연기하는 것에 기분이 언짢아하지는 않습니다. 더구나 때때로 수강생 중에 뛰어난 연기 재능을 보이는 것에도 놀란 적이 한 두 번이 아닙니다.

내가 강조하고 싶은 것은 이것입니다. 즉, 여러 사람 앞에서는 일단 자기의 껍질을 벗어버릴 수 있게 되면, 그 뒤로는 이미 개인적으로건 여러 사람 앞에서건 자기의 견해를 표현하는데 망설이거나 멈칫거리지 않게 된다는 것입니다.

이때 당신이 느끼게 되는 자유는 마치 새장에 갇혀 있었던 새가 자유를 얻어 하늘로 날아가는 것과 비슷합니다. 사람들이 왜 극장이나 영화관에 모여드는지 당신도 알게 될 것입니다.

극장이나 영화관에는 자신과 같은 사람들이 아무런 억눌림 없이 자연스럽게 연기하고 행동하는 것을 볼 수 있기 때문입니다. 관객들은 그런 모습과 말투에서 인간의 감정이 숨김없이 표출되는 것을 보는 것입니다.

지표 2 ▶ 흉내를 내지 말고 자신의 것을 말하라

스피치를 연출할 줄 알고, 자기표현에 두려움이 없으며, 청중에게 말하고 싶은 것을 독특하고 개성적으로 말하며, 상상력이 풍부한 이야기를 하거나 좋은 비유를 과감하게 사용하는 연설자에 대해서 사람들은 모두 존경심을 가집니다.

제1차 세계대전 직후에 런던에서 미스 스미스 경(卿)과 기스 스미스 경 형제를 만난 적이 있습니다.

형제는 런던에서 호주까지의 장거리 비행에 처음으로 성공해서 호주 정부가 주는 상금 5만 달러를 받게 되었습니다. 뿐만 아니라 대영제국에 센세이션을 불러일으킴으로써 국왕으로부터 기사 작위를 수여받았습니다.

유명 사진작가 할레이 대위는 형제의 비행에 함께 동행하면서 영화를 촬영했습니다. 나는 영화에서 비행에 대한 스피치를 하도록 두 사람을 훈련시켰습니다.

형제는 런던의 필하모니 홀에서 자그마치 네 달 동안 강연을 했습니다. 형제가 하루 두 번씩 오후와 밤으로 교대하면서 강연을 하였습니다.

두 형제는 똑같은 경험을 했습니다. 나란히 앉아서 세계의 절반을 비행한 것입니다. 그래서인지 그들이 강연하는 내용은 한마디 한마디가 같은 이야기였습니다. 그런데 무슨 이유인지 두 사람의 스피치가 완전히 똑같게 들리지는 않았습니다.

강연에는 단순한 말 이외에 중요한 그 무엇이 있었습니다. 그것은 이를테면 스피치에 부수되는 향기와 같은 것입니다.

당신이 무엇을 이야기하느냐 보다는 오히려 어떻게 이야기하는지가 더 중요합니다. 러시아의 위대한 화가 브라로프가 학생이 그린 그림을 고쳐 다듬어 준 일이 있었습니다. 수정된 그림을 보고 학생이 깜짝 놀라서 바라보며 물었습니다.

"도대체 이게 어찌된 일입니까? 아주 조금만 손질을 해 주셨을 뿐인데 전혀 다른 그림이 되어 버렸어요."

브라로프의 대답은 이렇습니다.

"예술이란 그 조그만 차이에서 시작되는 것이라네."

이것은 그림을 그리는 것이나 파데레프스키가 피아노를 치는 것과 마찬가지로 스피치할 때도 적용되는 말입니다.

영국 의회에서 옛날부터 전해 내려오는 격언에, '만사는 말하는 내용이 아니라 말하는 법에 달려 있다'는 말이 있습니다.

그것은 영국이 아직 로마의 식민지였던 시대에 수사학자였던 킨티리안이 말한 격언입니다.

포드 자동차 회사는 '포드 차의 구조는 모두 다 똑같습니다.'라는 선전 문구를 쓰지만, 사람의 경우에는 감쪽같이 똑같다는 말은 있을 수 없습니다. 아무리 세상이 넓어도 생명은 모두 저마다 개별적으로 새롭고 개성 있는 존재입니다. 그 어떤 사람도 똑같은 것은 지금까지 존재하지 않았고, 앞으로도 존재하지 않을 것임이 분명합니다.

젊은이들은 자기 자신의 이런 존재에 관해서 똑똑하게 인식해야 합니다. 한낮을 비추는 햇살만큼이나 자기를 다른 사람과 구별할 수 있는 개성을 찾아서 키워야 합니다. 사회나 학교는 그런 개성을 다림질을 해서 펴려고 할지도 모르겠습니다. 사회나 학교에서는 인간들을 같은 틀에 박아 넣으려는 경향이 있지만 결코 번득이는 개성을 잃어서는 안 됩니다.

개성이야말로 당신을 중요하게 만드는, 오직 하나의 참된 밑받침입니다. 그리고 효과적인 화법을 위해서는 자신의 개성에 진실해야 합니다. 사람을 모두 두 개의 눈과 하나의 코 그리고 입을 하나 가지고 있습니다. 그러나 누구 한 사람도 당신과 똑같은 모습을 지닌 사람은 절대로 없습니다. 마찬가지로 당신의 개성이나 일하는 솜씨나 성실성에 있어서 당신과 똑같은 사람도 없는 것입니다.

당신이 평상시 자연스럽게 이야기하는 모습과 똑같은 모습으로 이야기하는 사람은 거의 없다는 뜻입니다. 바꾸어 말하면 말하는데도 자신만의 개성이 있다는 의미입니다. 연설을 하는 화자로서는 그것이야말로 다른 무엇보다도 귀중한 재산입니다.

모름지기 자신만의 개성으로 자신의 것을 키우십시오.

그것이 당신의 스피치에 힘과 진정성을 당겨주는 불꽃이 됩니다. 그것이야말로 당신의 연설을 중요하게 그리고 가치 있게 해주는 참된 밑받침인 것입니다.

부디 자기 자신을 애써 틀 안에 가두어서 다른 사람의 흉내를 내지 말고, 자기 자신만의 개성으로 행동하고 말하십시오.

지표 3 ▶ 청중과 이야기를 나누어라

수많은 사람들에게 볼 수 있는 잘못된 화술의 실례를 들어보겠습니다.

언젠가 스위스 알프스 산맥에 있는 피서지 머렌에서 런던의 어느 회사가 경영하는 호텔에 숙박한 적이 있었습니다. 그 호텔에는 매주 영국에서 파견된 두 명의 강연자가 투숙객들에게 이야기하도록 되어 있었습니다.

내가 숙박할 때 온 강연자 중의 한 사람은 영국의 유명한 작가였습니다. 그녀는 '소설의 미래'라는 주제로 이야기했습니다.

그런데 그녀는 주제를 자기가 고른 것은 아니라고 말했습니다. 이런 고백을 한다는 것은 그 주제를 이야기할 만한 가치 있는 것으로 삼겠다는 생각이 조금도 없다는 뜻입니다.

서둘러서 대강 메모를 해 온 것을 들고 청중 앞에 섰습니다. 그리고 청중을 무시하는 자세로 이야기를 했습니다. 청중의 머리 너머로 먼데를 바라보기도 하고, 가끔은 메모지를 들여다보기도 하고, 마룻바닥을 굽어보기도 하는 등 청중에게는 눈길 한 번 돌리지 않았습니다.

초점 없는 시선은 먼 곳에 머물러 있었고, 목소리도 되는 대로여서 힘이 없었습니다. 마치 시간을 초월한 허공을 향하여 말을 뱉어내는 것과 다를 바가 없었습니다.

이렇게 이야기하는 것은 화술의 본래 모습이 절대로 아닙니다. 이것은 그저 혼자 지껄이는 독백에 지나지 않습니다.

'의사를 전달하는 감각'이야말로 뛰어난 스피치의 첫 번째 필수 조건입니다. 말하는 이의 머리와 마음으로부터 우러난 생각을 청중에게 전달해야 합니다. 청중이 자신들에게 어떤 생각이 전해지고 있다는 느낌을 받을 수 있어야 합니다.

앞에서 예로 들었던 작가처럼 이야기하는 방법으로 이야기할 바에야 차라리 고비 사막에 가서 혼자 실컷 지껄이는 것이 좋습니다. 실제로 그 작가의 이야기는 살아 있는 사람에게 전하는 이야기라기보다는 오히려 사막처럼 인적조차 없는 곳에서 혼자 지껄이고 있는 것으로밖에는 들리지 않았던 것입니다.

과거에는 화술에 대해서 여러 가지 난센스가 있었고, 규칙이나 의식을 덧붙여서 신비하게 취급하였습니다. 이런 구태의연한 웅변 규칙을 그대로 따라서 우스꽝스러운 웅변을 신나게 펼치는 사람을 쉽지 않게 볼 수 있습니다.

미국에서도 모든 학생들에게 '웅변가의 명연설'을 강제로 암송시키고 있습니다. 다른 분야가 크게 진보하고 있음에도 화술에 있어서는 구태가 아직 그대로 존재하고 있는 것입니다. 마치 다람쥐의 머리를 본뜬 타이어 공기 펌프처럼 무의미하고, 깃털 달린 펜대처럼 시대에 뒤떨어진 것이라고 할 수밖에 없습니다.

화술에 대한 새로운 교육을 하는 학교는 1920년대부터 나타났습니다.

이런 학교가 현대적 정신과 일치한다는 점에서 자동차의 발전처럼 능률적입니다.

과거처럼 주제를 무시하고 폭죽처럼 큰소리로 떠들어대던 웅변으로는 오늘날의 청중들을 감동시킬 수 없습니다.

비즈니스 회의를 위해 모인 열댓 명의 사람이나, 큰 천막 밑에 모여든 천여 명의 대중이나 차이가 없습니다. 현대의 청중들은 연설자가 마치 청중과 대화하듯이 솔직하게 말하기를 원합니다. 단지 연설의 극적인 장면에서는 청중 누구에게 말을 건네는 것처럼 정력적으로 힘차게 이야기해 주기를 요구합니다.

자연스럽게 보이기 위해서는 한 사람에게 말할 때 마흔 명의 청중에게 말할 때보다 더 열정을 기울여야 합니다.

그것은 마치 빌딩 꼭대기에 있는 모양이 지상에서 보는 사람에게 정상적인 크기로 보이도록 하기 위해서는 실제로 크기를 훨씬 거대하게 만들어야 한다는 것과 같은 이치입니다.

언젠가 네바다의 광산 도시에서 마크 트웨인의 강연이 있었습니다. 강연이 끝나자 늙은 광산업자가 다가와서 물었습니다.

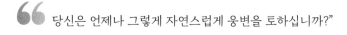

당신은 언제나 그렇게 자연스럽게 웅변을 토하십니까?"

'자연스러운 웅변'을 조금 확대한 것, 그것이야말로 청중이 원하는 것입니다. 그리고 이 확대된 자연스러움의 호흡을 터득하는 하나의 방법은 오직 연습만이 있을 뿐입니다. 계속 연습하면서 과장된 태도로 말하고 있다고 느껴진다면 잠깐 멈추고 마음속으로 자신을 엄하게 꾸짖어야 합니다.

66 봐라! 어떻게 된 거야? 눈을 떠! 사람처럼 말해야지!"

그리고는 마음속으로 그리는 청중 중에서 한 사람을 찾아내십시오. 뒤편이나 연사에게 가장 주의를 기울이지 않는 사람으로 골라서 그에게 말하십시오. 그 외에 다른 사람이 있다는 것은 모두 잊어버린 상태에서 오직 그 사람하고만 이야기를 주고받는 것입니다.

그 사람이 당신에게 질문하고 당신이 대답합니다. 그의 질문에 대답할 수 있는 사람을 오직 당신뿐이라고 가정하고 상상하는 것입니다.

혹시라도 그 사람이 일어서서 질문을 하고, 그 질문에 당신이 답을 한다면 더욱 좋습니다. 그 과정은 곧바로 당신의 연설을 보다 생생하게 만들고, 보다 더 자연스럽게 만들어 줄 것입니다. 그 이유 때문에 그런 상황에 놓였다고 상상을 하는 것입니다.

실제로 질문을 하고 답변까지 할 수도 있습니다. 예를 들면 한창 이야기하는 도중에 이렇게 말하는 것도 좋은 방법입니다.

"그런데 이 주장을 납득시킬 만한 어떤 증거가 있느냐고 여러분은 물으시겠지요. 당연히 있습니다. 확실한 증거, 그것은 ……,"

이어서 그 질문에 답을 말하는 것입니다.

이렇게 자연스러운 방법으로 연습하면 됩니다. 그러면 이야기 형식이 지나치게 단조롭게 되는 것도 극복할 수 있습니다. 더구나 솔직하고 즐거운 회화적 스피치를 만들어 줄 것입니다. 상공회의소 모임에서 친구들에게 말을 건네는 듯한 그런 투로 스피치하는 것입니다.

상공회의소란 결국 친구들의 모임입니다. 친구와 개인적으로 이야기할 때 잘 되었던 방법과 똑같은 방법을 사용해서 스피치하면 집회에서도 성공적인 스피치를 할 수 있지 않겠습니까?

앞에서 어느 여작가의 이야기 투에 대해 언급한 바 있습니다. 그로부터 며칠 뒤에 그녀의 스피치가 있었던 바로 그 장소에서 올리버 로지 경의 스피치를 듣는 기쁨을 누릴 기회가 있었습니다. 로지 경의 스피치 주제는 '원자의 세계'였습니다.

로지 경은 이 주제에 대해서 반세기 넘는 세월에 걸쳐서 고찰과 연구 그리고 실험과 조사를 해왔습니다. 로지 경에게는 진정으로 말하고 싶은 무엇인가가 있었습니다. 그것은 오랜 시간 동안 자신의 사고와 정신의 일부가 되어 있는 그 무엇입니다. 자신의 생명의 일부와 같은 것입니다.

로지 경은 자기가 '연설'하고 있다는 생각을 완전히 잊어버리고 말았습니다. 그런 것에는 조금도 신경을 쓰지 않은 것입니다. 오로지 청중에게 '원자'에 관하여 정확하고 명쾌하게 전달하는 것만이 유일한 관심사였습니다.

그저 자신이 본 것을 열심히 우리에게도 보여주려고 노력했고, 자신이 느낀 것을 우리도 느낄 수 있도록 해주려고 애쓸 뿐이었습니다.

그 결과는 어떠했을까요?

올리버 로지 경의 강연은 참으로 훌륭한 성과를 거두었습니다. 그는 매력과 힘찬 성의가 넘치는 강연이어서 청중들에게도 강한 인상을 남겨 주었습니다.

가장 이상적인 능력을 지닌 화자였던 것입니다.

그러나 로지 경이 자신에 대해서 그렇게 내세우지 않고 있음이 내 눈에는 확실하게 보였습니다. 로지 경은 스피치를 들은 사람들도 그를 '연설가'라고 생각한 사람은 없을 것입니다.

당신의 연설을 들은 사람들이 '저 사람은 화술 훈련을 잘 받았군'이라고 생각한다면 그건 당신의 영예가 아닐뿐더러 화술을 지도한 선생님의 영예도 아닙니다. 특히 내 화술 강좌의 강사들에게 그것은 정말 불명예스러운 일이 아닐 수 없습니다.

당신이 '정식으로' 훈련을 쌓은 적이 있다고 청중이 상상조차 하지 못할 만큼 자연스럽게 스피치할 때, 바로 당신을 지도했던 강사들이 원래 의도했던 뜻이 달성되는 것입니다.

깨끗하게 닦여진 유리창은 그 자체로서는 아무런 주의도 끌지 못합니다. 그저 빛을 통하게 할 뿐입니다. 탁월한 연설자도 이와 똑같습니다. 아주 자연스러운 것 앞에서 청중은 마음을 탁 풀어놓습니다. 이야기하는 사람의 태도에도 주의를 기울이지 않습니다. 다만 그가 말하고 있는 이야기만을 의식하고 관심을 가질 뿐입니다.

> **지표 4** ▶ 대화에는 항상 자신을 투입하라

성실함과 열심히 하는 것 그리고 진실함도 모두 당신의 연설을 도와주는 요소들입니다.

사람이 감정에 강하게 지배받을 때 그 사람의 참된 자아가 겉으로 표현됩니다. 감정의 불길이 장벽을 걷어내고 온갖 울타리를 불태워 버리는 것입니다. 그런 상태가 되면 무의식으로 행동하고, 무의식으로 이야기를 합니다. 아주 자연스러운 상태입니다.

여기서 다시 이야기하는 방법의 문제에서 몇 번이나 강조한 문제로 되돌아가게 됩니다. 그것이 스피치 속에 자기를 투입하는 것입니다. 딘 브라운은 예일대학교 신학부에서 설교에 관한 강의를 하면서 이렇게 말했습니다.

그 어느 때인지 런던의 어느 교회 예배에 참석해서 설교를 들었던 내 친구가 전해준 이야기를 결코 잊을 수가 없습니다.

설교자의 이름은 조지 맥도널드였고, 설교 주제는 '히브리서 제11장의 가르침'에 대한 것이었답니다. 해당 구절을 함께 읽고 나서 설교를 시작하면서 이렇게 말문을 열었습니다.

> 66 이렇게 신앙이 깊은 사람들에 대한 이야기는 여러분도 잘 알고 계십니다. 굳이 '신앙이란 무엇인가'라는 것을 새삼스럽게 설교하지 않겠습니다.
>
> 그에 관해서는 훨씬 더 잘 설교해주실 신학 선생님들도 많이 계십니다. 제가 여기 서게 된 것은 다만 여러분이 신앙을 가지도록 돕고 싶어서일 따름입니다."

그런 다음에 모든 청중의 머리와 마음에 신앙이 태어날 수 있도록 설교했습니다. 소박하지만 마음속 깊은 데서부터 힘차게 우러나는 자신의 믿음을 장엄하게 표현하였습니다. 눈에는 보이지 않아도 영원한 진리로 삼고 있는 자신의 굳은 신앙에 대한 이야기였습니다.

그의 스피치에는 진심이 깃들어 있었고, 이야기하는 태도는 아주 적절했습니다. 그것은 그의 연설이 깨끗하고 순수한 내적 생활로부터 우러나는 이야기였기 때문입니다.

6 그의 스피치에는 진심이 깃들어 있었기 때문에 …….'

이것이 바로 비결이었습니다. 그러나 이 비결이 일반적으로 받아들여지지 않습니다. 오히려 극히 애매하거나 막연하게 들리기도 합니다.

보통 사람은 어떠한 일이 있어도 틀리지 않는 절대적인 방법, 무엇인지는 모르지만 뚜렷한 방법 그리고 손으로 만질 수 있을 정도로 확실한 방법을 원합니다. 마치 자동차 운전을 교습할 때처럼 뚜렷한 법칙을 원하기 마련입니다.

화술 강사로서 이것이야말로 그런 방법이라고 알려주고 싶습니다. 당연히 그런 방법을 가르쳐 주면 좋겠다고 생각합니다. 가능하기만 하다면 나는 물론이고 배우는 사람들에게도 아주 쉬운 일이 됩니다.

현실적으로 그런 법칙이 있는 것이 사실입니다. 다만 그런 법칙에는 하나의 결점이 있습니다. 그것은 바로 실제로는 그 법칙이 쓸모가 없다는 것입니다.

그런 법칙은 사람의 스피치에 생생한 자연스러움과 생명 그리고 신선함을 빼앗아 버립니다. 나는 그 점에 대해서 너무나 잘 알고 있습니다. 젊은 시절에 나는 그런 법칙을 활용하려고 엄청난 정력을 낭비한 적이 있습니다.

그러나 그 법칙은 이 책에는 나오지 않습니다.

미국의 유머 작가 조시 빌링스의 말처럼 '진실하지 않은 것은 아무리 많이 알고 있어도 쓸모가 없기' 때문입니다.

에드먼드 버크는 논리적으로나 문장 구조에 있어서도 훌륭하고 멋진 연설문을 썼습니다. 오늘날에 미국 대학에서 웅변의 고전적인 모범으로서 연구되기도 합니다.

그렇지만 그가 연설자로서 실패하였다는 것도 절대로 숨길 수 없는 사실입니다. 그는 자신이 쓴 주옥같은 명연설을 흥미 있게 그리고 열정적으로 힘차게 말하는 능력은 가지지 못했던 것입니다.

그래서 그에게 하원(下院)의 '저녁밥 시간을 알리는 종'이라는 별명이 붙은 것입니다. 그가 일어서서 스피치를 하려고 들면 다른 의원들은 기침을 하거나 불편하다는 몸짓을 하거나 또는 졸거나 슬금슬금 나가 버렸습니다.

비록 강철을 입힌 탄환이라도 맨손으로 던진다면 상대가 입은 옷도 뚫지 못합니다. 그러나 양초를 탄환 대신 쓰더라도 화약을 매겨서 발사하면 단단한 송판도 꿰뚫을 수 있습니다.

강철로 만든 탄환처럼 질적으로 우수한 스피치 원고가 연사가 아무런 열정도 보이지 못하는 말투로 말한다면 아무런 힘도 자극도 갖지를 못합니다. 효과에 있어서 화약을 넣은 양초 탄환 같은 스피치에 비해서 뒤지는 실례가 많은 것은 참으로 안타까운 일이지만 사실입니다.

청중에게 어떤 의사를 전달하고 있을 때, 우리는 목소리나 육체의 여러 가지 요소를 다양하게 이용합니다.

어깨를 으쓱해 보이거나, 팔을 움직이거나, 눈썹을 찌푸리거나, 목소리를 크게 하거나, 목소리의 높이라든가 억양을 변하게 하거나, 또는 화제에 따라 말을 빨리 하거나 늦게 하기도 합니다.

그렇지만 이런 요소들은 모두 원인이 아니라 결과라는 것을 기억해야 합니다. 세월에 따라 변화하는 이 요소들은 모두 사람의 정신과 감정 상태로부터 직접적인 영향을 받습니다. 청중 앞에 설 때 자기가 잘 알고 있는 화제, 자기가 감동될 만한 화제를 준비해야 하는 것이 중요한 것도 바로 이것 때문입니다.

대부분의 사람들은 나이가 들면서 젊은 시절의 유창함과 자연스러움을 잃고 발성이나 태도에서 고정된 틀을 따라가게 됩니다.

활기 있는 제스처를 쓰려고 하지도 않고, 목소리를 높이거나 낮추려는 노력도 하지 않습니다. 한마디로 말하자면 생생한 회화처럼 신선하고 자연스러움을 잃어버리는 것입니다.

이야기하는 방법도 일률적으로 너무 늦어지거나, 너무 빨라지기 쉽습니다. 또한 웬만큼 조심하지 않으면 비유도 어긋나고 집중력을 잃고 산만해지기도 합니다.

이 책에서는 이미 몇 번이고 되풀이해서 자연스럽게 스피치하라고 설명했습니다. 자연스럽게 말할 수 있다면 어설픈 비유나 단조로운 이야기도 너그럽게 보아 줄 수 있습니다. 단지 일부러 그런 것이 아니라면 말입니다. 결국 자연스러워야 한다는 것은 항상 생각하고 있던 마음을 표현하라는 뜻입니다.

그렇다 해도 능숙한 연설자라면 어휘를 늘리거나 비유적인 표현을 연습하거나 또는 표현을 풍부하게 하는 등 자신을 발전시키려는 노력을 게을리해서는 안 됩니다. 지속적으로 자기를 발전시키는 데 관심을 가져야만 발전할 여지가 생기게 됩니다. 성량이나 목소리의 높이 또는 이야기하는 속도에 관해서 스스로 평가해 보는 것은 좋은 방법입니다. 이럴 경우에는 녹음테이프의 도움을 받으면 좋습니다.

또는 친구에게 부탁해서 평가를 받는 것도 좋은 방법입니다. 전문가의 조언을 얻을 수만 있다면 더 바랄 것이 없겠습니다. 그러나 이 경우에 잊지 말아야 할 것은 이 모든 것이 청중이 없는 곳에서 하는 연습이라는 점입니다. 막상 청중 앞에서 스피치할 때는 테크닉에 신경을 쓰면 스피치의 효과는 현저하게 줄어들게 됩니다.

일단 청중 앞에 나가면 스피치 속에 자기를 투입시킴으로써 청중에게 정신적이고 감정적인 영향을 주기 위해서 모든 힘을 집중해야 합니다. 그렇게 한다면 책에서 얻을 수 있는 감동과는 비교도 되지 않을 만큼 강력하고도 설득력 있는 스피치를 할 수 있습니다.

DALE CARNEGIE

제 5 부
효과적인 화술은
무엇을 요구하는가

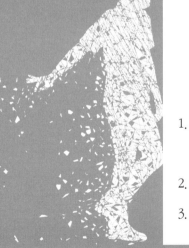

1. 화자의 소개,

   수상과 수상식 때 하는 스피치

2. 긴 대화를 편성하는 방법

3. 배운 것을 응용하는 방법

DALE CARNEGIE

1. 화자의 소개, 수상과 수상식 때 하는 스피치

상을 주는 사람에게 진심으로 감사를 표현하라. 또한 그 영광을 동료나 지인, 가족들과 충분히 나눌 것. 상품이나 선물이 자신에게 어떤 의미가 있는지 말로 설명할 것. 다시 한번 진심에서 우러나오는 감사를 표현하고 스피치를 마무리할 것.

대중 앞에서 이야기하도록 지명되었을 때, 당신은 다른 화자를 소개하는 짧은 이야기를 하거나 또는 지식을 제공하는 이야기, 남을 즐겁게 해주는 이야기, 남의 마음을 움직이게 하는 이야기나 설득을 목적으로 하는 이야기 중 한 가지를 이야기할 것입니다.

당신은 시민의 모임에서 사회자로 임명될지도 모릅니다. 또한, 당신이 부인회의 일원이라면 다음 모임에서 주빈(主賓)을 소개하는 역할을 맡을지도 모릅니다.

지방의 유지모임이나 세일즈맨의 그룹, 무슨 조합의 모임이나 어떤 정치적 집회에서 당신이 이야기를 해야 하는 때가 올지도 모릅니다. 긴 이야기를 준비할 때에 필요한 내용은 다음 제2장에서 하기로 하고, 여기서는 소개하는 말을 준비하는 것과 상(賞)을 주거나 받을 때 도움이 되는 내용을 몇 가지 가르쳐드리기로 하겠습니다.

작가이며 강연자인 존 메이슨 브라운은 미국 내의 여러 곳에서 청중의 마음을 잡고 있었습니다. 어느 날 밤, 그는 청중들에게 자기를 소개해 줄 사람과 이야기를 하고 있었습니다.

그 사람은 브라운에게 말했습니다.

"무엇을 이야기할까에 대해서 걱정할 것 없이 마음을 편히 가지십시오. 스피치를 미리 준비하는 것에 반대합니다. 정말이지, 준비한다는 것은 좋지 않습니다. 일의 매력을 손상하고 즐거움이 말살되고 말기 때문입니다. 아무튼 일어서서, 생각나는 대로 마음속에 인스피레이션이 떠오르기를 기다릴 뿐입니다. 이 방법에 실패한 적은 한 번도 없었습니다."

어느 정도 확신이 있는 이야기로 브라운 씨는, 그 사람이 강력하고 훌륭한 소개의 연설을 하려니 하고 기대하고 있었다고《익숙해지기는 했지만》이라는 저서에서 회고하고 있었습니다.

브라운 씨에 의하면, 그 사람이 일어서서 시작한 소개 연설은 다음과 같은, 어처구니없는 것이었습니다.

여러분, 잠깐만 귀를 기울여 주시겠습니까?

오늘밤엔 언짢은 소식이 있습니다.

애초에는 아이잭. F. 마코슨 씨께서 말씀해 주시기로 되어 있었습니다만, 마코슨 씨가 몸이 불편하셔서 이 자리에 나오시지 못하게 된 것입니다. (박수)

그래서 다음으로 브레드리지 상원의원께서 말씀을 해 주시기로 했습니다만 바빠서 못 오신다는 것입니다. (다시 박수)

마지막으로 케서스시티의 로이드 그로우건 박사께 부디 왕림해 주십사고 부탁했습니다만 이 또한 실패였습니다. (박수)

그래서 그 대신으로 부탁할 곳은 어디겠습니까, 존 메이슨 브라운 씨에게 부탁하고 싶습니다.

브라운 씨는 이 재난(災難)을 상기하여 다음과 같이 솔직하게 적었습니다.

"인스피레이션(영감 : 靈感) 지상주의의 사회자 선생이 적어도 내 이름만은 정확히 기억해 주었다."

물론, 인스피레이션이 만사를 잘 처리해 주리라는 확신을 가지고 있는 이 인물은 설사 일부러 그러려고 하더라도 그 이상 서투르게 말할 수는 없었을 것입니다.

그의 소개 연설은, 소개하려는 연사에 대해서도 그렇고 그 이야기를 들으려는 청중에 대해서도 그 책임을 등한히 한 것입니다.

이와 같은 책임은 흔히 있는 것은 아니지만 매우 중요한 것입니다. 그런데도 얼마나 많은 사회자들이 그것을 깨닫지 못하고 있는가에 대해서 생각해 볼 때 그저 놀라울 뿐입니다.

소개 연설은 그 목적 면에서 볼 때 사교적인 소개의 역할을 합니다. 그것은 말을 하는 사람과 그것을 듣는 사람과를 결합시켜서 우호적인 분위기를 자아내어 둘 사이에 연대감을 만들어 주는 것입니다.

"사회자는 연설을 할 필요는 없다. 그저 화자를 소개하면 그만이다."라고 말하는 이는, 지나치게 조심스럽고 소극적이라는 과오를 범하고 있습니다.

소개의 스피치만큼 소홀히 다루어지는 스피치는 없습니다. 그것은 아마 소개의 스피치와 그 준비를 맡은 많은 사회자들이 그것을 경시하기 때문일 것입니다.

영어로 소개(introduction)라는 단어는 두 개의 라틴어intro(안으로)와 ducere(유인하다)가 합성해서 이루어진 말입니다. 그것은 우리들을 자체의 내부로 교묘하게 유도하여 무엇을 말하는가에 귀를 기울이도록 만드는 임무를 띠고 있습니다. 그것은 화자에 대한 내면적인 사실, 화자에게 주어진 화제를 논할 자격이 있다는 사실로 청중의 주의가 집중되도록 유도하여야 하는 것입니다.

이것이야말로 본래의 소개법입니다. 그런데 우리들은 실제 그렇게 하고 있습니까? 십중팔구, 답은 '노(no)'입니다.

소개 스피치의 경우, 준비나 생각 없이 아무렇게나 하면 매우 무력하기만 합니다. 아무리 시간이 없어도 그렇게 된다면 큰 실수입니다.

소개하는 화자가 자기 임무의 중요성을 자각하여 올바른 방식으로 임무를 다한다면, 그 사람을 여기저기서 사회자나 의장으로 모셔가려 할 것입니다.

이제 충분히 다져진 소개 스피치의 힌트 몇 가지를 가르쳐드리기로 하겠습니다.

지표 1 ▶ 이야기할 것을 완전하게 준비하라

소개하는 말은 시간으로 보면 고작 1분도 안 되는 짧은 것이지만 신중한 준비가 필요합니다.

먼저 사실을 모아야 합니다. 이러한 사실은 대개 세 가지의 항목으로 집중될 수 있습니다.

❶ 화자가 이야기하려 하는 말의 주제.
❷ 그 주제에 관해서 이야기하는 화자의 자격.
❸ 화자의 이름.

흔히 넷째의 항목이 추가되는 경우가 있는데, 그것은 화자가 선택한 화제가 왜 청중에게 특별한 관심사가 되는가 하는 것입니다.

정확한 논제와 그 주제를 이야기하는 사람이 어떠한 방법으로 전개해 나가는가에 관해서 어느 정도는 알아두어야 합니다.

사회자의 말 가운데 주제에 관한 자기의 입장을 올바르게 전하지 못한 점이 있다고 이의(異議)를 내세울 때 이야기하는 사람은 가장 난처해집니다.

이야기하는 사람의 주제를 잘 알고, 더구나 소개하는 스피치인 경우 그가 무엇을 말하려 하는지 예고하거나 삼가한다면 이런 잘못은 피할 수가 있습니다.

그러나 소개자의 임무는 화자의 스피치 제목을 정확하게 전하고 그것이 청중의 이해(利害)에 밀접한 관계가 있다는 것을 지적하기를 요구합니다. 될수 있으면 이러한 지식은 화자 자신에게 직접 받아야 합니다.

제삼자의 힘을 빌려야 할 경우에는, 그와 같은 데이터를 적어달라고 해서 집회 직전에라도 화자에게 체크해 달라고 해야 합니다. 그러한 준비는 아마도 화자의 자격에 관한 사실을 입수하는 데 충당될 것입니다.

이야기하는 사람이 전국적인, 또는 지역적인 명사라면 인명록이나 그와 유사한 책을 참조해서 정확한 자료를 입수할 수가 있습니다.

극히 제한된 범위 안에서, 유명하지 않은 사람의 경우에는, 그가 일하는 직장의 공보과나 인사과에 문의해 본다든지, 경우에 따라서는 그의 친한 벗이나 가족에게 전화를 걸어서 당신이 조사한 사실을 확인할 수가 있습니다.

요컨대, 당신이 소개하는 사람에 대한 경력 등에 관한 것을 올바르게 파악하여야 합니다. 화자와 친한 사람들은 여러 가지의 자료를 기꺼이 당신에게 제공해 줄 것입니다. 물론 사실을 너무 따분하게 나열만 한다면 청중에게 지루하다는 느낌을 줍니다. 특히, 한 가지 자격이 그 사람이 갖는 그 이하의 자격을 포함하는 경우에는 더욱 그렇습니다.

예를 들어, 어떤 이가 박사라는 사실을 소개할 때 학사 및 석사라는 학위에까지 언급한다는 것은 쓸데없는 일입니다. 마찬가지로 그 사람이 대학을 나와서 오늘날까지 역임해 온 지위를 나열하기 보다는 현재 그가 취임하고 있는 최고의 직함을 알리는 것이 가장 좋습니다. 더구나 별로 중요치 않은 것을 먼저 말하고 그 때문에 그 사람의 최대의 업적을 간과하는 일이 생기면 안 됩니다.

예컨대, 어느 유명한 화자(더욱 유명해도 당연한 사람이지만)가 시인 W. B. 예이츠를 소개하는 말을 들은 적이 있습니다.

예이츠는 거기서 자작시를 낭송하기로 되어 있었습니다. 그 3년 전에, 예이츠는 문학자에게 주어지는 최고의 영예인 〈노벨 문학상〉을 받은 바 있습니다.

그런데 내가 추측하건대, 이 자리에 모인 청중 중에서는 노벨상과 그 중요성을 알고 있는 이는 불과 10퍼센트도 되지 못할 것 같았습니다.

그러고 보니 소개자는 이 두 가지에 대해서는 어떠한 일이 있어도 반드시 언급하고 넘어가야 할 일이었습니다. 다른 사항은 말하지 않더라도 이 두 가지만은 분명히 해둬야 했던 것입니다.

그런데 이 사회자는 어떻게 했다고 생각하십니까? 이와 같은 사실을 완전히 무시해 버리고 신화니 그리스 시(詩)에 관해서 천천히 지껄였던 것입니다.

모름지기 화자의 이름은 특히 정확을 기하여 바르게 읽을 수 있도록 노력해야 할 것입니다.

존 메이슨 브라운이 메이슨이라고 소개된 적이 있고, 심한 경우에는 존 스미스 메이슨이라고 불린 일이 있었다고 술회하고 있습니다.

캐나다의 유명한 유머 소설가 스티븐 레코크는 유쾌한 수필집《오늘밤은 우리들의 것》에서 그는 이렇게 소개받은 적이 있다고 기술하고 있습니다.

사회자는 그를 다음과 같이 소개했습니다.

> 우리들 중에는 릴로이드 씨가 오시기를 학수고대한 사람이 많았습니다. 언제나 릴로이드 씨의 작품을 접하고 있는 탓인지, 이렇게 처음 만나뵙는데도 마치 구면인 것같이 느껴졌습니다.
>
> 사실 그의 이름은, 우리 마을에서는 이미 오래전부터 누구나 알고 있다고 할 수 있습니다.
>
> 정말로 그분을 여러분께 소개하게 된 것을 매우 기쁘게 생각합니다. 이 분이 바로 릴로이드 씨입니다.

조사의 주목적은 구체적이어야 합니다. 구체적이어야만 소개하는 목적, 청중의 관심을 높이고 화자의 이야기를 받아들이기 쉽기 때문입니다.

충분한 준비 없이 강연장으로 들어온 사회자에게는 예컨대, 다음과 같이 애매하고 졸음을 자아내는 소개의 말 외에는 떠오르지 않는 법입니다.

우리의 화자는 어디에서나 이 이야기의 주제에 관하여, 에에……에에, 그 권위자로 인정을 받고 있습니다.

우리는 이 문제에 관하여 그 분이 말씀하시려는 것에 대해서 깊은 관심을 기울이고 있을 것입니다.

왜냐하면 그는 대단히 ……대단히 먼 데서 오셨기 때문입니다. 여기 여러분에게, 잠깐만 기다려 주십시오. ……아, 그렇지요. 브랭크 씨를 소개하게 된 것을 기쁘게 생각합니다.

지표 2 ▶ T. I. S의 공식에 따르라

보통 소개 스피치에 대해서, 당신이 조사해서 모은 사실을 구성하기에 적합한 안내자로서 T. I. S의 공식은 매우 효과적입니다.

❶ T는 Topic, 즉 화제(話題)입니다. 소개할 때는 먼저 이야기의 주제를 정확히 말해야 합니다.

❷ I는 Importance, 즉 중요성입니다. 이때에는 화제와 청중의 특수한 이해 사이의 교량적 역할을 하는 것입니다.

❸ S는 Speaker, 즉 화자(話者)입니다. 여기서는 화자의 뛰어난 자격, 특히
    화제에 관계되는 자격을 소개하는 것입니다.

마지막으로는 강연자의 이름을 정확하게 밝히는 일입니다.

이 공식으로는 당신의 상상력을 충분히 구사할 수 있을 것입니다. 소개
스피치라고 해서 결코 무미건조해서는 안 됩니다.

이러한 공식을 의식하지 못하고 공식에 따라서 한 소개 스피치의 예가
있습니다.

뉴욕의 신문 편집자인 호머 본이, 뉴욕 전화 회사의 중역 조지 웰바움을
신문 관계자의 클럽에 소개할 때의 일입니다.

오늘의 강연자께서 하실 말씀의 주제는, '전화는 당신에게 봉사합니다'
라는 것입니다.

전화는 언제나 변함없이 임무를 충실히 이행합니다. 세계의 커다란 수
수께끼 중에 하나인 전화를 걸 때 일어나는 일에 대해 말씀드리겠습니다.

왜 번호가 틀리게 걸리는가? 왜 뉴욕으로부터 시카고에 건 전화가 자
기 마을에서 언덕 너머 이웃 마을에 거는 전화보다 빨리 걸릴 수가 있는가?

우리의 강연자는 그 의문에 대한 대답과 함께 전화에 대한 그 밖의 의문
에 대한 대답도 해주실 것입니다.

20년간이나 전화 사업에 종사하여 아무리 세세한 것이라도 소화해서
다른 사람들에게 그 사업의 내용을 밝혀 알려 주는 것이 그 분의 업무였
습니다.

웰바움 씨는 참으로 전화 회사의 중역이라는 직업이 어울리는 인물입니다. 이제부터 웰바움 씨는 전화 회사가 어떻게 우리에게 봉사하고 있는가에 대해서 말씀해 주시겠습니다.

최근 전화 때문에 곤란을 느끼신 분이 계시거든, 웰바움 씨에게 변호 측의 대변인이 되어 주십사고 부탁드리십시오.

여러분, 뉴욕 전화회사의 부사장 조지 웰바움 씨를 소개해 드립니다.

소개자가 얼마나 교묘하게 청중으로부터 전화에 대한 관심을 유도해내고 있는가에 주의할 필요가 있습니다.

청중에게 질문을 던짐으로써 그 호기심을 불러일으키고, 연사는 그러한 질문이나 그밖에 청중이 걸어올지도 모르는 질문에 답해 줄 것을 암시한 것입니다.

이 소개의 스피치는 이미 쓰여졌거나 암시된 것은 아니었을 것입니다.

이와 같이 활자로 찍혀 나와도 그것은 일상생활의 대화에서처럼 자연스럽게 들립니다. 소개하는 스피치는 결코 암기해서는 안 됩니다.

코넬리아 오티스 스키너는, 어느 날 밤 집회에서 사회자로부터 청중들에게 소개받은 적이 있었습니다. 그 사회자는 고스란히 암기해 둔 말을 늘어놓는 동안, 그만 다음을 잊어버리고 말았습니다. 그래서 숨을 크게 몰아쉬며 당황하던 그는 무심코 한 마디 내뱉었습니다.

"애초에 연사로 모시려던 버트 제독께서는 사례금이 매우 비싼 관계로 모시지 못하게 되었습니다. 대신 미스 코넬리아 스키너께서 나와 주시게 되었습니다."

소개는 여러 가지로 그 장소에 적합하여 당연히 모신 것처럼, 말씨를 부드럽게 해야 합니다.

강연자를 소개하는 최상의 방법은 단순히 이름을 밝히든지, '아무개 씨를 소개하겠습니다'라고 이름을 밝히는 것입니다. 때로는 지나치게 많이 지껄여서 청중으로부터 반감을 사는 사회자도 있습니다.

이야기하는 사람과 청중에게 사회자 자신의 중요성을 인상 깊게 해주기 위해서 마치 천마가 하늘을 달리는 듯한 웅변을 토하는 사회자도 있습니다. 또 때로는 시대에 뒤떨어진 농담을 꺼내거나 이야기할 사람의 직업을 농담의 재료로 삼는 실수를 범하는 사회자도 있습니다. 효과적인 소개를 원하는 사람이라면 이와 같은 잘못은 피할 것입니다.

여기에서 T. I. S 공식에 충실히 따르면서도 독자적인 개성을 잃지 않는 소개 사례가 있습니다. 그 소개자인 에드가. L. 사더딕이, 저명한 과학 교육자이며 편집자이기도 한 제럴드 웬트를 소개하면서 공식의 세 가지 면을 교묘하게 짜넣은 방식에 주목하도록 합시다.

〈오늘의 과학〉이라는 강연자의 화제는 참으로 장한 문제입니다.

이 논제에서는, 자기 자신의 몸속에 고양이가 둥지를 틀고 있다는 환각으로 고민하고 있던 정신병 환자 생각이 납니다.

아무리 해도 환자로 하여금 그런 환각에서 벗어나게 할 수가 없었으므로 정신병 의사는 가짜 수술을 했습니다.

환자가 마취에서 깨어나자, 그 의사는 환자에게 검정 고양이를 내보이며, 이렇게 고양이를 끄집어냈으니 이제는 괴로워할 것 없다고 위로해 준 것입니다.

그러자 환자는 이렇게 대답하더라는 것입니다.

"수고해 주셨습니다만 선생님, 나를 괴롭히는 고양이는 회색입니다."

오늘의 과학도 이와 같은 것입니다.

우라늄 235라는 고양이를 잡으려고 하면, 네프튜늄이니 플라토늄이니 우라늄 223이라는 고양이 떼가 몰려옵니다. 원소(元素)라 하는 것은 시카고의 겨울처럼 압도적입니다.

최초의 원자과학자라고 할 수 있는 왕년의 연금술사는 죽음을 무릅쓰고 우주의 신비를 탐구하기 위해 하루만 더 내 목숨을 연명해달라고 탄원했습니다.

하지만 오늘에 이르러서 과학자는 우리가 꿈꾸어 보지도 못한 비밀을 만들어내고 있는 것입니다.

오늘의 강연자는 과학의 현재와 미래에 대해서 그 모든 것을 알고 계시는 분입니다. 그 분은 시카고 대학의 화학 교수이며, 펜실베니아 주립대학의 학장이며, 오하이오주 코론바스의 바델산업 조사연구소의 이사장을 겸하고 계십니다. 정부 기관에 재직하신 일도 있으시며, 또한 저술가이기도 합니다.

그는 아이오와주 다펜포트에서 태어나신 분으로서, 하버드 대학에서 학위를 받으셨습니다. 수산업에 대해서도 연구를 하면서, 널리 유럽을 두루 여행하고 오셨습니다.

그 분은 몇몇 과학 분야에 걸쳐 많은 교과서의 저자 및 편집자이십니다. 저서 중에서 가장 유명한 것은 《내일의 세계를 위한 과학》일 것입니다. 이것은 뉴욕 세계박람회에서 과학부문을 총지휘하고 계실 때 출판하신 것입니다.

〈타임〉〈라이프〉〈포춘〉 그리고 〈마치 오브 타임〉의 편집 고문인 그 분은 과학 뉴스에 대한 해설로 광범위한 독자를 확보하고 있습니다.

동시에 그의 저서인 《원자시대》가 공간(公刊)된 것은 1945년에 저 히로시마에 원자탄이 떨어진 열흘 뒤였습니다. "정말로 멋진 것은 이제부터라네."라는 것이 그의 말버릇이며 사실이 그렇습니다.

저는 여기에 〈사이언스 일러스트레이티드〉의 편집장 제럴드 웬트 박사를 소개해 드리는 것을 가장 자랑스럽게 여기며, 여러분께서는 그의 말씀을 즐겁게 들어주시리라는 것을 믿습니다.

그리 오래전의 일은 아니다. 소개의 스피치로 강연자를 실제 이상으로 칭송하는 것이 유행된 적이 있었습니다. 꽃다운 찬사가 사회자의 입을 통해서 강연자에게 쏟아진 것입니다. 그 결과 가엾게도 강연자는 열매 없는 아양의 지독한 향기 때문에 제대로 입을 열지 못하고 곤혹을 치른 적이 있습니다.

인기 있는 유머리스트인 톰 콜린즈는 〈사회자 입문〉이라는 책의 저자 하버트 프로크노에게 말한 바 있습니다.

66 유머러스한 이야기를 하려고 하는 연사에게, 매우 치명적인 것이 있습니다. '여러분은 이윽고 웃음보를 참지 못하시고 이 통로를 데굴데굴 구르며 웃으실 것입니다'하고 사회자가 청중에게 보장

하는 경우가 그것입니다.

사회자가 당신을 소개하는 데, 윌 로저스를 들추어내어 이러쿵저러쿵하면, 얼른 집으로 돌아가는 것이 좋다는 것을 깨달아야 합니다. 왜냐하면 당신이 하려는 이야기의 효과는 이미 파괴당한 것이나 다름없으니까요."

그렇다고 해서 이야기하는 사람에 대한 칭찬에 인색해서도 안 됩니다. 스티븐 리콕은 다음과 같은 말로 끝난 소개의 스피치에 대해 답하지 않으면 안 되었던 때의 일을 회상하고 있습니다.

이것은 이 겨울의 연속 강연회 첫 회입니다. 지난해에 개최한 것은 여러분도 알고 계신 것처럼 성공이라고는 할 수 없습니다. 실제로 연말 회계는 적자였습니다. 그래서 금년에는 새로운 방침을 정해 실제로 사례금이 싼 강연자에게 부탁드리기로 했습니다.

여러분, 리콕 씨를 소개해 드리는 바입니다.

리콕 씨는 이에 대해서 무뚝뚝하게 한 마디 했습니다.

"사례금이 싼 강연자라는 상표가 붙어 청중 앞에 걸어 나가는 것이 어떤 기분인지 조금이라도 생각해 보십시오."

지표 3 ▶ 열기 있게 말을 하라

이야기할 사람을 소개할 때의 태도는 이야기하는 사람만큼 중요합니다.

친근감 넘치는 태도로 임하여, 지금 자기가 얼마나 행복한지를 말하면서 진심으로 즐거워하는 태도를 보여야 합니다.

이야기할 사람의 이름을 말하는 마지막 대목에서 클라이맥스를 이루는 듯한 느낌으로 소개한다면, 청중은 기대감이 증폭되어 이야기할 사람을 더욱 열광적인 박수로써 맞이할 것입니다. 청중의 환호는 그대로 이야기할 사람에게로 돌아와서 그에게 최선을 다해 강연에 임하게 하는 자극제가 될 것입니다. 소개의 마무리에 연사의 이름을 밝힐 때, '휴식', '분리', '펀치'의 세 가지 말을 기억해두면 도움이 될 것입니다.

'휴식'이란 연사의 이름을 말하기 바로 전에 잠깐 침묵의 간격을 두어 청중으로 하여금 기대를 갖게 함을 뜻합니다. '분리'란 성과 이름 사이의 간격을 좁혀서 강연자의 이름을 똑똑히 인상짓게 함입니다. '펀치(힘)'란 이름을 힘차고 큰 소리로 알린다는 것을 뜻합니다.

또 하나 주의할 것이 있습니다. 연사의 이름을 고할 때는 가급적 그 연사 쪽으로는 얼굴을 돌리지 말고 청중 쪽을 향해서 마지막까지 말을 마친 다음 비로소 연사 쪽으로 향하도록 해야 합니다.

모처럼 멋진 소개의 스피치를 하고도 마지막에 가서, 연사 쪽을 향하여 당사자에게만 그 이름을 고하는 격이 되어 청중을 완전히 따돌리게 되는 경우를 많이 볼 수 있습니다. 그 때문에 기껏 끌어올린 효과를 망쳐 버리는 실례를 범하게 되는 것입니다.

마지막으로 성실하게 임해야 합니다. 중상하는 말투나 가시 돋친 농담은 삼가는 것이 좋습니다. 우물쭈물 얼버무리는 듯한 소개는 일부 청중에게 오해를 불러일으킬 수 있습니다. 무엇보다도 성실한 자세로 임해야 합니다.

그것은 당신이 최고의 재치와 기교가 필요한 사교장에 와 있기 때문입니다. 때로 당신과 연사와는 친한 사이일 수도 있지만 청중과도 반드시 그런 것만은 아닙니다. 또한 당신이 아무런 생각 없이 한 말도 청중에게 엉뚱하게 잘못 전달되는 수도 있습니다.

"인간의 마음이 가장 깊은 데서 느끼는 소원은 무엇인가, 인정을 받는다는 것, 명예를 얻는 것이라 함은 이미 증명되고 있습니다."

여류 작가 마젤리 윌슨의 이 말은 감정의 일반적인 면을 거짓 없이 표현하고 있습니다.

"우리는 인생을 잘 살아 나가고자 원합니다. 그리고 남에게 인정받고 싶어합니다. 남이 하는 칭찬은 설사 그것이 한 마디의 찬사일지라도, 더구나 공식적인 표창은 말할 것도 없이, 그것은 마법과 같이 인간의 마음을 고양시키는 법입니다."

유명한 테니스 선수 알테어 깁슨은 그의 자서전 제목에 이와 같은 '인간의 마음속의 소망'을 지극히 적절하게 갖다 붙이는 데 성공했습니다. 그 제목은 《나는 무엇인가 되고 싶었다》는 것이었습니다.

수상 소감을 말할 때 상을 타는 사람에게 그가 진실로 '어떤 무엇'임을 보증해 주어야 합니다. 수상자는 어떠한 노력으로 성공을 거둔 것입니다. 그리고 영예를 받을 자격이 있는 사람입니다. 우리들은 그를 칭찬해 주기 위해 모인 것입니다.

그러므로 말해야 할 것은 극히 간단하나, 세심하게 배려해야 합니다. 영예에 익숙한 사람에게는 그리 큰 문제가 안 될지 모르지만 별로 운이 좋지 않은 사람이 어쩌다가 한 번 상을 탈 때는 일평생을 두고 추억이 되게 마련입니다.

그러기에 수상 스피치를 할 때에는 언어의 선택에 진지한 배려를 하지 않으면 안 됩니다.

❶ 상이 주어지는 이유를 밝힙니다.

다년간의 근속에 대해서 수여되는 경우도 있을 것이고 콘테스트에 우승했든지, 어떤 한 가지 뛰어난 업적에 대해서 주어지는 경우도 있을 것이다. 그것을 간결히 설명합니다.

❷ 상이 주어지는 사람의 생산이나 업적 가운데서도 관중들의 관심과 연결되는 사항을 이야기해야 합니다.

❸ 수상자의 그 상에 대한 적합성, 또한 관중들의 수상자에 대한 따뜻한 마음 등을 이야기해야 합니다.

❹ 수상자에게 축하의 말과 그 장래에 대한 관중들의 진심에서 나오는 축복의 뜻을 전해야 합니다.

이와 같은 짤막한 스피치에는 성실성만큼 필요불가결한 것이 없습니다. 비록 그렇다고 입에 올리지는 않더라도 아마 누구나가 자각하고 있을 것입니다.

그러므로 선택되어 수상의 스피치를 한다는 것은 상을 타는 한 사람에게만 국한된 것이 아닙니다. 당신 자신에게도 영예로운 일입니다. 당신을 선정한 사람은 진정으로 필요로 하는 일을 안심하고 당신에게 맡길 수 있다는 것을 알고 있을 것입니다.

그렇다고 해서, 때로 연사가 제풀에 신이 나서 자칫 저지르기 쉬운 과오를 범해서는 안 됩니다. 그것은 지나치게 과장하는 것입니다. 상을 줄 경우, 수상자의 미덕을 진가보다 과장하는 실수를 범하기는 쉽습니다.

수상자가 그 상을 타는 것이 적합하다면, 물론 그렇게 이야기하여야 하겠지만 지나친 칭찬을 해서는 안 됩니다. 과찬은 수상자를 계면쩍게 할 뿐만 아니라 관중들을 납득시키지는 못합니다. 또한 상, 그 자체의 중요성을 과장하는 것도 피해야 합니다.

상의 가치를 강조하기보다는 상을 주는 주체측 사람들의 따사로운 호의를 강조하는 것이 어떻겠습니까?

지표 6 ▶ 수상식에서 스피치할 때의 마음가짐

상을 타는 사람의 스피치는 언제나 상을 주는 사람의 스피치보다 짧아야 합니다.

상을 주는 스피치와 동시에 자신에게 상이 주어진다는 사실을 알게 되었을 경우에는, 상을 타는 사람의 영예에 대한 답례의 말에 미혹한 곳이 있어서는 안 됩니다.

그저 '감사합니다'라든가, '내 인생 최고의 날'이라든가, '저의 신상에 일어난 가장 훌륭한 일'이라며 입안에서 어물어물 중얼거리는 정도로 말해서는 그리 탄복할 만한 인사말이랄 수 없습니다.

여기에는 상을 줄 때 하는 스피치의 경우와 마찬가지로 과장의 위험성이 잠재되어 있습니다.

'최고의 날'이니, '가장 훌륭한 일'이라고 말하는 것은 약간 과장된 표현입니다. 보다 더 중용에 입각한 말로 진심에서 우러나는 감사의 뜻을 한층 재미있게 표현할 수 있도록 언어를 구사해야 합니다.

여기, 상을 타는 스피치의 공식으로서 권할 수 있는 예가 있습니다.

❶ 상을 주는 이에 대해서 진심으로 '감사합니다'의 표현을 할 것.
❷ 당신을 도와주는 동료나 부하, 지인, 또는 가족들과 그 영예를 나눌 것.
❸ 상품이나 선물이 자기에게 어떠한 의미를 갖는가를 말로 표현할 것. 선물이나 상품의 경우, 그것이 포장되어 있으면 열어 젖혀서 보여 줄 것. 그것이 자신에게 얼마나 도움을 줄 수 있는가, 또는 훌륭한 장식품이 되어 주는가, 또는 어떻게 쓸모 있게 할 생각이라는 것을 관중들에게 말하여 줄 것.
❹ 또 한 번, 진심에서 우러나오는 감사의 표현으로 스피치를 마칠 것.

지금까지 세 가지 특수한 타입의 화법을 논해 왔습니다.

업무 관계로, 또는 당신이 가입하고 있는 단체나 클럽의 관계로 그러한 스피치 중에서 어느 것을 어떤 자리에서 하게 될는지 모릅니다.

그런 경우에는 지금까지 살펴본 권고에 신중히 따를 것을 권하는 바입니다. 그러면 때와 장소에 적절한 좋은 스피치를 하게 되고, 그로써 크나큰 만족감을 얻을 수 있을 것입니다.

2. 긴 대화를 편성하는 방법

성공한 사람은 전문분야를 가지고 그것을 위해 몸과 마음을 바친 사람이
다. 어떤 사업이든 특별한 성공을 거두기 위한 참된 길은 당신이 그 과정에
서 달인이 되어야 한다.

올바른 정신이 있는 사람이라면, 아무런 설계도도 없이 집을 지으려고
덤비지는 않을 것입니다.

그런데 보통 사람들이 이야기를 할 때는 어떨까요? 흔히 이야기의 목적
이 무엇인지에 대한 아무런 자각도 없이 이야기를 시작하기도 하는데 그것
은 무슨 까닭일까요?

이야기를 한다는 것은, 어떤 목적 있는 항해와도 같습니다. 항해를 할 때
는 해도(海圖)에 따라 항로(航路)를 정해야 합니다. 만약 목적지도 없이 출발한
다면, 배가 어디로 흘러가 어디에 도착할지 도저히 알 수 없습니다.

가능하다면 매우 중요한 표시를 나타내는 빨간 글씨로 나폴레옹의 다음
과 같은 말을 옮겨서 써넣고 싶은 생각이 듭니다.

"전술이란 것은, 계산되고 숙고(熟考)된 것이 아니라면 절대로 성공할 수

없는 과학이다."

나폴레옹의 이 말은 보다 더 효과적인 화술을 터득하려는 사람들도 반드시 알아야 되는 말입니다. 이 말은 전쟁과 마찬가지로 화술에도 똑같이 적용되는 말이기 때문입니다.

그러나 말하는 사람들이 그 원리를 깨닫고 있다 해도 반드시 그렇게 행동할까? 그렇지만은 않은 것 같습니다. 대부분의 이야기가 아무 계획이나 준비 없이 이루어집니다.

어떤 생각을 가장 효과적으로 편성하여 상대방에게 전달하려면 어떻게 해야 할까? 곰곰이 연구하고 고민하지 않으면 안 됩니다. 이는 언제든지 강연하는 모든 연사가 몇 번이고 거듭하여 스스로 묻고 이에 답해봐야 되는 새롭고 영원한 문제입니다.

성공적인 강연을 할 수 있는 확실한 법칙이란 없으며 결코 저절로 주어지는 것이 아닙니다. 단, 청중을 행동하게 만들 수 있는 강연이 갖추어야 할 세 가지 주요한 단계를 나눌 수 있습니다.

첫째로는 주의를 환기시키는 단계, 본론 그리고 결론입니다. 각 단계를 발전시키는 데 도움이 되는 오랜 세월 동안 고민해서 얻어낸 몇 가지 방법을 소개하겠습니다.

지표 1 이야기를 사건마다 실례를 들어 시작하라

노스웨스턴 대학의 전 총장 린 헤럴드 호크 박사에게, "강연자로서 오랜 경험을 통해 터득한 가장 중요한 사실은 무엇인가요?"라고 질문한 적이 있

습니다.

박사는 잠깐 생각에 잠기더니, "상대의 흥미를 끄는 첫머리의 말, 즉 단번에 청중으로부터 호의적인 관심을 획득할 수 있는 말을 생각해 내는 것이지요."라고 말했습니다.

호크 박사의 이 말은 설득력 있는 화술의 핵심을 찌르는 중요한 조언이었습니다.

그럼 어떤 방식으로 이야기를 하면 시작하는 발언부터 청중의 호응을 유도해낼 수 있을까?

이 방법을 잘 활용한다면, 청중들이 관심을 이끌어내는 방법을 쉽게 터득할 수 있을 것입니다.

1 ▶ 이야기를 사건마다 실례를 들어 시작하라

뉴스 해설자, 강연자 또한 영화 제작가로 세계적인 명성을 떨치고 있는 R. 토머스는 〈아라비아의 로렌스〉에 관한 강연에서 다음과 같이 서술했습니다.

어느 날 나는 예루살렘의 크리스천 거리를 걸어가다가, 마치 동양의 유력자같이 호화로운 긴 옷을 몸에 걸친 한 사람을 만났습니다.

그의 허리에는 예언자 마호메트의 후예들만이 지닐 수 있는 동으로 도금한 칼을 차고 있었다……

그는 이렇게 이야기하기 시작했습니다. 자신의 경험으로부터 첫마디를 끄집어낸 것입니다.

자신의 경험으로 시작한 연설은 분명히 관중을 사로잡을 수 있으며, 실패할 확률이 거의 없습니다. 연설은 살아있는 생물처럼 움직이며 변화됩니다. 듣는 사람들은 자연스럽게 변화에 따라 움직입니다.

왜냐하면 청중은 자신이 이야기의 일부가 되어 있다는 것을 인정하여, 무엇이 일어났는지를 알고 싶어 하기 때문입니다. 실화를 인용해서 이야기를 시작하는 것은 타인을 움직이는 엄청난 힘을 발휘하는 방법입니다.

지금까지 몇 번이나 이야기한 내 이야기 중에는 다음과 같이 사례를 중심으로 시작되는 것이 있었습니다.

대학을 나온 지 얼마 되지 않았던 어느 날 밤이었습니다.

사우스다고타 주의 휴런 거리를 걷고 있었는데, 한 사나이가 상자 위에 올라서서 모여 있는 사람들에게 연설하고 있는 모습이 눈에 띄었습니다. 호기심이 생긴 나는 청중 속으로 끼어 들어갔습니다.

"여러분……."

사나이는 말했습니다.

"인디언 중에는 대머리가 없다는 사실을 아십니까? 또 여러분은 여성 중에 대머리를 보신 분이 없으시지요? 여기서 그 까닭을 말씀드리도록 하겠습니다."

이런 경우에는 결코 중단해서도 안 되고, 특별한 머리말 따위는 필요치 않습니다. 느닷없이 사건 속으로 뛰어 들어가면 청중의 관심을 끌어당기기가 쉬워집니다.

자기의 경험에서 우러난 이야기로 스피치를 시작하는 연사는 안전한 지반 위에 서있는 건물과도 같습니다.

따라서 말을 더듬어 암중모색할 필요도 없고, 중간에서 생각이 끊어지는 일도 발생하지 않습니다. 이야기하는 경험은 오로지 자기 자신의 경험이며, 자기 존재의 세포를 이루는 인생의 한 부분을 재생시키는 근원이기 때문입니다.

그 결과는 어떨까요? 온전한 자신의 경험은 청중과 화기애애한 관계를 이룩하는 데 매우 중요한 역할을 하며 자신에게도 만족스러운 결과를 가져다 줍니다.

2 ▶ 서스펜스(의문·위기감)를 조성하라

파울 하이리 씨가 필라델피아의 펜 체육회 클럽에서 강연했을 때의 스피치를 시작한 방법에 대한 사례가 있습니다.

예전에 런던에서 조그만 책자가 발간되었는데, 이는 불후의 명작으로 평가받은 운명의 소설이었습니다. 수많은 독자들은 그 책을 보고 '세계에서 가장 위대한 조그만 책'이라고 놀라고 있습니다.

그 책이 처음 출간되었을 때, 스트랜스 거리나 펠멜로에서는 친구들끼리 만나면 서로 그 책에 대해 질문을 주고 받았다고 합니다. "그거 읽었니?" 대답은 마치 판에라도 박은 듯이 정해져 있었습니다. "암, 물론 읽었지."

발매 당일에 1천여 부가 팔렸으며, 채 2주일이 지나기도 전에 1만 5천 부가 팔려나갔다고 합니다. 그 이후, 몇 천 번이나 중판을 거듭하여, 각국의 언어로 번역되어 전 세계로 전파되었습니다. 몇 해 전, J. P. 모건은 그 원고를 엄청나게 비싼 값으로 사들였습니다. 그 책은 지금 그의 아트 갤러리에 귀중한 보물들 사이에 보관되어 있습니다.

"이토록 세계적으로 유명한 책의 제목을 아십니까? 그것은……."

"어떻습니까? 매우 흥미가 생기지 않습니까? 더 알고 싶지 않습니까?"

이 연사는 청중의 호의적인 관심을 유도했습니까? 이 첫말은 당신의 관심을 불러일으켜서, 이야기가 진행될수록 더욱더 흥미를 북돋우지 않았습니까?

그렇다면 왜 그리 되었을까요?

그것은 그대의 호기심을 자극하여 뒷이야기가 어떻게 전개될까 하는 기대를 갖게 했기 때문입니다.

호기심! 바로 호기심에 마음이 움직여지지 않는 이가 있을까요? 아마도 누구라도 마음이 동요됨을 느꼈을 것입니다.

당신은 그 작자가 누구이며, 그것이 도대체 무슨 책인지 알고 싶어 하지 않습니까? 당신의 호기심을 만족시켜 주기 위해서 여기서 답을 밝혀보겠습니다.

그 책은 바로 찰스 디킨스의 《크리스마스 캐롤》입니다. 호기심을 불러일으키는 것은 청중의 흥미를 이끌어내는 아주 효율적인 방법입니다.

다음 사례는 내가 호기심을 갖게 하려고 시도한 강연입니다. 그것은 〈사소한 걱정 없이 편안하게 사는 비결〉이라는 제목입니다.

나는 다음과 같이 강연을 시작하였습니다.

> 66 1961년의 봄, 훗날 세계적으로 저명한 물리학자가 된 운명을

타고난 윌리엄 오즈 청년의 손에는 한 권의 책이 들려 있었습니다. 그는 이 책에서 자신의 장래에 크나큰 영향을 미치게 한 스물한 자로 되어 있는 문장을 발견합니다."

한 청년의 운명을 결정한 그 스물한 자의 문장은 과연 어떤 것이었을까요? 그리고 그 문장은 그의 장래에 어떤 영향을 미쳤던 것일까요?

이러한 질문을 받은 청중은 틀림없이 그 해답을 듣고 싶어할 것입니다.

3 ▶ 충격적인 사실을 말하라

글리포드 아담스는 펜실베니아 주립대학의 결혼상담소 소장으로서 〈리더스 다이제스트〉에 논문을 기고하였습니다.

제목은 〈배우자를 찾는 방법〉인데, 그 이야기의 서두는 다음과 같은 놀랄 만한 사실, 그야말로 숨이 멈춰버릴 것만 같은 흥미진진한 이야기로 시작합니다.

오늘날 우리나라의 젊은이들이 결혼생활에서 행복을 찾으려고 하는 것은 매우 조심스러운 일이다. 이혼율의 증가율이 너무 두려울 정도이다.

1940년에는 대여섯 쌍 가운데서 한 쌍 정도의 비율로 결혼 생활이 파경을 맞곤 하였다. 1960년경에는 이러한 비율은 네 쌍에 한 쌍의 비율이 될 것이라고 예상되었다.

만일의 경우 이렇게 이혼증가율이 장기간에 걸쳐서 계속된다면, 50년 뒤에는 비율이 50% 이상 증가할 것이다.

한두 가지 더 '충격적인 사실'로 이야기를 시작한 사례를 들어보겠습니다.

"만약에 지금 원자 폭탄에 의한 전쟁이 일어난다면 하룻밤 사이에 2천만 명의 미국인이 목숨을 빼앗길 것이라고 국방부는 예측하고 있습니다."

"몇 년 전, 스크립스 하워드 계의 신문사에서 17만 900달러의 비용을 투자해서, 소비자가 소매점의 어디에 불만을 가지고 있는지를 조사하였습니다. 소매업 관련 조사 중 가장 많은 비용을 투입한 가장 과학적이고 객관적인 조사였습니다. 16개 도시의 5만 4047개 세대에 대한 질문이 우편으로 배송되었습니다.

질문 중의 하나는 '이 도시 상점의 어떤 면이 마음에 들지 않으십니까?'라는 문항이었습니다. 그 질문에 대한 40%에 달하는 대답은 한결같이, '점원이 예의 바르지 못한 점'이었습니다."

이렇게 서두에 청중을 깜짝 놀라게 하는 이 방법은 청중과의 거리를 좁히는 데 효과적입니다. 왜냐하면 청중의 마음에 충격을 주기 때문입니다.

이는 이야기의 주제에 주의를 기울이게 하는 수단으로, 뜻밖의 사실을 인용함으로써 관심을 모으는 일종의 '충격기법(衝擊技法)'입니다.

워싱턴에서 열린 우리 강습회 수강자 한 분이 호기심을 불러일으키는 방법을 아주 효과적으로 사용한 사례가 있습니다. 멕 셰일이라는 여자 수상자였는데, 그녀의 말의 서두는 다음과 같았습니다.

"10년이라는 세월 동안 나는 감옥에 갇힌 죄수였습니다. 그러나 내가 갇혀 있던 곳은 보통의 교도소가 아니었습니다. 자신의 열등감에 의한 근심이라는 벽으로 둘러쳐져 있고, 남의 비판에 대한 두려움이라는 쇠창살이 있는 감옥이었습니다."

당신은 이 같은 실화에 대해 더욱 더 알고 싶은 생각이 들지 않습니까?

사람의 마음을 움직이게 하는 서두를 꺼내는 경우, 반드시 피해야만 하는 위험성이 한 가지 있습니다. 지나치게 연극적이거나 너무 감정적이면 안 된다는 점입니다.

별안간 공중으로 권총을 쏘아 올리고 연설을 시작한 어느 연사의 일이 생각났습니다. 그 연사는 확실히 관심을 집중시킨 것은 맞지만, 청중의 고막을 찢어 놓았던 것입니다.

이야기의 서두는 흥미로운 대화로 시작해야 됩니다. 당신의 이야기의 서두가 대화체냐 아니냐를 구별하는 효과적인 방법은 저녁식탁에서 시험해보면 좋습니다.

그 이야기가 저녁 식탁에서의 대화로 적당하지 않다면, 청중을 대하거나 연설할 때에도 그 이야기는 대화소재로 적합하지 못할 것입니다.

그렇지만 청중의 관심을 끌어당기리라고 예상한 이야기가 실제로 서두에 꺼냈을 때, 매우 따분한 이야기로 취급되는 경우가 많습니다.

예를 들면, 최근에 나는 어느 연사가 다음과 같이 연설을 시작하는 것을 들었습니다.

"하나님을 믿고 자기 능력을 믿으십시오……."

이 얼마나 설교 투의 마음이 뻔히 들여다보이는 이야기의 서두인가!

그렇지만 다음 문구에 주의하십시오. 제법 흥미를 돋구는 고백일 뿐만 아니라 연사의 절실한 심정이 깃들어 있는 것이었습니다.

"나의 어머니는 1918년에 남편을 여의고 유산도 하나 없이 과부의 몸으로 세 자식을 부양하여야만 했던 것이올시다……."

정말이지, 어째서 이 연사는 세 자식을 양육할 처지에 놓이게 된 과부 어머니의 고생으로부터 이야기를 시작했을까요?

청중에게 흥미를 느끼게 하지 않았다면 이 이야기는 성공하지 못했을 것입니다.

처음부터 이야기의 핵심으로 파고든 것입니다. 그것이야말로 프랑크 베트거가 취한 방법이었습니다. 그는 《나는 어떻게 판매 외교에 성공했는가?》라는 책의 저자입니다. 처음 한 줄로 서스펜스를 연출해내는 방법으로 본다면 그는 예술가였습니다.

나는 그와 미국 청년상공회의소의 주최로 미국 내 전역에 걸쳐 판매에 대한 강연을 같이 하며 돌아다닌 적이 있어서 잘 압니다.

이야기 첫머리에 집중시키는 힘을 보여주는 그의 훌륭한 화술에 언제나 감탄을 금할 수 없었습니다.

설교를 하지도 않고, 쓸데없는 제스처도 없이, 프랑크 베트거는 곧바로 이야기할 핵심 주제를 파고듭니다. 열중(熱中)이라는 주제에 대해 그는 다음과 같이 시작했습니다.

"프로야구 선수 생활을 시작한 지 얼마 되지도 않아서, 제가 이 세상에 태어나서 지금까지 느껴본 충격 중에 가장 큰 충격을 안겨준 사건이 일어났습니다."

이 말은 청중에게 어떠한 효과를 주었을까요? 나는 그 자리에 있었으므로 잘 알고 있습니다.

나는 그 반응을 목격했습니다.

그는 즉석에서 청중의 관심을 불러일으켰습니다. 프랑크 베트거가 충격을 받은 이유나 당시의 상태를 알고 또 거기에 어떻게 대처했는가를 듣고 싶어서 모두들 조바심을 내며 초조하게 기다렸습니다.

4 ▶ 손을 들어보라고 시켜본다

실질적인 관심을 환기시키기 위하여 청중에게 질문을 던지고, 손을 들어 답해 달라고 하는 것은 좋은 방법입니다.

예를 들어 내가 피로를 예방하는 방법에 관하여 강연을 하였을 때 나는 다음과 같은 질문으로 이야기를 시작하였습니다.

"여러분께서 손을 들어주셨으면 합니다. 자신이 예상하는 것 이상으로 빨리 피로를 느끼신 분은 손을 들어주십시오."

이러한 경우 주의해야 될 것이 있습니다. 손을 들어달라고 부탁할 때, 일반적인 경우는 사전에 그것을 청중에게 예고해야 됩니다.

아래와 같이 시작하는 것은 좋지 않습니다.

"소득세를 내려야 한다고 믿으시는 분이 몇 분이나 계실까요? 손을 들어주십시오."

무엇보다도 청중에게 의사 표시를 할 마음의 자세를 가다듬을 시간을 주어야 합니다. 예컨대 다음과 같이 시작하면 어떨까요?

"이제 여러분에게 중대한 의미가 있는 질문을 할 텐데, 해당되면 손을 들어주시면 좋겠습니다. 질문을 시작하겠습니다. 여러분 가운데서, 경품교환권이 소비자에게 이익이 된다고 믿으시는 분은 몇 분이나 계실까요?"

손을 들어달라고 부탁하는 기법은 '청중 참가'라고 알려져 있으며 아주 소중한 반응을 얻을 수 있습니다. 청중참가 기법을 사용함으로써 연사의 이야기는 이미 일방통행이 아니라 상호간에 소통하고 있는 것입니다.

"자신이 생각한 것보다 훨씬 더 빨리 피로해지는 분은 몇 분이나 계실까요?"

이런 질문을 하고 손을 들라고 한다면 청중은 제각기 자신이 좋아하는 화제, 즉 자기 자신의 일, 자신의 아픔이나 피로에 관하여 생각하기 시작합니다.

아마도 손을 들면서 다른 누군가가 거수를 하는지 보려고 사방을 두리번거릴 것입니다. 지금 강연을 듣는 중이라는 사실을 잊어버리고 얼굴에는 미소가 떠오르게 됩니다. 또한 옆자리에 앉아 있는 친구에게 고개를 끄덕여 보이기도 할 것입니다.

이렇게 되면 자연히 냉랭한 강연장의 분위기는 화기애애해집니다. 화자나 청중 모두가 마음이 가벼워지고 긴장이 느슨해질 것입니다.

5 ▷ 청중이 갈망하는 것을 입수하는 방법을 가르쳐 준다고 약속하라

틀림없이 성공할 수 있는 청중의 강한 관심을 끌어들이는 방법이 있습니다.

내가 권고하는 그대로만 한다면 여러분이 바라는 결과가 올 것이라는 것을 청중에게 약속하는 것입니다.

그 예가 여기에 있습니다.

"이제부터 여러분에게 피로 방지법을 가르쳐드리겠습니다. 또는 여러분들께서 하루에 일어나 있는 시간을 한 시간만 더 늘리는 방법을 가르쳐드리려고 합니다."

"저는 이제부터 여러분께 크게 수입을 늘리는 방법을 가르쳐드리고자 합니다."

"제가 말씀드리는 것을 10분간만 들어주시면 여러분이 현재보다도 더욱 더 인기가 상승하는 확실한 방법을 가르쳐드리겠습니다."

이와 같은 '약속'형의 서두는, 청중들의 이해관계에 직접 호소하는 것이므로 관심을 집중시키는 것은 의심할 여지가 없습니다.

그런데도 연사가 화제를 청중들의 중대한 관심사와 연결시키지 못하는 사례가 종종 있습니다.

주의 깊게 생각해서 서두를 열었으나, 그 주제의 유래를 구질구질하게 늘어놓거나, 그 화제를 이해할 때 필요한 참고사항을 구차스럽게 늘어놓거나 하면서 지루하게 이끌어가는 경우가 있습니다.

얼마 전에, 나는 청중들에게 매우 중요한 건강진단에 대한 말을 들은 적이 있습니다. 정기적인 건강진단의 필요성에 대한 이야기였습니다.

과연 그 연사는 어떠한 방법으로 이야기를 시작하였을까요? 화제에 부응하지 못했던 본래의 매력을 효과적인 서두로 증가시켰을까? 그것은 결코 아닙니다.

그는 중요한 화제의 유래를 정말로 멋없이 외워대는 서두를 풀어냈기 때문에 청중은 연사에게도 관심이 없어졌고, 또 화제에 대해서도 흥미를 잃어

버렸습니다.

이 때도 '약속'의 기법(技法)에 따라 이야기를 시작하였더라면 정말로 적절하였을 텐데 말입니다. 다음의 사례를 들어보겠습니다.

여러분은 각자 자신이 얼마나 오래 살 것인지 알고 계십니까?

생명 보험회사는 수백만, 또는 수천만이나 되는 사람들의 수명을 참고로 만들어진 평균여명(平均餘命)의 리스트를 사용하여 이것을 예상할 수 있습니다.

그 리스트에 따르면, 80세부터 현재의 연령을 뺀 답의 3분의 2가 이제 앞으로 여러분들께서 사실 수 있는 기간의 연수가 됩니다.

자, 그러면 여러분들은 그 정도만 산다면 더 바랄 것 없이 충분하다고 생각하십니까?

물론 그렇지는 않으시겠죠! 우리 모두는 더욱 오래 살기를 절실히 바라고 있으며, 이러한 예상이 틀린 것이라고 증명하고 싶어 합니다.

하지만 어떻게 하면 그럴 수가 있을까 의문을 가지겠지요.

통계수치가 제시하는 짧은 이 여생을 어떻게 연장시킬 수 있는지 이제부터 말씀드리기로 하겠습니다. 이야기를 시작하는 데 관한 이와 같은 유형의 방식이 당신의 관심을 불러일으키고 연사의 이야기를 들어볼 생각이 나게 하는지 안 하는지는 여러분들의 판단에 맡기기로 하겠습니다.

이때 연사의 말에 귀를 기울이게 되는 것은 연사가 당신에게, 그리고 당신의 인생에 대한 말을 하고 있을 뿐만 아니라, 당신 개인에게 매우 유익한 것을 말하리라는 것을 약속하였기 때문입니다.

개인과 아무 관계없는 사항을 지루하게 늘어놓을 것은 없습니다.

주의를 끌어들이는 가장 간단한 방법은 아마 눈에 보이는 것을 제시하는 방법입니다.

생각이 매우 단순한 사람으로부터 복잡한 사람에 이르기까지 거의 모두가 새로운 자극에는 주의를 기울이게 마련입니다. 매우 수준이 높은 청중들 앞에서도 때로는 훌륭한 효과를 거둘 수가 있습니다.

예를 들면 필라델피아 S.S. 엘리스 씨는 우리의 강좌에서, 엄지와 집게손가락으로 화폐와 같은 카드를 들고, 그것으로 왕관같이 머리에 얹으면서 이야기를 시작했습니다. 당연히 청중 전원이 거기에 주목했습니다.

그러자 그는 다음과 같이 물었습니다.

"여러분 가운데 길가다가 이런 카드가 떨어져 있는 것을 보신 분은 안 계십니까? 대개 그 카드를 습득한 사람에게는, 이러저러한 부동산 개발 계획의 일부를 이루는 토지를 무료로 제공한다고 씌어져 있습니다. 이 카드를 습득하신 분은 전화를 걸고, 이 카드를 지참하고 있기만 하면 된다는 것입니다……"

그러더니 엘리스 씨는 그 카드를 먹이로 해서 부동산 업자들이 행하고 있는 비행을, 오해를 불러오지 않을 정도의 논리로 비난했습니다.

지금까지 서술한 방법은 전부 다 권장할 수 있는 장점을 가지고 있습니다.

그것을 개별적으로 써도 좋고 혼합하여 써도 됩니다.

다만 청중이 당신을, 그리고 이들의 말을 받아들여 줄지 않을지 그것은 당신이 어떻게 이야기의 서두를 꺼내느냐에 따라 크게 좌우된다는 것을 잘 인식해 주시기 바랍니다.

지표 2 ▶ 청중에게 악의(惡意)를 갖지 않도록 하라

청중의 관심을 끌어 모을 뿐만 아니라, 이들의 호의적인 관심을 갖게 해야 한다는 것을 머릿속에 간직해 두십시오.

'호의적인' 관심이라는 점에 주의하십시오.

분별이 있는 사람이라면, 무조건 청중을 모욕하거나 청중으로부터 외면을 당하는 불쾌한 이야기를 늘어놓지는 않을 것입니다.

그런데도 이야기를 시작할 때 다음에 열거하는 것처럼 해서는 안 될 말을 하는 사람이 얼마나 많은지 모릅니다.

1 ▶ 변명으로 시작하지 말라

만약 첫머리를 변명 같은 말을 시작한다면 바람직한 스타트라고 말할 수 없습니다. 미리 준비하지 못했다든지, 자기는 이야기를 하기에 적당한 사람이 아니라는 등의 이야기를 시작하는 연사를 우리는 흔하게 만날 수 있습니다.

준비를 하지 않았다면 연사가 힘들여 이렇게 변명하지 않더라도 청중들은 저절로 알아차리게 될 것입니다.

준비를 하지 않았다는 것은 준비하여야 될 정도로 그렇게 대단한 가치가 있는 화제가 못 된다던가, 아니면 너무나 흔해서 진부한 재료로 얼버무려 맞출 수 있으리라고 얕잡아보고 있다는 점을 자기가 스스로 알려주는 거나 마찬가지입니다.

왜 그런 말을 해서 청중을 모욕하려 하는가? 정말이지, 변명 따위는 듣고 싶지 않을 것입니다. 청중들은 오로지 유익한 이야기를 듣고 자신의 관심을 환기시키려 합니다.

말을 시작하면 곧바로 청중의 관심을 사로잡도록 해야 합니다. 둘째의 이야기, 셋째의 이야기가 아닙니다. 첫 마디에서 집중시켜야 합니다.

2 농담적인 이야기를 하는 것을 피하라

이미 알아차렸을지도 모릅니다.

많은 연사들이 애용하는 스피치 시작 방법 가운데서 아직도 여기에 소개되지 않은 방법이 있다는 것을.

이것은 이른바 '농담적인' 이야기로 연설의 서두를 꺼내는 방법입니다.

초보자들은 흔히 농담을 지껄임으로써 이야기를 '명랑하게' 해야 한다는 생각을 가질 수도 있습니다.

그리하여 마치 마크 트웨인이 다시 태어난 것같이 신이 나 합니다. 그러나 그건 안 됩니다. '농담적인' 이야기는, 우스꽝스럽기는커녕 흔히 연사를 가련한 인간으로 보이게 한다는 씁쓰레한 사실을 알아차리고 나중에 얼마나 낭패감이 드는지 모를 것입니다. 그뿐만 아니라 청중 가운데서는 미리 그 이야기를 알고 있는 사람이 있을지도 모릅니다.

유머의 감각은 어느 연사에게서는 귀중한 자질(資質)이라고 할 수 있습니다. 말은 처음이나 끝이나 마치 코끼리처럼 묵직하고, 필요 이외로 엄숙해야만 한다는 이유는 없습니다. 반드시 그렇게 엄숙할 필요는 조금도 없습니다.

그 고장의 상황이나 그 장소에서 발생한 일, 또는 자신보다 앞서 이야기한 연사의 말을 재치 있게 끌어다가 기지(機智)를 섞어서 풀어낸다면 청중의 웃음을 불러내는 데 성공하게 될 것입니다.

오직 당신이 통찰력을 구사하여 무엇이든 특이한 것을 찾으십시오. 그리고는 그것을 과장하는 것입니다. 그런 종류의 유머는 틀에 박힌 농담보다도 성공할 확률이 큽니다. 왜냐하면, 때와 장소에 관계가 있고 또한 독창적이기 때문입니다. 아마도 밝은 웃음을 자아내는 가장 쉬운 방법은 자기 신상에 관하여 이야기하는 방법입니다.

즉, 어찌 보면 어처구니없고 어려운 사태에 놓인 자신의 모습을 그려 보이는 방법입니다. 이것이야말로 유머의 정수라고 하겠습니다.

재크 베니스는 수 년 동안 그 방법을 사용하였습니다. 그는 '자기 자신을 놀림감이 되도록' 한 최초의 라디오 코미디언이었습니다.

바이올린을 켜는 것이 얼마나 서투른지 기가 막히다든지, 자기는 욕심쟁이였다는 등, 혹은 나이 등에 대해 자기 자신을 웃음거리로 만듦으로써 재크 베니스는 풍성한 유머를 구사하여 매년 높은 청취율을 유지하였습니다.

청중은 유머러스한 방법으로 자신의 결함이나 실수에 주목시키고, 일부러 자신을 낮게 보이게 하는 연사에 대해서 머리뿐만 아니라 마음의 문도 열어준다는 사실을 그는 미리 알고 있었던 것입니다.

반면에, '재주도 없이 으쓱거리는 허풍선'이나 무엇이든지 모두 다 안다고 전문가인양 으스댄다는 인상을 풍기게 되면, 청중은 냉랭하게 거부하는 자세를 갖추게 마련입니다.

지표 3 ▶ 중요한 생각을 보강하라

청중에게 행동을 촉구하는 방법에는 몇 가지 요점이 있습니다. 이것이 적으면 적을수록 좋겠지만 거기에는 모두 다 보강하여야만 할 자료가 필요합니다.

제3부에서 우리는 '요점', 즉 당신이 청중으로부터 그렇게 하여 주기를 원하는 것을, 당신이 경험담을 사례로 들어가며 증명하여 보강하는 방법을 말했습니다.

이러한 실례를 드는 방법은 '이야기를 듣기 싫어하는 사람은 하나도 없다'는 슬로건에 요약되는, 인간의 근본적인 충동에 강하게 호소한다는 점에서 널리 애용되고 있습니다.

그 가운데서도 사건이나 어떠한 사실은 일반 연사들에게 가장 많이 사용되고 있지만, 결코 그것만이 중점을 보강하는 유일의 방법은 아닙니다.

과학적으로 분류된 실례 이외의 아무것도 아닌 통계, 혹은 전문가의 증언, 전시물이나 실연(實演)을 응용할 수도 있습니다.

1 ▶ 통계를 이용하라

통계는 어떠한 카테고리에 속하는 사상(事象)의 균형을 제시하기 위하여 사용됩니다. 특히, 한 가지의 실례로는 타인을 납득시킬 것 같지 않은 것을 증명하는 데 있어서 인상적이며 설득력이 있는 것입니다.

예컨대, 소그 와그진 계획의 효능(效能)은 전국에서 집계된 통계에 의해 평가되었습니다. 이 예방약을 사용한 후 효력을 얻지 못한 드문 예도 있었지만, 그건 하나의 예외에 불과했습니다. 오히려 총체적으로 이 예방약이 유효하다는 사실을 증명하는 데 아무런 방해가 되지 않았습니다.

따라서 이 같은 한두 가지 예외에 입각한 이야기를 가지고는 소그 와그진 계획이 어린이들을 지켜주는 데 쓸모가 없다는 점을 세상의 부모들에게 인식시킬 수는 없었을 것입니다.

통계 그 자체는 따분한 것입니다. 이것은 꼭 필요한 때에 한해서만 사용되어야 할 것이며, 그때에는 각각의 통계를 생생하게 눈으로 볼 수 있도록 만들어야 할 것입니다.

우리에게 친숙한 것으로 통계를 비교해 보면 그런 것이 얼마나 인상적인 것이 될 수 있느냐 하는 점을 중요시하는 실례가 여기에 있습니다.

뉴욕 시민들이 자신에게 걸려온 전화를 즉시 받지 않기 때문에 그 얼마나 막대한 시간을 낭비하고 있는가를 어떤 사업 경영자는 다음과 같이 지적하고 있습니다.

100회의 전화가 걸려올 적마다, 그 중의 7회는 전화를 받을 때까지의 시간이 1분 이상 걸립니다. 그래서 매일 28만 분의 시간이 헛되게 쓰여진다고 합니다.

9개월간 뉴욕의 전 시내를 통산한다면 얼마나 될까요? 이렇게 1분간 늦게 받는 시간 낭비는 콜럼버스가 아메리카 대륙을 발견한 후부터 오늘날에 이르기까지의 평일의 회사, 은행 통상 영업 시간수와 맞먹는 시간이라는 사실입니다.

단순한 숫자나 수량만을 나열한다면 인상적이 증거가 될 수 없습니다. 구체적인 사례가 필요합니다. 될 수 있다면 일상생활의 경험에 우러난 표현으로 고쳐서 풀이하면 좋을 것입니다.

그랜트 크우리 댐의 아래층에 있는 널찍한 동력실에서 안내자의 설명을 들은 적이 있습니다.

방의 크기를 설명할 때 평방 미터, 평방 피트 단위로 얼버무리면 그럴 수도 있겠지만, 그것 가지고는 이 안내자가 사용한 방법만큼 설득력을 발휘할 수 없었을 것입니다.

그는 방의 넓이를 다음과 같이 설명했습니다.

"즉, 1만 명의 관객을 수용하는 정규 축구 경기장을 고스란히 그대로 이 방에 옮겨 놓을 수 있습니다. 그리고 또 테니스 코트를 몇 개 더 설치할 여유가 있습니다."라는 식입니다.

퍽 오래 전의 일이거니와 브루클린 센트럴의 YMCA에서 나의 강좌가 열렸을 때, 거기 참가했던 수강생의 하나가 지난해에 발생한 화재로 불탄 집을 한 줄로 놓는다면, 그 줄은 뉴욕으로부터 시카고까지 닿으리라는 것, 그리고 그 화재로 죽은 사람을 반 마일마다 세워 놓는다면, 이 음산한 행렬은 반대로 시카고로부터 뉴욕까지 되돌아올 것이라는 것을 상황이 손에 잡힐 듯 이야기했습니다.

당시의 숫자는 곧 잊어버리고 말았지만, 뉴욕에서 시카고까지 줄줄이 불타며 이어진 집의 행렬은 현재까지 똑똑하게 눈에 어리는 듯 기억납니다.

2 ▶ 전문가의 증언을 이용하라

전문가의 증언을 이용함으로써, 우리는 흔히 이야기의 주된 부분에서 명확하게 하고자 하는 요점을 효과적으로 나타낼 수가 있습니다.

그렇지만 그것을 이용하기 전에 다음과 같은 질문에 답함으로써 적합한지 따져볼 일입니다.

❶ 이용하고자 하는 그 인용 자료가 정확한가?

❷ 그 인용 자료는 그 인물이 전문적인 지식의 분야에 관한 것인가?

　　예를 들어, 경제 문제에 대해서 권투선수 조 루이스를 인용한다면 그
　　것은 확실히 그의 장점이 아닌 인물을 인용하려는 것이다.

❸ 인용 자료는 청중에게 보다 잘 알려져 있고 존경받는 사람의 것인가?

❹ 그 말은 개인적인 이해관계나 어떤 편견에서 비롯된 것이 아니고, 직
　　접적으로 획득한 지식에 입각하여 말하고 있다는 점을 확인했는가?

몇 년 전 브루클린 상공회의소에서 내 강좌가 열렸을 때의 일입니다. 수강자 한 사람이 사업의 전문화에 대해, 그 필요성을 주장하는 연설의 첫머리에서 앤드류 카네기의 말을 인용했습니다.

이 선택은 과연 현명했을까요?

그렇습니다. 그는 사업에 대한 성공이라는 주제에서 이야기할 수 있는 적당한 자격을 가진 분으로 청중으로부터 존경을 받는 사람을 바르게 인용하였습니다.

그 인용은 지금도 되풀이해서 사용할 수 있을 정도의 값어치가 있습니다.

어떤 사업이라도 특별한 성공을 거두기 위한 참된 길은 당신 자신이 그 길에서 전문가가 되는 길밖에 없다고 확신합니다. 자기의 자질을 여러 곳에 함부로 흩뜨려 놓는 방식은 바람직하지 않습니다.

경험에 비추어 볼 때, 여러 가지 일에 관심을 가진 사람으로 산업계는 물론 사업계에서 큰 성공을 거둔 자는 거의 만날 수 없었습니다.

성공한 사람은 한 가지 전문분야를 가지고 그것을 위해 심신을 바친 사람입니다.

3 ▶ 비슷한 것을 이용하라

웹스터 사전에 따르면 비유란, 두 개 사이에 존재하는 상사관계(相似關係)이며…, 그 자체의 유사성(類似性)이 아니라 한두 가지 속성이나 환경이나 효과의 상사(相似)에 의하여 성립된다고 되어 있습니다.

비유를 사용하는 것은 중요한 논점을 보강하는 데 아주 유용한 뛰어난 테크닉입니다.

여기에 C. 지라드. 데비드슨이 차관 시절에 행한 〈전력증강의 필요성〉에 관한 연설에서 강조한 부분이 있습니다.

논지를 뒷받침하기 위해, 어떤 비교나 유추를 하고 있는지 주의해 주십시오.

번영하는 경제는 계속 전진해야만 합니다. 그렇지 못한다면 추락해 버릴 것입니다. 비행기도 이와 닮은 점이 있습니다. 비행기는 지상에서는 정지한 상태이므로 볼트와 너트를 조립한 기계에 불과합니다. 그러나 공중을 날아갈 때에는 그 본령을 드러내어 자기의 기능을 발휘합니다.

비행기가 공중에 떠 있기 위해서는 계속 전진해야만 합니다. 움직이지 않으면 떨어질 것이며, 후퇴할 수밖에 없습니다.

또 한 가지, 이것은 아마 웅변에서 가장 빛나는 탁월한 비유의 사례일 것입니다.

즉, 남북전쟁이라는 비상시에 링컨 대통령께서 비판자들의 질문에 답하느라고 사용한 것입니다.

"여러분, 이제 잠시만 어느 한 상황에 대하여 생각해 주십시오.

가령, 지금 여러분의 재산의 전부가 금이라고 가정해 봅시다.

그렇다면 그것을 저 유명한 줄타기 곡예사 블론딘에게 맡겨서 나이아가라 폭포를 가로지른 줄 위를 건너와 주기를 부탁했다고 가정해 보십시오.

그가 한참 줄을 타고 건너오려고 할 때, 당신은 늦추거나 '블론딘, 좀더 허리를 낮추게! 좀더 빨리, 빨리!' 하고 재촉하겠습니까? 아마도 그렇지 않을 것입니다.

한 마디 말도 하지 못한 채 숨을 죽이고 안전하게 건널 때까지는 손짓도 못하고 숨죽이고 있을 것입니다.

지금, 우리 정부도 이러한 상황에 처해 있습니다. 거대한 무거운 짐을 지고 폭풍우 휘몰아치는 큰 바다를 건너가려고 합니다.

미지의 보물이 그 손에 맡겨져 있습니다. 여러분, 정부는 최선의 노력을 기울이고 있습니다. 방해하지 말아 주십시오! 다만, 똑바로 지켜봐 주십시오. 그러면 반드시 무사하게 건너갈 것입니다.'

4 ▶ 전시물을 이용하거나 실연(實演)을 한다

난로 제조회사의 중역인 아이언 파이어맨이라는 사람이 특약점 점주들을 모아놓고 이야기하였습니다.

연료는 위가 아니고 밑에서 보급해야 한다는 점을 참신한 방법으로 그들에게 보여줄 필요가 있었습니다. 그는 생각 끝에 다음과 같이 간단하고, 강렬한 인상을 남기는 실연(實演) 방법을 착안하였습니다.

그 사람은 양초에다 불을 붙이고 다음과 같이 말했습니다.

불길이 밝고 맑게 탄다는 점을 주의해서 보십시오. 잘 타지 않습니까? 원래 연료는 모두가 빛으로 전환되는 것이라서 거의 연기를 내지 않습니다. 양초의 연료는 아이언 파이어맨이 연료를 보급하듯 밑에서 공급됩니다. 혹시 이 양초의 연료가 손으로 연료를 공급하는 종래의 난로처럼 위로부터 공급되었다고 합시다. (여기서 연사는 양초를 거꾸로 들어 보였다.) 불길 세기가 차츰 떨어진다는 점을 살펴보십시오. 그리고 이 지독한 연기의 냄새를 맡아보시고요. 불길은 찌직찌직 소리를 내며 타고 있지 않습니까.

불완전 연소 상태라서 불길이 발갛게 변하는 점도 주의하십시오. 마침내 위로부터 불완전한 연료가 공급된 결과로 불길이 꺼지고 말지요.

몇 년 전, 헨리 모턴 로빈슨은 〈유어 라이프〉지에 '변호사는 어떻게 소송에 이기는가'라는 제목의 흥미 있는 기사를 실었다.

그 가운데서 에이브 하머 변호사가 손해배상 소송에서 보험회사의 변호인으로서 멋진 무대 연출을 해서 승리를 쟁취하였을 당시의 상황을 그려놓고 있습니다.

원고 포슬스웨이트 씨는 엘리베이터의 통로에서 떨어져서 어깨에 맞는 바람에 오른쪽 팔을 처들지도 못하게 되었다고 진술했습니다.

하머는 정말로 안됐다는 태도를 취하며, "그렇다면 포슬스웨이트 씨." 하고 부르면서 무척 부드러운 태도로 말을 건넸습니다. "어느 정도까지 팔을 올릴 수 있는지 배심원 여러분이 볼 수 있도록 들어서 보여주시겠습니까?"

포슬스웨이트 씨는 조심스럽게 팔을 귀 가까이까지 처들었습니다.

"그럼 이번에는 부상을 당하기 전에는 어느 정도까지 들어 올릴 수 있었는지 보여주십시오."

이렇게 하머는 그에게 충동질을 했습니다. 이에 원고는, "이 만큼입니다."하며 팔을 한껏 처들어 보인 것이 아닙니까?

이 실연에 대해 배심원이 어떠한 반응을 보였는가는 여러분의 현명한 판단에 맡기겠습니다.

청중을 행동케 하는 긴 연설의 경우, 요점은 세 가지 또는 네 가지까지 허용될 수 있습니다. 물론 그것만 말한다면 1분도 걸리지 않을 것입니다. 그것을 암송하여 들려주기만을 한다면 청중은 청중대로 지칠 것이고 따분해할 것입니다.

어떻게 하면 이 같은 요점을 살려서 효과를 배가시킬 수 있을까요? 그것을 가능하게 한 것은 그러한 논점을 보강하기 위하여 당신이 사용하는 재료입니다.

그 재료는 곧 연설에 활력과 흥미를 첨가시키는 것입니다. 사건의 실례를 들거나 비교나 실연을 활용함으로써 중요한 생각을 뚜렷이 그리고 생생하게 만들 수가 있습니다.

또한 통계나 증언을 이용함으로써 진실성을 증명하고, 당신의 논점의 중요성을 강조할 수 있습니다.

지표 4 ▶ 행동을 하게 하라

어느 날 조지 F. 존슨을 찾아가서 몇 분 동안인가 이야기를 나눈 적이 있습니다.

그는 사업가로서, 당시 엔디코트 존슨이라는 커다란 회사의 사장이었습니다. 그러나 나는 그의 사장이라는 직함보다는 더 흥미를 느끼게 했던 것은 따로 있었습니다.

그는 청중을 웃기고, 때로는 울리기도 하는 이야기를 매우 잘 하는 연사였습니다. 더구나 그의 연설을 들은 사람들은 한결같이 그의 연설은 언제까지나 잊을 수 없다고 말하는 것을 잘 알고 있었습니다.

그는 자기 전용의 사무실이 없었습니다. 규모가 크고 바쁘게 돌아가는 공장의 한쪽 귀퉁이가 그의 사무실이며, 그는 거기 놓인 낡은 나무 책상처럼 꾸밈이 없는 사람이었습니다.

"마침 잘 오셨군요." 그가 일어나면서 인사를 하였습니다. "방금 일을 하나 끝냈어요. 오늘 밤 사원들의 모임에서 이야기를 하게 되었는데, 그 마무리에 말하려는 것을 적어놓고 있었거든요."

"이야기를 처음부터 끝까지 모두 마음속에 가지런히 정리해 놓으면 마음이 놓이겠군요." 내가 그에게 말하였습니다.

"아닙니다. 처음부터 끝까지 모조리 준비해두진 않아요." 그의 말이었습니다. "개략적인 생각과 마지막 맺음말 정도만 준비해 놓습니다."

그는 프로패셔널한 연사는 아니었습니다. 명언(名言)이나 명구(名句)를 사용하려는 야심도 없었습니다. 그러나 그는 자신의 경험을 토대로 의사 전달에 성공하는 비결을 터득하고 있었습니다.

그는 연설을 성공시키려면 끝맺음 말을 잘하여야만 한다는 점을 알고 있었습니다. 또한 청중에게 강한 인상을 남기려면, 결론이야말로 선행 논리와 일맥상통하게 정리해야 되고 핵심이 집약되어 있어야 된다는 것을 너무도 잘 이해하고 있었던 것입니다.

마무리 발언은 연설 가운데서도 가장 중요한 전략적 요점입니다. 마지막 말, 이야기를 끝맺었을 때 청중의 귀에 마치 산울림처럼 여운을 남기는 마지막 말, 이것이야말로 사람들의 마음에 가장 오래도록 남는 말입니다.

존슨 씨 같은 분은 예외로 하더라도, 연설 초보자들은 마무리의 중요성을 제대로 인식하지 못하는 경우가 많습니다. 이런 경우 끝맺음이 아쉬울 때가 많게 마련입니다. 연설 초보자들에게서 찾을 수 있는 공통된 잘못은 무엇일까요? 그 두세 가지를 여기에 논하고, 그 교정법을 찾아보도록 하겠습니다.

첫째,

"이것으로 이 문제에 대해 제가 말하고 싶은 것은 모두 말씀드렸습니다. 그래서 이 정도에서 끝을 맺으려 합니다."

이런 식으로 이야기의 끝을 맺은 사람이 있습니다. 이와 같은 연사는, 보통 자신의 무능을 연막을 쳐서 가리려는 경우입니다.

"이야기를 들어 주셔서 감사합니다."라고 무의미한 말을 덧붙이기 일쑤입니다. 그것은 '결론'이 아닙니다. 그것은 '잘못'입니다. 몰골사나운 실패작의 냄새가 물씬 풍길 뿐입니다. 매듭짓기가 어렵다고 해도 과언은 아닙니다.

대체 할 말이 그것밖에 없다면, 왜 쓸데없는 군더더기를 없애고, '이로써 마치겠습니다'라는 말조차 없이 끝내고 바로 착석하지 않는 것일까요?

그렇게 하면 말할 것이 이것이 전부라는 결론은 청중들의 판단에 맡겨질 것입니다.

다음에 말할 것은 다 끝났는데도 어떻게 맺음말을 하여야 할지 몰라서 당황하는 연사가 있습니다.

"소를 잡을 때는 나중에 놓아주기 쉽도록 뿔이 아니고 꼬리를 잡아라." 이같이 충고한 것은 아마도 조시 빌링스였다고 기억합니다.

지금 말한 연사는 마치 쇠뿔을 잡은 격입니다. 어떻게 하여 소에게서 떨어지려고 하는데 아무리 애를 써도 뿔을 놓는 것이 어려워 울타리나 나무로 다가설 수가 없는 처지에 놓인 것입니다.

그 결과 악전고투하여 같은 장소를 뺑뺑 돌면서 같은 짓을 반복하여 더욱더 나쁜 인상만 줄 뿐입니다. 이것을 피할 수 있는 길은 없는 것일까요?

연설을 할 때는 누구든지 언제, 어떻게 끝을 맺어야 하나 미리 생각해 두어야 합니다.

청중을 마주하고 연설하느라 긴장하고 있는 상태에서는, 어떻게 끝맺음을 할 것인가 떠올리기는 불가능에 가깝습니다. 그러므로 당신은 침착하게 냉정한 상태에서 미리 어떻게 마무리하는 것이 좋겠다고 준비해 두는 것이 현명한 방법입니다.

대체 어떻게 하면 이야기의 마지막을 최고조로 끌어올릴 수 있을까요?

여기에 도움이 될 만한 몇 가지를 보여드리겠습니다.

1 ▶ 간단명료하게 요약하라

길게 이야기할 경우, 연사는 자칫 이야기의 폭을 넓히는 경향이 있으며, 막바지에 이르러서는 요점이 흐려지는 경우가 있습니다. 그렇지만 그것을 깨닫는 연사는 거의 없는 실정입니다.

자신의 머릿속에는 요점이 수정같이 명백하기 때문에 청중들도 당연히 명료하게 알고 있으리라는 잘못된 가상(假想)을 갖는 것입니다. 어림도 없는 일입니다.

연사는 매우 오랜 시간에 걸쳐서 자신의 생각을 다져왔지만 청중들에게는 전혀 생소한 것에 불과합니다. 그것은 마치 청중을 향하여 한줌의 산탄(散彈)을 던지는 것과 같습니다. 그 가운데서는 청중의 마음에 떨어지는 것도 있을 것이나 대부분의 것은 낱낱이 흩어져 버리기 마련입니다.

셰익스피어의 말을 빌리면, 청중은 '많은 것을 생각하기보다 명확하게 무엇 하나를 기억한다'는 것입니다.

아일랜드의 어떤 정치가가 아래와 같이 서술한 적이 있습니다.

"우선 무슨 말을 하려고 하는지를 이야기하고, 이야기를 다 한 다음에는 무엇을 이야기했는가를 말할 것이다."

'무슨 말을 했는가를 청중에게 말할 것'이라는 말은 대단히 좋은 충고입니다. 여기에 좋은 사례가 있습니다.

시카고의 어느 철도회사에서 운행관리 일을 담당하고 있는 이 연사는 다음과 같이 이야기를 요약하고 끝맺음을 했습니다.

"그런데, 여러분! 이 폐색장치(閉塞裝置, 어느 구간에 열차나 차량이 들어가 있는 동안, 다른 열차나 차량이 거기 들어오지 못하게 하는 장치)를 사용하여 어떤 이익이 있었는가를 실험한 결과를 알려드리겠습니다. 현재 실제로 사용하고 있는 동부나 서부, 북부에 경험, 그 기능의 기본을 활용한 안전한 사용법, 또 이 장치를 사용함으로써 사고를 방지할 수 있어서 1년간 절약된 금액, 이런 모든 점을 고려할 때 우리 남부지역에서도 하루바삐 이 폐색장치를 사용하도록, 절실한 심정으로 간절하게 말씀드립니다."

그가 말한 의도가 어떤 것인가를 알고 계십니까? 그 외에 다른 것은 듣지 않더라도 그것을 보고 느낄 수는 있을 것입니다.

영어로 비교적 짧은 문구로 그는 이야기 전체의 요점을 거의 완전히 요약한 것입니다.

이 같은 요약은 매우 유용하다고 생각하지 않습니까?

그렇게 느낀다면 그 테크닉을 당신 자신의 것으로 만드십시오.

지금 인용한 연설의 끝맺음법은, 행동을 요구하는 이야기의 끝맺음에 있어서도 좋은 본보기로 꼭 들어맞습니다.

연사는 청중들에게 무언가의(이 경우는 폐색장치를 남부 지부에다 설치하자는 것이거니와) 또 그렇게 하기를 호소하는 것이었습니다.

그는 실행해달라는 요구를 실행함으로써 절약될 돈, 사고방지가 가능해진다는 점 등을 근거로 들어 관찰해 본 것입니다.

연사는 실행을 요구하였으며, 그 요구는 관철된 것입니다.

그것은 단순한 강연 연습이 아니었습니다.

철도회사의 중역회의에서 논의되어 요구한 폐색장치를 설치하도록 하는 데 성공한 것입니다. 실행을 요구하는 이야기가 막바지에 다다랐을 때 요구사항을 보다 전폭적으로 강하게 밀고 나아갈 때가 왔습니다.

그러하니 이제 당당하게 요구하자. 청중들이 모두 참가하도록, 기부하도록, 투표하도록, 편지를 쓰도록, 전화를 걸도록, 보이콧하도록, 가맹(加盟)하도록, 조사하도록, 부채(負債)를 갚도록, 요구하고 싶은 것은 무엇이든지 강력하게 요구해야 합니다.

단, 노파심에서 말씀드리자면 다음과 같은 주의 사항을 지키는가를 꼭 확인해 주십시오.

3 ▷ 요구는 항상 구체적으로 하라

예컨대, 단지 '적십자 사업에 기부해 주십시오'라고 말한다면 제대로 이루어지지 않습니다. 그것은 너무나도 개념적이라서 설득력이 떨어집니다.

그런 말 대신, '오늘 밤 우리 시의 125번가에 있는 미국 적십자에 1달러의 입회금을 꼭 보내 주십시오'라고 간절하게 말하는 것입니다.

4 ▶ 청중들의 힘이 미치는 범위 내에서 어느 반응을 요구하라

'음주 악습에 대해 반대투표를 합시다!'라고 한다면 그것은 무리입니다. 그것은 상식적으로 생각해도 성립되기 어렵습니다.

음주를 했는가의 여부에 대해 투표는 이루어지지 않을 것입니다.

그 대신 금주동맹에 가입하라고 호소하거나, 금주법을 부활시키기 위해서 투쟁하고 있는 단체들에 기부하도록 부탁하면 될 것입니다.

5 ▶ 당신의 호소에 대해 청중이 행동하기 쉽도록 배려하라

'여러분의 주에서 선출된 의원에게, 이 법안에 반대투표를 해 달라고 편지를 씁시다'라고 해서는 안 됩니다.

그 말을 들은 사람 중 99%는 아마 편지를 쓰지 않을 것입니다. 그렇게 할 생각이 들지 않거나, 귀찮아하거나, 아니면 잊어버리고 말 것입니다. 그렇지만 쉽게 가벼운 마음으로 실행할 수 있도록 해야 합니다.

어떻게 하면 좋을까요?

당신 자신이 의원에게 직접 하듯이, '아래에 서명한 우리들은 귀하가 법안 제74321호에 반대의 표를 던져 주시기를 간절하게 바랍니다.' 라는 편지를 써서 그것을 청중들 앞에서 읽는 것입니다.

그리고 그 편지와 함께 만년필을 첨부하여 돌리는 것입니다.

이렇게 한다면, 아마 많은 서명을 받을 것입니다. 그 대신 그 만년필은 행방을 감추어 버릴지도 모를 일입니다.

3. 배운 것을 응용하는 방법

당신이 무엇이 되겠다고 굳게 결심했다면 이미 절반은 이룬 것이나 마찬
가지이다. 성공하겠다는 결심은 그 무엇보다도 중요하다는 사실을 마음속
에 새겨야 한다.

나의 강좌의 제12강좌에서, 수강생들의 이야기를 듣고 매우 기쁘게 생각
했습니다. 수강생들이 책에서 배운 것을 일상생활에서 어떻게 실천하고 있
는가를 들려주었기 때문입니다.

강좌를 실천한 결과 세일즈맨은 더욱 판매액이 늘어나고, 매니저는 더
욱 승진하고, 중역은 그의 지배 범위를 더욱 넓히는 방향으로 향하고 있었
습니다.

그것도 모두가 화술이라는 효과적인 도구를 가지고, 명령하고 문제를 처
리하는 기능을 향상시킨 덕분이었습니다.

〈투데이즈 스피치〉지의 기사 속에 N. 리처드. 딜러가 말하고 있듯이, '스
피치의 타입, 스피치의 양, 그런 이야기의 분위기는 산업적인 의사 전달 조
직의 살아있는 피로써 활동하는 힘을 가지고 있는' 것입니다.

제너럴모터스 회사에 설치되어 있는 데일 카네기 식 지도자 양성 강좌의 책임자 R. 프레드. 케네디는 같은 잡지에서 다음과 같이 기술하였습니다.

"제너럴모터스 사가 왜 화술 훈련에 관심을 쏟느냐 하면, 비록 정도의 차이는 있으나 감독자라면 누구나 어떤 의미에서는 모두 교사라는 인식이 있기 때문입니다.

구직자 면접할 때부터 신입사원 초기 교육 단계를 거쳐 정식 부서를 결정짓고 나아가서 승진을 고려하는 동안, 감독자는 그 부하에게 수많은 문제에 대하여 끊임없이 설명하고, 꾸짖고, 가르치고, 비평하고, 서로 대화를 나누어야 합니다."

퍼블릭 스피킹에 가장 가까운 영역, 즉 토론과 결정을 내리고 문제를 처리하고, 정책을 결정짓는 회의로 말에 의한 의사 전달 단계 계단을 올라감에 따라서, 이 책에서 지도한 효과적인 화술이 얼마나 일상 대화에 유효하게 응용될 수 있는 것인지 새삼스럽게 느낄 것입니다.

사람들 앞에서 펼치는 효과적인 화술은 회의에 참가하거나 혹은 회의를 리드하는 데 효력을 발휘할 것입니다.

제출해야만 될 안건의 구성, 그것을 표현하는 데 적절한 어휘 선택, 그것을 전달하는 데 필요한 진정성과 열의는 해결이라는 최후의 단계에까지 그 생각의 아이디어에 생명을 보증해주는 요소입니다.

이러한 모든 요소는 이 책에서 빠짐없이 언급되어 왔습니다.

나머지는 독자 여러분이 참석하는 회의에서 각기 배운 것을 응용해야만 됩니다.

어쩌면 당신은 앞에서 습득한 것을 언제부터 응용하기 시작하면 좋을까

망설이고 있을지도 모릅니다. 대답을 하자면 한 마디로 '지금 즉시'라고 말할 수 있습니다.

설사 당분간은 여러 사람 앞에서 말할 일정이 없어도 이 책에서 제시하는 원리나 기술을 일상생활에서도 응용해볼 수 있다는 것을 분명히 알게 될 것입니다. 이런 테크닉을 지금 즉시 사용하기 시작하라는 것은 이후에 당신이 말을 해야 할 상황에 놓였을 때부터라는 의미입니다.

당신이 일상생활에서 사용하는 이야기를 분석해 보면, 대개 의사전달 목적이 너무나도 엇비슷한 데 놀라지 않을 수 없을 것입니다.

제3부에서 우리가 여러 사람 앞에서 말을 할 때는, 네 가지의 일반 목적 중에서 한 가지를 항상 기억하라고 강조했습니다.

그것은 정보나 지식을 제공할 것, 즐겁게 할 것, 자기 입장의 정당성을 이해시킬 것, 어떤 일을 실행해 달라고 설득할 것의 네 가지였습니다.

퍼블릭 스피킹에서 우리는 이야기의 내용에 대해서도, 이야기하는 태도에 대해서도, 그와 같은 목적을 분명하게 구별해서 염두에 두도록 노력해야 합니다.

평상시에 말을 하는 목적은 유동적입니다. 서로 섞여 어울리고 그 날의 상황에 따라서 줄곧 변화를 거듭합니다. 서로 마음을 털어놓고 이야기하는가 하면, 별안간 물건을 판매하기 위한 이야기를 하기도 할 것입니다. 또는 낭비를 하지 말고 저축을 하라고 상대를 설득하려 들지도 모릅니다.

이 책에서 이야기한 화술기법을 일상시의 대화에 응용함으로써 우리는 자기 자신을 보다 더 유능하게 끌어올릴 수 있으며, 상대방에게 자기 생각을 더욱 분명히 전달할 수 있고, 타인을 교묘하게 조종할 수 있게 됩니다.

지표 1 ▶ 일상 대화에 구체적인 세부묘사를 사용하라

이들 기법 중 한 가지를 여기에서 사례를 들어보겠습니다.

제4장에서, 이야기 안에 세밀한 묘사를 인용하고 권유하라고 한 것을 기억하고 있겠지요. 그러면 당신의 생각을 분명히 전할 수가 있을 것입니다.

물론 그때 주로 여러 사람 앞에서 말을 할 경우를 생각하고 있었습니다. 그러나 세부적인 묘사를 사용한다는 것은 우리 일상 대화에서도 중요한 것이 아닐까요?

당신의 친구 중에서 정말로 화술이 능숙한 사람을 잠시 생각해 보십시오.

그들은 색채가 풍부한 드라마틱한 세부묘사를 충분히 스피치에 끌어들여서 영상적인 화술을 사용하는 능력의 소유자는 아닐까요?

회화의 테크닉을 늘리기 시작하려면 먼저 자신을 가져야 합니다. 그러므로 이 책의 처음 3장에서 서술한 것은 대부분 다른 사람들과 함께 섞여, 비공식적인 사교의 모임에서 의견을 나타내는 데 필요한 안정감을 갖게 하는 데 유용할 것입니다.

설사 제한된 범위일지라도 자기 생각을 열심히 서술하려고 결심한 날에는 자신의 경험 속에서 대화에 활용할 수 있는 제재를 찾아보라는 말이 생각날 것입니다. 그럼 멋있는 일이 일어날 것입니다. 당신의 수평선은 없어지기 시작하고 당신은 새로운 눈으로 인생을 보게 됩니다.

여러 가지 사건을 보고하는 데 열중하게 되는 가정주부들이 화술에 대해 익힌 지식을 어느 조그마한 회화 그룹에 응용하기 시작할 때였습니다. 신시내티의 R. D. 하드 부인은 같은 학급의 수강생에게 다음과 같이 말했습니다.

"저는 저 자신을 새롭게 발견했으며 큰 용기를 얻었습니다. 그 결과 본격적인 사교 모임에서도 활발하게 이야기할 수 있게 되었고, 시사문제에도 흥미를 갖게 되었지요. 소극적인 생각은 지워버렸고 이제는 매우 적극적으로 그룹 활동에도 참가하게 되었답니다.

뿐만이 아니라, 하는 일 모두가 대화의 제재가 되므로 짧은 기간에, 여러 가지 활동에 흥미를 갖게 되었지요."

교육자로서 볼 때 하드 부인의 감사에 넘치는 말은 그다지 이상할 것도 아닙니다.

새롭게 배우려는 욕구와 배운 것을 응용하려는 의욕으로 넘치면, 생각과 몸 전체에 활기 넘치는 행동이 톱니바퀴처럼 움직여 효과가 좋아집니다. 목적달성의 순환 과정이 형성되어 마치 하드 부인처럼, 이 책에서 깨달은 원칙의 하나를 행동에 옮김으로써 성취하는 만족감을 맛보는 것입니다.

우리들 가운데서 교사를 직업으로 갖고 있는 사람은 드물지만 우리에게는 하루 동안 남에게 지식이나 정보를 제공하는 이야기를 할 기회는 많습니다.

부모로서 자식들에게 무엇을 가르쳐 준다든가, 이웃에게 장미꽃 가지를 어떻게 가지치기해야 하는가 하는 새로운 방법을 설명해 준다든가, 가장 좋은 여행 과정에 관해 대화를 나누는 관광객처럼, 우리는 끊임없이 활기차게 대화를 나눕니다.

지식이나 정보를 제공하는 스피치에는 이런 경우에도 그대로 적용됩니다.

지표 2 ▶ 직장에서 효과적인 화술을 이용하라

이번에는 의사전달 과정 중에서도 직업에 영향을 주는 영역으로 들어가 봅시다.

세일즈맨, 매니저, 점원, 부서 과장, 어떤 그룹의 지도자, 교사, 목사, 간호사, 중역, 변호사, 변리사 그리고 기사로서 우리는 각기 특수한 분야의 지식을 설명하거나 전문적인 지시를 하는 등 항상 책임을 짊어지고 있습니다.

명료하고 요령 있는 화술로 그러한 지시를 하는 능력은 윗사람이 우리 능력을 평가할 기준으로 삼기도 합니다.

빨리 생각하고 재치 있게 말로 표현하는 능력은 지식이나 정보를 제공하는 동안에 키워지지만, 대화 기술은 결코 공식적인 말에 한정되는 것은 아닙니다. 그것은 누구나가 언제든지 이용할 수 있는 것입니다.

오늘날 비즈니스나 직업 관계상 명석한 화술 능력이 요구된다는 것은 누구나 알고 있는 사실입니다. 그래서 사업계나 정부, 또는 모든 직능단체에서 최근에 화술 교육이 일반화되고 있습니다.

지표 3 ▶ 대중 앞에서 이야기할 기회를 만들어라

가장 많은 효과를 얻을 수 있는 일상생활의 대화에서, 이 책에서 다룬 여러 가지 법칙을 적극적으로 활용해 보세요. 일상생활의 단순한 이용을 넘어서 스스로 청중 앞에서 스피치할 기회를 얻도록 해야 합니다. 그러기 위해서는 강연이 자주 열리는 모임에 참석하는 것이 좋습니다.

그러나 가입만 해놓고 단순한 방관자로 활동하지 않는 회원이 되면 안됩니다. 활발하게 모임 일을 거들어 주십시오. 그런 귀찮은 일은 누구나 잘 나서서 하려고 하지 않는 법입니다. 가능하면 사회자가 되십시오. 그러면 그 지역 사회의 웅변가를 만나서 이야기할 기회도 생길 테고, 또 스피치를 해달라는 부탁을 받을 기회도 생길 것입니다.

되도록 빨리, 약 30여분 동안에 걸친 스피치를 할 수 있도록 연습하고 공부하면 좋습니다. 이 책에 나오는 권고사항을 길잡이로 삼고 활용하십시오. 그리고 당신이 속해 있는 클럽이나 단체에 당신이 스피치할 의사가 있음을 알리십시오.

당신이 사는 도시에서 스피치 해줄 사람이 필요하다는 단체를 찾아서 자진 봉사를 자청하는 것도 좋은 기회입니다.

모금운동의 주최자는, 그 운동을 위해서 자진하여 스피치 해줄 사람을 구하고 있을 것입니다.

그들은 스피치를 준비한 당신에게 매우 효율적인 연습 기회를 제공해 줄 것입니다. 스피치를 잘한다고 유명해진 사람들 중에서, 그런 방법으로 시작한 사람은 매우 많이 있습니다. 그 중에는 특별히 명성을 떨친 사람도 있을 것입니다.

예컨대, 라디오와 텔레비전의 스타로서 국내 각처에서 모셔 가려고 아우성인 연사, 샘 리븐슨의 예를 들어보기로 하겠습니다.

그는 뉴욕의 어느 고등학교 교사였습니다. 그는 여가 활용 목적으로 자기가 가장 잘 알고 있는 것, 즉 가족이나 친척 또는 제자의 이야기, 자기 직업의 특수한 내용에 대한 짧은 스피치를 하기 시작하였습니다.

그런데 이것이 발단이 되어 마침내 수많은 단체로부터 '스피치 좀 해주십사' 하는 요청이 쇄도하여 본업인 교직에도 지장을 초래할 정도가 되었습니다.

그후 얼마 안 지나서 라디오와 텔레비전의 각종의 프로그램에 게스트로서 자주 초청받게 되어, 그는 마침내 자신의 재능을 전부 한 곳에 기울여 예능계에 투신하게 되었습니다.

지표 4 끈기를 가지고 계속 나아가라

프랑스 어나 골프, 그리고 퍼블릭 스피킹이든, 무슨 일이든 간에 처음 배웠을 때는 결코 시원스럽게 잘 되는 것이 아닙니다.

언제나 일정하게 향상의 길을 달리는 것은 아니라, 파도처럼 빠른 속도로 좋아지는가 하면 갑자기 멎어버리곤 합니다.

그러다가 한동안은 정체한 채 머물러 있거나, 자칫 발을 헛디뎌서 모처럼 마스터한 기초를 몽땅 잊어버릴 수도 있습니다.

이처럼 숙련과정에서는 누구나 정체나 퇴보의 시기를 반복하여 체험한다는 것을 심리학자들이 잘 알고 있습니다.

심리학의 용어로는 '학습고원(學習高原)'이라고 일컬어집니다. 효과적인 화술의 수강자들도 종종 몇 주간씩이나 이와 같은 '고원'에 발이 묶이는 수가 있습니다. 아무리 애를 써도 거기서 벗어날 수가 없을 것 같은 기분이 듭니다. 의지가 약한 사람은 절망 끝에 체념해 버리기 일쑤입니다.

하지만 용기 있는 사람은 끈질기게 버티어 나갑니다. 그러다가 갑자기 '

왜, 어떻게'라는 것도 모르는 가운데 거의 하룻밤 사이에 장족의 진보를 이루고 있는 자신을 발견하게 됩니다. '고원'으로부터 비행기와 같이 하늘 높이 상승한 것입니다. 그의 이야기는 갑자기 자연스러움과 힘참과 확신에 넘쳐흐르는 것입니다.

이 책의 다른 부분에서 서술한 것과 같이, 청중 앞에 나가서 한참은 순간적인 공포, 충격, 신경적인 불안감을 경험하는 일이 흔히 있을 것입니다. 수많은 청중 앞에 나가고 있는 위대한 음악가들도 그런 경험을 했다고 합니다. 피아니스트 파데레프스키는 피아노 앞에 앉기 직전이면 신경질적으로 스카프를 만지작거리는 버릇이 있었습니다. 그러나 연주를 시작하면 청중에 대한 공포는 언제 그랬냐는 듯이 사라져버렸다고 합니다.

당신도 이와 같은 경험을 할 것입니다. 하지만 끈기 있게 참아내기만 하면 마침내 이와 같은 초기의 공포를 포함해서 모든 난관은 사라지고 말 것입니다. 처음이 문제입니다. 조금만 스피치하면 그 뒤로는 스스로를 조종할 수 있게 마련입니다. 그 후에는 적극적인 기쁨으로 스피치를 계속해 나갈 수 있을 것입니다.

언젠가 법률을 공부하겠다고 결심한 청년이 링컨 대통령에게 '충고를 해주십사'하고 편지를 썼습니다.

링컨은 다음과 같이 말해 주었습니다.

"당신이 변호사가 되겠다고 굳게 결심하셨다면……. 당신은 이미 당신의 목적의 반 이상은 이룬 것이나 다름없습니다. ……성공하겠다는 결심이야말로 다른 무엇보다도 중요하다는 것을 항시 마음속에 새겨 두십시오."

링컨은 그것을 몸소 경험해 왔으므로 알고 있었던 것입니다. 그는 학교라고는 모두 합해서 1년도 못 다녔습니다. 그러나 독서는 굉장히 열심이었습니다. 링컨은 자기 집에서 50마일 이내에 있는 책이란 책은 모조리 빌려서 읽어버렸다고 말한 적이 있었습니다.

오두막집의 난로에는 밤새도록 불이 타고 있었습니다. 그 불빛에 의지하여 책을 읽었습니다. 링컨은 통나무 오두막집의 나무와 나무 사이의 틈에 책을 끼워두곤 하였습니다. 새벽녘에, 책을 읽을 정도로 밝아지면 링컨은 잠자리에서 엎드린 채 눈을 비비며 통나무 틈에서 책을 끄집어내어 열심히 읽어가곤 했던 것입니다.

그는 또 강연을 들으러 20마일이나 30마일을 걸어갔고, 돌아오는 길에는 들에나 숲에서, 또는 마을의 구멍가게에 모인 사람들 앞에서 때와 장소를 가리지 않고 스피치 공부를 하였습니다. 또는 뉴세일렘과 스프링 필드의 토론회에 참가해서 시사문제를 화제로 강연하는 연습도 했습니다.

그러나 링컨은 여성 앞에서 지독하게 수줍음을 탔습니다. 메리 토드와 결혼하기 전 교제 기간 중에 말을 하는 것은 주로 그녀 쪽이었습니다. 링컨은 수줍어서 말을 못하고 언제나 방안에 앉은 채 묵묵히 청중의 입장이 되어주는 것이 고작이었습니다.

그러한 링컨이 성실하고 정직한 연습과 독학으로써, 그 당시 유명한 웅변가 중의 한 사람인 더글러스 상원의원과 당당히 맞서서 논쟁할 수가 있는 능변가가 된 것입니다.

게티스 버그 연설에서, 그리고 두 번째의 대통령 취임연설에서 인류사상 드물게 보는 웅변을 토해낸 것도 바로 링컨이었습니다.

그의 엄청난 핸디캡과 끝없는 악전고투를 생각하면 '링컨이 변호사가 되겠다고 굳게 결심한 것이라면, 이미 당신의 목적을 반 이상은 이룬 것이나 다름없습니다 ……'라고 답장한 것은 놀라운 일이 아닐 수 없습니다.

에이브러햄 링컨의 훌륭한 초상화가 지금도 백악관의 대통령실에 걸려 있습니다.

"결론을 내려야 할 문제가 있을 때, 복잡하고 처리하기 어려운 일이나 대립된 권리와 이해 관계가 얽힌 문제가 있을 때, 나는 링컨의 초상화를 쳐다보곤 합니다.

현재의 나의 처지에 그를 갖다놓고 같은 처지라면, 링컨은 어떻게 하였을까? 하고 생각합니다. 이상하게 들릴지 모르지만 정직하게 주저함이 없이 말해서 나는 그 덕분에 문제의 처리가 쉬워지는 것같이 느껴지곤 합니다." 라고 시오도어 루즈벨트 대통령은 이렇게 고백했습니다.

루즈벨트와 같은 방식을 시험해 보면 어떨까요? 더욱 웅변가가 되기 위한 경쟁에서 용기가 없어지고 차라리 체념해 버리자는 약한 생각이 들거나, 혹은 그와 같은 상황이라면 링컨은 어떻게 하였을까 하고 스스로에게 자문함이 어떠냐는 것입니다.

'링컨이라면 어떻게 할 것이라'고 당신도 이미 알고 있을 것입니다. 그가 어떻게 했다는 것까지 당신은 알고 있을 것입니다. 상원의원의 의석을 놓고 스티븐슨. A. 더글러스에게 패배당한 후, 링컨은 자기편 사람에게 이렇게 말했다고 합니다.

'한 번은커녕, 100번 져도 체념하지 말라'고.

아침마다 당신은 식탁 앞에서, 이 책을 펼쳐보고 윌리엄 제임스 교수의 다음과 같은 말을 암기하는 것처럼 좋은 방법은 없다고 생각합니다.

어떠한 분야든지 교육의 결과에 대해서는 젊은이들이 근심 걱정하게 하지 않는 것이 좋습니다. 공부 시간을 일초라도 아껴 충실하게 노력한다면, 최후의 결과는 그대로 맡겨두어도 전혀 염려할 것은 없습니다. 그러다 보면, 어느 날 자신이 선택한 분야에서 같은 세대 중 유능한 사람이 되어 있음을 발견하리라는 것은 믿어 의심치 않습니다.

제임스 교수의 이 말씀을 빌려서 나도 말하고자 합니다. 정당하게 바른 훈련을 쌓으면, 알지 못하는 사이에 당신이 생활하고 있는 영역에서 가장 유능한 연사가 되어 있는 자신을 발견하게 될 것입니다.

지금 현재의 당신들에게는 묘한 말로 들릴지 모르나 일반 원칙으로서 이것은 진리입니다. 물론 예외는 있습니다. 지력(知力)이나 개성이 열등하여, 무엇 하나 말할 것 없는 사람은 성장할래야 할 수가 없습니다. 그러나 상식의 범위 안에서 그런 예를 좀처럼 찾아볼 수 없었습니다.

여기서 하나의 예를 들어보겠습니다. 뉴저지 주의 스토크스 전 지사는, 토렌톨에서 개최된 우리의 강좌 때 그 폐회식의 연회 자리에 참석했습니다.

그는 그 날 들은 여러 연설을 가리켜 워싱턴 의회에서 들은 연설에 대응하는 훌륭한 연설이라고 평해 주었습니다.

이러한 연설을 한 사람들은 몇 달 전까지만 해도 청중 앞에서는 한마디도 하지 못하던 비즈니스맨들이었습니다. 그들에게는 키케로 같은 소질이 있는 것도 아니었습니다.

미국의 도시라면 어디에서나 만나 볼 수 있는 보통의 비즈니스맨이었습니다. 그런 이들도 알 수 없는 사이에 그 도시에서, 아니 전국에서도 유능한 연사가 되어 있더라는 사실을 발견할 수 있습니다. 스스로 청중 앞에서 이야기할 수 있는 능력을 갖고 싶은 사람을 나는 무수히 알고 있고, 또한 지켜보아 왔습니다.

그 중에서 성공한 사람이 특히 뛰어난 재능을 가진 사람이었다는 예는 극히 소수에 지나지 않았습니다. 대부분의 사람들은 어디에서나 흔히 볼 수 있는 평범한 비즈니스맨들이었습니다. 하지만 그들은 끊임없이 노력을 계속했던 것입니다.

예외적인 사람들은 때로는 절망하거나, 혹은 돈벌이에 열중한 나머지 진보하지 못하고 끝이 나 버립니다. 그러나 끈질긴 결심을 가진 사람이라면, 마지막에는 반드시 선두에 서게 되는 것입니다. 이것은 결코 진기한 일이 아니요, 어디까지나 인간적이며 자연스러운 일입니다.

그와 똑같은 일이 장사나 직업 관계에서 항상 일어나고 있다는 것을 알아보지 못하는가? 존. D. 록펠러. 주니어는, 사업에서 성공을 거두는 필수 요소는 인내와, 최후에는 반드시 보상된다고 확신하는 마음이라고 말합니다. 이것이 효과적인 화술을 터득하기 위한 필수 요소의 하나이기도 합니다.

몇 해 전 여름에, 나는 오스트리아의 알프스에 있는 오일더 카이저 산을 오르려고 한 적이 있었습니다. 베데커의 안내서에는 그 산에 등정하기 어려

우므로 아마추어 등산가로서는 가이드가 필요하다고 쓰여져 있었습니다.

나의 친구와 나는 가이드가 없었고 우리는 모두 아마추어였습니다.

그런데 어떤 사람이 우리에게 자신 있느냐고 물었습니다. "물론입니다." 우리는 이렇게 말했습니다. "어째서요?"하고 상대방이 반문하였습니다. "가이드 없이 해낸 사람도 있으니까요." 내가 대답했습니다. "그러니까 가이드 없이 해도 상식에 벗어나는 일이 아니라는 것을 알고 있고, 나는 무슨 일을 하든지 간에 패배를 생각하지 않으니까요."

그것은 스피치에서는 물론 에베레스트 등정에 이르기까지, 그야말로 무엇에든지 응용될 수 있는 심리학입니다. 스피치를 시작하기 전의 사고에 의해 당신이 성공하느냐, 실패하느냐는 것이 크게 좌우됩니다.

완전히 자기를 컨트롤하면서 타인에게 스피치를 건네는 자신의 모습을 상상해 보십시오. 당신의 힘으로 그렇게 하기는 매우 쉽습니다. 이것을 굳게 믿으십시오.

그리고 성공을 가져오는 데 필요한 일을 하는 것입니다.

남북전쟁 중에 뒤퐁 제독은 '찰스턴 항구에 왜 포함을 돌입시키지 않았는가'에 대해서 훌륭한 이유를 몇 가지 씩이나 늘어놓았습니다. 열심히 그것을 듣고 난 팰러가트 제독이 말했습니다.

"그러나 아직 이유가 한 가지 또 있네." "무엇입니까?" 뒤퐁 제독이 반문했습니다. "귀관이 그것을 해낼 수 있다고 믿지 않았다는 것일세." 이것이 팰러가트 제독의 답이었습니다.

우리의 강좌가 베푸는 훈련에서 대부분의 수강생이 깨닫는 가장 귀중한 것은 자신을 갖는 일입니다. 즉, 일을 성공시키기는 자기 능력에 대한 강한 확신인 것입니다.

무엇을 하든지 간에 그것을 성공시키려면, 기울이는 힘보다 더욱 중요한 것이 있을 것일까요? 에머슨은 다음과 같이 기술하였습니다. "열의 없이는 위대한 것은 무엇 하나도 성공한 사례가 없다." 이것은 교묘하게 표현된 언어 이상의 것입니다. 그것은 성공을 향한 도로지도와도 같은 것입니다.

지금까지 예일대학에서 가장 인기가 있는 교수 중의 한 사람인 윌리엄. 리용. 펠프스는 그의 저서《가르치는 즐거움》속에서 교수는 이렇게 서술하였습니다.

> 66 나에게 있어서 가르친다는 것은 기술, 또는 직업 이상의 것입니다. 그것은 하나의 정열입니다. 화가가 그림 그리기를 즐겨하듯이, 가수가 노래 부르기를 즐겨하듯이, 시인이 시 짓기를 즐겨하듯이, 나는 가르치는 것을 즐거워합니다. 아침에 일어나기 전에 가슴이 뛰는 듯한 기쁨으로 학생들을 생각합니다."

이토록 직업에 대한 열의가 넘치고 가슴이 뛰는 기쁨을 느끼는 교사가 성공한다는 것이 이상스럽다고 할 것입니까?

빌리 펠프스는 주로 교직에 쏟는 사랑과 흥분과 정열로써 학생에게 크나큰 영향력을 미쳤던 것입니다.

더욱 효과적인 화술을 배우는 데 열의를 기울이면 그 앞에 가로놓인 장해가 꺼지듯 쓰러진다는 것을 알 수가 있을 것입니다. 이것은 당신의 동포와의 효과적인 의사 전달이라는 꿈에 당신의 재능과 힘을 집중시키라는 도전입니다. 자신감, 스스로의 실행, 마음의 안정, 그리고 청중의 관심을 끌어잡고, 그 감정을 자극하여 많은 사람들을 이해시키게 하고 행동시킬 수 있다는 데에서 생기는 우월감을 생각해 보십시오.

자기 표현력은 다른 방면에서도 당신을 유능하게 할 것입니다. 그것은 효과적인 화술의 훈련은 온갖 분야의 일이나 생활에 있어서의 자신을 향한 길이기 때문입니다.

데일 카네기 강좌의 강사용 지침서에 이렇게 쓰여져 있습니다.

> 66 수강생이 스스로도 청중의 주의를 끌어당기고 교사의 칭찬을 들을 수 있다는 것을 알게 되었을 때, 그때까지는 경험하지 못한 내적인 힘과 용기와 평정의 감각이 계발됩니다.
>
> 그 결과, 자기 스스로는 할 수 있으리라고 생각하지도 못했던 일을 착수하여 그것을 성공시키는 것입니다.
>
> 스스로 남들 앞에 나가서 한바탕 말을 하고 싶다는 심정이 되기도 합니다. 그리하여 비즈니스나, 직업이나 사회적인 활동에 있어서 적극적인 역할을 다하여 지도자가 되기도 하는 것입니다."

〈지도자로서의 자격(Leadership)〉이라는 말은 지금까지의 각 장에서 자주 쓰여져 왔습니다. 명석하고 힘차고 강조적인 표현력은 우리 사회의 지도자라는 증거의 하나입니다. 이 표현력은, 개인 대 개인의 대담으로부터 청중 앞에서의 발언에 이르기까지 지도자의 담론 전부에 걸쳐 있어야 합니다.

이 책의 내용이 가정에서나, 교회의 집회에서나, 민간 단체나, 사회에서도, 나아가서는 정치활동에 있어서도 적절하게 응용되면 지도자로서의 자격을 발전시키는 데 크게 도움이 될 것을 확신하는 바입니다.